中等职业学校职业指导丛书

成功就业之路

——百所中职学校就业工作案例

中等职业学校职业指导丛书编写组　编

北京理工大学出版社
BEIJING INSTITUTE OF TECHNOLOGY PRESS

图书在版编目（CIP）数据

成功就业之路：百所中职学校就业工作案例／《中等职业学校职业指导丛书》编写组编. —北京：北京理工大学出版社，2013. 12
　（中等职业学校职业指导丛书）
　ISBN 978－7－5640－8729－6

　Ⅰ．①成…　Ⅱ．①中…　Ⅲ．①中等专业学校-毕业生-就业-案例-中国
Ⅳ．①G718.3

中国版本图书馆 CIP 数据核字（2013）第 314630 号

出版发行／北京理工大学出版社有限责任公司
社　　　址／北京市海淀区中关村南大街 5 号
邮　　　编／100081
电　　　话／(010) 68914775（总编室）
　　　　　　82562903（教材售后服务热线）
　　　　　　68948351（其他图书服务热线）
网　　　址／http://www.bitpress.com.cn
经　　　销／全国各地新华书店
印　　　刷／北京通县华龙印刷厂
开　　　本／787 毫米×1092 毫米　1/16
印　　　张／14.75　　　　　　　　　　　　责任编辑／刘　娟
字　　　数／305 千字　　　　　　　　　　　文案编辑／刘　娟
版　　　次／2013 年 12 月第 1 版　2013 年 12 月第 1 次印刷　　　责任校对／周瑞红
定　　　价／26.00 元　　　　　　　　　　　责任印制／边心超

编写组名单

顾　问：鲁　昕（教育部副部长）

　　　　葛道凯（教育部职业教育与成人教育司司长）

主　编：王继平

编　委：（按姓氏笔画排序）

　　　　邬　跃　刘鑫鑫　许　翔

　　　　孙号龙　张文峰　柳君芳

　　　　董振华

职业学校学生的就业状况是反映职业教育人才培养质量的重要指标，也是关系经济社会发展全局的重大民生热点，一直深受社会各界关注。近年来，伴随着职业教育的改革发展，职业学校学生就业服务体系不断完善，职业指导不断加强，校企合作、集团化办学走向深入，中等和高等职业教育紧密衔接，学生就业"直通车""多向道"和"立交桥"初步建立，数千万中等职业学校毕业生顺利进入各行各业，为现代产业提供了源源不断的生力军、大批高素质劳动者和技能型人才。

为深入学习贯彻党的十八大和十八届三中全会精神，进一步加强中等职业学校毕业生就业工作，我们在各省教育行政部门推荐的基础上遴选了100个学校就业工作的典型案例，编辑了《成功就业之路——百所中职学校就业工作案例》一书。本书以经验做法介绍为主，反映近年来中等职业学校毕业生的就业工作成效、主要做法和新鲜经验，为各地各校进一步做好毕业生就业工作提供参考借鉴；同时，对各地各校通过就业带动教育教学改革、提升中职学生培养质量等将提供有益启发。

本书的编写得到了教育部副部长鲁昕同志、教育部职业教育与成人教育司司长葛道凯同志的关心指导，由职业教育与成人教育司巡视员、教育部职业技术教育中心研究所所长王继平同志任主编，职业教育与成人教育司德育工作与职业指导处邬跃、董振华、许翔、刘鑫鑫、孙号龙同志以及教育部职业教育研究所研究员柳君芳同志和北京理工大学出版社张文峰同志参与编写。各地教育行政部门为推荐学校典型及案例征集做了大量组织工作；各校将自己的宝贵经验和做法形成文字，无私奉献给全国的兄弟学校参考借鉴；北京理工大学出版社为本书的出版提供了大力支持。在此，谨向提供支持和帮助的各界人士致以衷心感谢。

限于篇幅和体例，许多学校的工作特色和亮点未能在本书中一一列出，对此我们深以为憾。由于时间和能力有限，难免存在一定的疏漏和不足，真诚希望广大读者给予批评指正。

中等职业学校职业指导丛书编写组

目录 Contents

三、创新篇　解放思想　创新就业

四、校企篇 市场引导 合作就业

五、综合篇　构建体系　推动就业

一、素质篇

春风化雨　素质就业

　　素质教育在所有教育类型中都是核心内容，职业教育要想更好地解决毕业生的就业问题，素质教育更是不容忽视。百所中职学校的就业工作法普遍重视素质教育，摸索和创造了许多宝贵经验，值得借鉴。

　　北京市商业学校坚持"培养德能兼备的现代职业人"的培养目标，将职业素养这一主线贯穿学生中职学习生活的始终，既提升了学生的能力，又为学生的成人、成才、成功奠定了良好的基础。

　　天津市第一轻工业学校"以立德促成长"，坚持将"立德树人"作为根本任务，培养学生树立正确的人生观、价值观以及正确的职业理想和观念，全面提高了学生的思想道德素养。用典型引路，激励学生成才，学校集中宣传了1958年建校以来优秀毕业生典型（共80名）的事迹，以《学子英才赞》一书激励了学生的学习热情和成才渴望。

　　福建经济学校全方位夯实职业技能，提升了毕业生的就业竞争力，重质量增素质，狠抓德育工作"1234"工程，提高了学生素质和技能教育质量。

　　新疆生产建设兵团工贸学校面向市场，不断创新，以专业特色的人才培养模式改革为核心，以"肯干、能干、会干"赢得了良好的社会赞誉，毕业生就业率达100%。

　　甘肃省高台县职业中等专业学校努力打造一流就业品牌，打通"出口"，拓宽"入口"，推动了学校的可持续发展。在提高就业质量的办学实践中，以"专业＋特长"为目标，促进了学生的高端就业。

　　许多学校在加强中职生素质教育方面的经验都很宝贵，值得借鉴。

打造就业核心竞争力 成就学生精彩人生

北京市商业学校

　　近年来，学校坚持"培养德能兼备现代职业人"的培养目标，坚持"面向全体学生，尊重、关爱、服务于每一名学生的全面发展"的育人原则，把社会、企业对人才的需求和学生的健康可持续发展，作为就业指导工作的出发点和落脚点，不断深化教育教学改革，创新就业指导工作的途径方法，加强学生的职业能力与职业养成训练，提升学生综合职业素养，增强学生就业创业能力，形成了具有职教特色和学校特点的就业指导新模式。

一、明确目标，制定政策，搭建就业指导组织平台

　　目标引领，调研先行。一是学校把学生的发展需要作为工作的出发点，把党和政府的要求、用人单位的需要、家长的期望作为工作的依据和标准，确立"德能兼备"的培养目标。二是为准确了解首都现代服务业对人才的需求，通过多种形式对79家企业、310名毕业生和56名专业教师进行广泛深入调研，提炼出学生综合职业素养训练指标，把有针对性的职业素养训练融入课堂教学、实训实习、管理服务全过程。

　　政策、计划、措施到位。一是学校把就业指导作为"一把手"工程，形成一把手亲自抓、相关领导具体抓、全体人员共同抓的齐抓共管的工作机制。二是制订科学、系统的职业指导方案，创建全员、全程职业指导体系，统领全校职业指导工作。

　　打造专业化、高水平的指导团队。为确保就业指导的专业化、规范化，学校建立常态培训机制，提升团队的就业指导水平与能力。学校现有国家级心理咨询师4名，中、高级职业指导师77名，"双师型"专业教师169名，他们成为高效职业指导的有力支撑。

二、素养主线，提升能力，搭建就业指导校本课程平台

　　推动校本职业素养平台课程，使其贯穿于学生四年中职学习生活的始终。在开足、开齐教育部规定的德育必修课程的基础上，结合学生成长特点，对接企业人才需求，校企合作共同开发建设了职业素养平台课程，形成了深受学生欢迎的校本职业素养教育课程体系。包括"通用职业素养能力训练""合作与创新能力训练""就业创业指导与训练"和"岗位职业道德行为养成"，分别在一至四年级开设，是全校育人工作的进一步强化。课程实施强化了对学生的礼仪修养、人际和谐和健康审美能力的培养，突出了合作创新能力与就业创业能力，注重实习实训中学生岗位职业道德的养成，引导学生以准职业人的标准严格要求自己，实现做人、做职业人、做优秀职业人的顺利过渡。

　　实施以提升学生就业创业能力为核心的课程体系改革。在校企深度合作的基础上，推行工学结合、顶岗实习、订单培养等人才培养模式，创建专业建设与职业岗位目标对接人才培养的课程体系。通过实践实训平台建设与教学方法改革，创新出"教学环境真实化、专业教师双师化、学习过程工作化、学生行为职业化、学习成果可视化、考评标准企业

化"等特色教学模式，真正实现了"上学如上班，上课如上岗"，从根本上提高了学生的职业素养，增强了学生的就业竞争力。

推进学生"多证在手"与企业岗位"零距离"的对接。据统计，学校18个专业双证书（中职学历和职业资格证书）的取得率为100%；重点专业实施多证书融通人才培养模式，如会计专业除双证书获取率100%以外，会计从业资格获取率达78%、财务软件操作员（中级）证书获取率达99%、专业技能证书获取率为98%、职业素养证书获取率100%。多证书融通的人才培养模式，实现了学生与企业岗位的零距离对接，大大提升了学生的就业竞争力。

三、活动育人，个性指导，搭建就业指导活动平台

搭建常态化、职业化、标准化的活动育人平台。学校为学生搭建了多层次、多角度、立体化的活动育人平台，每年开展的活动有30多项。其中有展示专业训练成果的技能大赛，有规范学生行为的"8S"训练、礼仪训练，有丰富多彩的各种社会实践活动，有"职业生涯规划""商校创业之星""商校吉尼斯"评比活动。最具特色的是学生综合素质达标训练活动，它是集德育、职业指导、专业教育、行为养成等多种内容于一体的学生就业指导训练活动，使多年来坚持的"不达标不出门，不合格不上岗"的原则落到实处。学校有动画社、文印社、珠宝社、茶艺社等十多个社团，活动强化了学生职业能力培养和职业行为的养成。

研究需求、个性指导，为学生创建多元发展的平台。分析学生、研究学生，将个性教育与集体教育相结合是学校的传统，更是学校就业指导的一大特色。针对学生在中职学习阶段所表现出的多元化、个性化、多变化的个人发展需求，设计多元的学生培养方案，为学生提供菜单式个性化多元服务。主要做法是围绕个人性格、专业特长、人文修养、创新精神、可持续发展等方面，通过报考指导、专业选择、调研分析、升学就业、成长指导等，为学生提供了从入学到毕业多种选择、多次选择、多层次选择的机会，搭建多元发展、多元成才的立交桥。

四、管理育人，服务保障，搭建就业指导管理服务平台

强化常规管理，促进学生良好行为习惯的养成。学校坚持以人为本的管理理念，把管理和服务有机结合，建立健全各项就业管理制度，实行精细化管理，使每个学生都得到尊重关爱和服务指导。在个性化的教育和亲情化的氛围中，学生变得自尊、自强、自信，目标更明确、信心更坚定，学生的行为举止按照企业化的标准和职业人的要求不断规范，心态变得阳光、积极。

创新"3341"管理服务模式，为学生提供优质的就业指导与援助。具体包括实行"三导师制"、落实"三把关制"、严格"四管理制"、搭建"实习就业管理信息平台"。为落实运行模式，探索形成了"五到位""六畅通""三服务"的服务保障机制。模式的运行，实现了实习管理的全覆盖，形成了学校、企业、家长共育，指导、服务、管理有机结合，切实保障了学生实习就业管理服务工作的高效运行，为学生的成人、成才、成功奠定了良好的基础。

加强学生能力培养 切实提高就业质量

长春市机械工业学校

多年来，学校始终把就业工作摆在学校工作的突出位置，以就业为导向，转变就业观念，不断开拓创新，积极探索就业工作新方法，学生就业工作成效显著。

一、建立完善就业指导队伍

学校成立了就业指导中心，配备了专门的就业指导教师，根据毕业生的需要，开展就业信息采集、就业政策及职业咨询、择业技术、技巧等方面的指导，同时通过调研、走访、交流等方式不断完善和健全就业指导体系。

二、人人参与就业指导

全校职工都能重视就业指导工作；尤其发挥班主任的主导作用，在班级管理的同时，对学生进行适时的就业指导。各专业部的教师在进行社会调研的同时，也掌握了企业用人标准，在教学的同时对学生进行就业指导，形成了人人参与就业指导的局面。

三、创建个性化就业指导体系

学校充分了解每个学生的个性需求，挖掘学生就业的个体潜能，教师指导每一名学生进行职业生涯设计，并从个人的能力、兴趣、性格、价值观、社会需求等方面进行指导。这一过程使学生充分认识到职业生涯设计在人生发展中的重要性，减小就业的盲目性，特别是在心理上做好了就业的准备。

四、就业指导全程化

就业指导工作要从应届毕业生扩展到全体在校学生，努力做到就业指导工作全程化。针对一年级新生开展职业生涯规划，在他们刚一入学时，针对新生对职业和专业不清楚、迷惘的情况，让学生规划出自己的奋斗目标和成长之路。对二年级的学生进行专业技能和职业能力指导，让学生了解学习专业技能的作用，增强学生的职业能力。三年级则侧重于就业技能指导，通过岗前实习的锻炼，在提高学生技能水平的同时，增强学生的就业能力。这样，学校的就业指导工作具有了教育过程的长效性和对象的全员性，贯穿于学生从入学到毕业的全过程。

五、开展创业教育，实现就业多元化

学校依托北京光华慈善基金会的创业教育活动，培养了一批创业教育教师，利用第二课堂开展创业教育活动，激发了学生的创业动机，为学生实现自身价值提供了宽广的舞台。目前，学校每年约有5%的学生选择自谋职业，自主创业。

全方位夯实技能　提升就业竞争力

福建经济学校

　　学校高度重视毕业生就业工作，通过构体系抓落实、依需求促教改、重特色崇技艺、重质量增素质、搭平台促就业等措施，切实转变学生的就业观，增强了学生的实践技能和职业能力。多年来，毕业生当年首次就业率均达95%以上，专业对口就业率达73%以上，涌现出一批专业技能过硬的佼佼者。

一、构体系抓落实

　　学校领导对学生就业工作高度重视，早在1998年，学校就成立了以校长为主任、分管副校长为副主任、学校各主要职能部门和各专业教研室负责人为成员的就业工作委员会，下设就业指导办公室负责毕业生日常管理工作。在校内形成了由校长负责、以就业指导机构为主体、全体教师共同参与的就业指导工作体系，倡导"人人都是就业工作者"，保证就业指导工作制度到位、管理到位、激励到位、考核到位。

二、依需求促教改

　　学校坚持以服务为宗旨，以就业为导向，深化教育教学改革，形成了专业特色鲜明的人才培养模式。

　　专业设置和专业建设。学校在专业设置和专业建设上紧紧跟上产业、行业发展步伐，主动适应海峡西岸经济区的建设需求和企业用人需求。先后停招了证券与期货、茶叶检测、公关文秘等五个市场需求较低的专业，开设了汽车类、公路桥梁类、物流、动漫等新兴专业。形成美妆形象设计、动漫设计与制作、艺术设计等三个学校特色专业，以及市场营销、会计电算化、汽车营销、计算机及应用、旅游管理与服务等五个省级重点专业。其中计算机及应用已被列入国家级示范专业。学校目前所开设的38个专业，均与社会需求紧密结合，为毕业生顺利就业打下了基础。

　　师资队伍建设。学校根据《教师成长规划》，确定教师"一年成型、三年成才、五年成骨干"的目标。采取以老带新、提高学历、培训、企业实践、手写教案、开公开课（示范课）、撰写论文以及教学竞赛等措施，不断促进教师成长，优化师资结构，完善教师梯队建设。

　　教学模式改革。学校根据不同专业特点，有针对性地开展教学模式改革。一是学校参与组建四个职教集团和一个职教联盟。二是与46家企业建立实训实习基地，其中，引入省交通监理公司投入198万元建设交通检测中心，对内提供学生实训，对外开展有偿服务，在全省首屈一指。三是与企业研讨专业建设，制订《专业人才培养方案》和《实践性教学体系》，编写校本教材。四是与新华都等知名企业共建冠名班，开展订单培养、工学结合、顶岗实习的人才培养模式改革。

三、重特色崇技艺

学校以29个学生社团为依托，构建特色校园文化。学校已连续举办了12届以"拓展素质，完善自我"为主题的校园文化艺术节和专业技术节。并通过开展"成人成才""迈好青春门，走好成人路""飞扬的青春"、十八岁成人宣誓等活动，以及邀请校友到校作创业经验报告，邀请企业、行业领导、专家到校作企业文化讲座等形式，开展多样化的思想教育活动，极大地活跃了学校的文化氛围，提高了学生的文化、专业素质。

四、重质量增素质

狠抓德育工作"1234"工程。即"一突出"，抓学生养成教育；"两重视"，即重视以"诚信"为重点的学生日常行为规范教育、重视以"敬业"为主体的职业道德教育；"三抓"，即抓组织机构建设、抓队伍建设、抓载体建设；"四到位"，即领导到位、制度建设到位、宣传阵地到位、德育工作网络建设到位。通过落实德育工作，积极营造良好的育人氛围，积极推进良好的校风、学风、教风的形成。

积极推行学校"166"教学改革计划。以培养中初级技能型专门人才为目标，以各专业课程设置中实训占60%和课堂教学中"做中学、学中做、做中教"占60%为措施，提高教育教学质量。

深入推进仿真教学模式的改革试点。围绕"团（盟）校互动，校企融合"人才培养模式，在会计电算化、计算机应用、酒店管理与服务、物流管理与服务等四个专业，开展了以项目为主体的仿真教学模式的改革试点，增强了理论教学和技能实训的针对性、有效性。"项目带动课程""问题或实例教学"等教学模式的改革创新，有效提高了学生的综合职业能力。

五、搭平台促就业

完善毕业生就业和创业服务体系，加大毕业生就业指导工作，通过"大市场、小规模、多批次"等工作方法，使就业率、对口率保持稳固。

认真开好"职业道德与法律""职业生涯规划""职业道德与职业指导"等课程。在学生毕业前，邀请人才市场的负责人作就业形势与政策讲座，让学生关心市场就业动态、掌握就业政策等，行之有效地引导学生形成正确的职业意识、良好的择业和就业心态。

定期编印内容丰富的《就业之窗》刊物。利用刊物形式宣传政策，分析就业形势，当好毕业生的求职参谋。

成立"实践创业园"协会。本着自我教育、自我管理、自我服务的理念，组织学生成立"实践创业园"协会，主要吸收家庭经济困难的毕业生成为会员，使其在助人自助、服务为先的实践活动中提升自身就业能力，实现成功就业，同时也帮助他人顺利就业。

广泛采集就业信息。一是与中国海峡人才市场、福建青年人才中心等有知名度的人才机构长期保持合作，共享招聘信息。二是通过分布在各地各部门的历届毕业生获取就业信息。三是与几十家有规模的用人单位保持长期稳定的合作关系，给学生提供较多的择业空间，保障就业工作顺利开展。

设立就业指导窗口。在校园网中开设"求职登记""就业公告""政策法规""就业指导""招聘职位"等栏目，为毕业生提供就业信息，宣传就业政策，当好就业参谋。

加强学生就业能力培养　切实提高学生就业质量

江西省萍乡市工业学校

学校建立完善的就业工作制度，做到就业指导人员、机构、经费"三到位"，开展全程化、专业化的职业指导，开拓就业市场，加强校企合作，毕业生就业工作规范有序，成果显著。近几年毕业生就业率均在95%以上，对口就业率80%以上，学生满意率98%以上。

一、学校领导高度重视，为就业工作提供组织保障

学校对就业工作的战略定位是立足萍乡，策应"鄱阳湖生态经济圈"，对接"长株潭经济区"，放眼"长三角"和"珠三角"，服务经济转型和产业结构调整，推动本地和周边地区经济建设和社会发展。学校成立了毕业生就业工作领导小组，实施"行政一把手工程"，以提高就业率和就业质量为中心，将就业工作列入学校的考核体系，规范学校的就业管理和日常就业指导工作，建立和健全各级就业组织，加强就业工作的服务指导，为就业工作提供有力的组织保证。

二、加强就业指导教育，为就业工作打下坚实基础

努力提高就业指导教师业务素质。采取"走出去""请进来"等形式，加强对就业指导教师业务素质的培养培训。组织专业教师到企业或专门的培训机构进行学习培训，到兄弟院校参观学习和进行经验交流；组织中层以上干部到企业进行考察和观摩学习；请专家或企业老总到学校给教师作讲座辅导；对全体教职工进行针对性的校本培训等，为做好学生就业指导打下基础。

将就业指导教育贯穿于日常教学和管理之中。学生的就业观念、就业技能和良好就业心态的养成不是一朝一夕之功，需要循序渐进地进行教育指导，做到科学统筹、全员参与、全程贯穿。学校的就业指导从学生的入学教育开始，直至学生毕业，甚至包括毕业后的跟踪服务。在教学中、在班会上、在各种主题活动中都注重对学生的养成教育，引导学生学会求知、学会做事、学会生存、学会共处，让学生在潜移默化中提高综合素质。指导分四个阶段依次进行：第一阶段是入学教育，向学生介绍每个专业的课程设置、培养目标、就业方向等，让学生根据自己的兴趣爱好选择专业。第二阶段是第一学期，重点放在"未来社会和职业发展对学生的素质要求"和"全面认识自己和社会"上，加强专业思想教育，使学生树立正确的职业理想和职业观，从而使其不断提高自己适应未来社会和职业发展要求的能力和素质，为今后工作做好准备。第三阶段是第二、三学期，主要引导学生认识职业特点、职业素质、职业兴趣、职业能力和就业择业观念等，突出对吃苦耐劳精神、社会责任感、服务意识、创新意识、团队精神的培养，树立诚实守信、爱岗敬业、团结合作的职业道德观。第四阶段是第四学期，主要是让学生掌握求职知识和技巧，学习就

业政策、法律法规、劳动人事制度和就业制度等法律法规，明确在择业过程中的权利和义务、程序和途径、择业渠道和就业范围，树立"先就业后择业，打好基础再图发展"的就业观念，提高学生自我调适能力和心理承受能力，帮助学生在就业市场中找到适合自己的工作。

采用灵活多样的方法进行就业指导教育。把就业指导和德育、行为训练、社会实践、参观考察、专业实习等有机结合起来，配合心理咨询、专题讲座、录像观摩等形式，加强指导的实效性。一是利用校园网络开辟就业指导专栏，发布有关就业形势、政策、社会对人才素质的要求、求职技巧、招聘信息等方面的知识和内容，实现就业指导工作的信息化。二是不断完善就业指导课程体系，逐步实现对学生就业的个性化指导，让学生在教师的引导下实现自我认识、自我教育和职业道德的养成，不断自我提高。

让学生在实践中接受就业指导教育。一是学校不断加大投入，完善学校的实训设备，做到"以技能为根本、以实训为手段"，不断加强实践教学，开展技能比赛，敦促学生的学习，提高学生的技能水平。学校每个学期都会安排各专业学生在校内实训中心进行技能实训，评比出"技能名星"，并定期举办各专业的技能竞赛。二是不断加强与企业的联系，积极探索订单培养等校企合作办学模式，让学生尽早地了解企业的情况，了解市场对人才的需求，提高学生的职业能力。学校先后开办了"爱登堡电梯班""仁宝电脑品管班""广汽菲亚特班""鸿准模具班""高尔夫球童班""萍钢钳工班""萍钢电工班"等校企合作定向培养班，就业效果良好。

充分发挥就业典型的宣传教育作用。学校通过各种途径搜集毕业生就业创业典型事迹，并通过萍乡电视台开办的《工校之窗》专栏、校园网、校报、校园橱窗等进行大力宣传，激发学生的正能量。

三、严格就业安置流程，使就业工作做到科学规范

制定就业安置工作流程。安置每一批学生，都必须严格按照工作流程的要求进行，即搜集信息、考察企业、信息发布、自愿报名、组织招聘、双向选择、护送入企、跟踪服务，并将学生信息和就业情况收集归档。由于工作流程严谨，多年来，学校的就业安置工作规范有序，学生、家长和企业都非常满意，大大提高了学校的就业率和就业质量。

制定管理制度。《学生顶岗实习管理制度》《学生顶岗实习考核监督检查制度》《学生顶岗实习突发事件应急预案》等，明确了校企双方在学生顶岗实习期间的实习教学管理、安全管理、生产生活管理、劳动保护、劳动保险、事故责任确定、校企管理职责等要求，做到严格管理、行使职能，各司其职、各负其责，保证实习基地长期稳定地运行。

四、做好后续跟踪调查，使就业工作彰显服务功能

学校主动地做好对毕业生就业的跟踪调查和服务工作。建立了毕业生信息档案和学生就业信息档案，配备就业实习跟踪监督员，通过电话、网络、实地检查等形式及时了解学生的实习就业情况，为实习就业学生排忧解难，免费帮助再就业学生找到理想的工作。通过这项工作，一方面提高了毕业生的就业质量和学校的声誉，另一方面掌握了毕业生的去向。与毕业生保持联系，是挖掘就业信息、拓宽毕业生就业渠道的重要途径。

提高职业能力　拓展就业空间

济南第三职业中等专业学校

近年来，学校坚持"以人为本，和谐发展"的办学理念，通过集团化办学、加强校企合作，畅通就业渠道，拓展学生发展空间，有效推进了毕业生就业工作。

一、集团化办学拓展学生发展空间，提升学生就业层次

2009 年，学校牵头组建了"济南现代服务业职教集团"，构建了"校企合作、工学结合、面向市场、对接行业"的人才培养模式，促进了职业教育更好地与市场接轨。2010年，学校与北京钓鱼台国宾馆签订协议书，成为国宾馆在全国仅有的两个人才培养基地之一，北京钓鱼台国宾馆每年来校选拔 30～50 名优秀毕业生前去实习、就业。2012 年，学校分别与山东旅游职业学院、济南职业学院签订了联合办学协议，经省教育厅审批，增加了烹饪专业和会计电算化专业"3＋2"连读五年制的办学形式。2010 年，学校与好利来、AILI 签订了联合办学定向订单式协议。同时按照烹饪专业"一年省内，两年国内，三年走出国门"的就业构想，2010 年，成功派出两名同学前往澳大利亚工作。

二、创业教育和就业指导促进学生职业能力的提高

通过创设自主性、实践性、感悟性和发展性的就业体验教育实践活动，培养学生健康的心理品格、高尚的职业道德、良好的行为习惯和优秀的职业能力，学生学在其中、收获在其中。

通过"职业岗位"角色体验，提高学生职业能力。结合职业教育的特点，根据学生所学专业，组织学生参加社会岗位体验活动。会计专业的学生选择了做"收银员""出纳员""会计"；旅游服务与管理专业的学生选择在济南市各大景点做"义务导游员""星级酒店服务员""颁奖礼仪服务员"；烹饪专业的学生则选择了做"厨师""营养师""面点师"等职业岗位。学生从中体验了从事职业岗位工作的心情、责任和辛劳，体验了实际专业岗位的专业要求、技术标准、专业规范，一方面提高了技能，另一方面形成了尊重他人、珍惜劳动成果、吃苦耐劳、遵守职业道德的行为习惯。

通过参与学校广播站、模特队、记者站、校园编辑部、主持人等方面的社团活动，学生体验到了播音员、模特、记者、编辑、主持人等不同社会角色的职业特点，以他人的身份、他人的视角，进行换位观察、换位思考、换位实践、换位体会。在各种角色的体验中，老师帮助指导他们寻求解决问题的办法，让学生在体验中获得战胜挫折、克服困难的真实感受，使其体验学习新知的快乐，体验生活的意义，明白自强不息的道理，学会主动学习、发展特长、团结合作、自我服务、自我激励。

创业体验，培养学生的创业精神和能力。学校在烹饪专业学生中开展了"创业体验活动"，每 4～8 人组成一个小"公司"，在校园内面向全体师生销售"公司"制作的饭菜产

品。"公司"内分工明确,有涉外采购员、厨师、销售员、老板等,同学们自己进行市场调查、成本核算、跑订单、出菜品。学校为学生提供烹饪实训室和学校"市场",其他方面则完全放手让学生策划实施,以保持创业的"原生态"。同学们比照实体公司的模式进行创业体验,培养了创业意识和能力,这使得他们在同样的就业环境下更善于把握创业实践和创业的机会。

通过礼仪体验,塑造学生高雅气质。通过礼仪课、礼仪训练、礼仪达标、礼仪值勤等礼仪体验教育的开展,使礼仪意识形成并内化为学生高雅的气质。省市许多重大教育活动中,经常能看到我校学生礼仪服务队队员的身影。文明的谈吐、高雅的气质、较高的综合素质,使我校学生备受用人单位青睐,目前已有一百余名学生被选拔到北京钓鱼台国宾馆实习就业。

通过"星级技能达标"活动,促进学生技能的提高。让学生训有指导、比有榜样、练有对手、做有评价,把学生达到的技能星级标准与学分评定、推荐实习就业挂钩,引导学生自觉训练、提高技能水平,以技能星为榜样,带动学生高质量就业。近三年,学生参加全国技能大赛获得了"一金三银四铜"的佳绩;导游专业2名同学参加"星耀泉城"电视网络导游大赛,分别获"最佳口才奖"和"最亮未来之星"称号;在高职院校导游专业大赛中,1名同学获得了全国第一名的优异成绩。

三、加强实习管理和实训基地建设,促进实习与就业顺利衔接

加强实习管理。让用人单位了解学校、了解学生,才能真正拓宽就业门路,而毕业生实习是促进学生和用人单位相互了解的最佳途径。一方面,实习单位可对实习生进行长期、全面、深入的了解,从而挑选出符合本单位需求标准的人才;另一方面,增强了实习生的工作责任心,提高了实习质量。学校全方位、目标化、跟踪式的实习管理,进一步加强了学生实习的效果,大部分同学能够在实习单位就业。

同时加强实习实训基地建设。一方面,要加强与原有的实训基地的联系;另一方面,开拓新的实习基地的建设,扩大毕业生的就业区域,为就业提供质量保证。近期学校与济南长途汽车总站加强联系,学生在面试现场以精湛的业务能力、得体的礼仪风范、优雅的言行举止赢得了济南长途汽车总站的青睐,有8位同学被当场录用。

四、用人单位资源库和双选会促进毕业生顺利就业

在平时加强与用人单位联系的基础上,建立用人单位资源库。每年9月份组织用人单位到校召开校园双选会。在招聘会上,大部分同学都能与用人单位达成初步就业意向,促进了毕业学生顺利就业。

全力实施综合素质教育　提升就业竞争力

海南省银行学校

学校把学生就业与学生多元评价、综合素质教育结合起来，从学生入学时开始，贯穿三年中职教育，全力做好毕业生就业工作，毕业生就业优势明显，近两年毕业生就业率超过97%。

一、理念引领，良好教育质量构筑毕业生就业基础优势

近年来，学校集中管理者和广大教师的智慧，凝练出"修德立身、砺能立志"的校训，实施"以人为本，努力创造良好的人文环境，为师生的成长和发展服务，为师生的幸福指数加分"的办学理念。学校要求全校师生对办学理念和校训做到心中有数、时时践行，每一项工作和学习都要体现上述理念——每一本宣传册、每一块宣传栏都要印上、刷上，每一次大会、班会都要强调宣讲，每一项制度和规定的制定、执行都要符合要求。

学校学生的培养目标明确为：职业道德——守规则、能吃苦、好合作、会理财；职业能力——敢说、会读、善写、能录；职业技能——知识、技能够用、实用；拥有双证（学历证和职业资格证）；创业就业能力——首聘能过关、实习能胜任、工作能选择、创业能尝试。上述目标的制定，兼顾了基础知识、专业技能、人文修养和社会适应能力等方面；代表学校强化满足市场需求、服务海南国际旅游岛建设需要、培养更多合格人才的办学特色，成为学校最基本的教育要求。

学校摒弃了传统的、以分数成绩单一评定学生的做法，全面实施学生综合素质评价体系；学校不以分数论英雄，逐步建立学生多元化评价体系，评价的主要内容有操行表现、考勤、卫生、文体技能活动、社会活动（志愿者活动）、各项校内外比赛（竞赛）、学生会团委干部工作情况等。在学校，每一位同学都有自己的分数表，也都十分关心自己的分数，在日常学习和生活中对照标准严格要求自己，力争加分，形成了良好进取氛围。海南知名餐饮企业总经理对学校毕业生赞誉有加，说我校学生与其他学校学生相比，"业务技能不输，文艺特长突出，综合素质更高，基本'垄断'公司相关活动，风头完全盖过其他学校学生，对营造企业文化贡献重大，提供了企业最需要的人才"。

坚持课堂教学教书育人主渠道。近年来，学校破除了传统教学观念，形成了人本化教学新局面。2012年年底，启动了第二轮教育教学改革，要求教师在教学中渗透育人目标，提高对基本技能课的要求；打破传统的教学观念，摒弃"一支笔一本书一言堂"，用学生愿意接受的方法向其传授有用的知识和技能。

公共基础课（德育课、文化课、体育与健康课、艺术课及其他选修公共课程）注重学生能力的培养，加强与学生做人、生活、专业和社会实践的紧密联系；专业核心课程（技能方向课）紧密结合产业、行业、专业、企业及市场需求，突出应用性和实践性，同时，与相关职业资格考核要求相结合；选修课（专题讲座）导入人文素养、安全教育、环境保

护、公民教育、生命教育、生活教育、时事教育等内容；扩大学生社团类别及规模，新增轮滑社、瑜伽社、跆拳道社等学生喜爱的社团；以技能大赛（"技能节"）为平台，完善学生奖励、评优机制，倡导学生自我评价，强化职业资格证书制度，激励学生，促进教学，取得了良好效果。

二、多措并举，细致服务工作助力毕业生就好业

完善就业指导基础建设工作。学校制定实施了多项制度，如《就业指导工作制度》《学生顶岗实习管理暂行规定》《毕业生就业工作考核及奖惩办法（试行）》等，并安排专人负责，责任到人，坚持对毕业生的质量进行跟踪调查、反馈。

将学生就业列入学校年度重点工作。成立了以校长为组长、主管副校长为副组长的学生就业领导小组。领导小组下设办公室，全体毕业班班主任全力协助配合，努力做到"五个到位"，即：责任到位、措施到位、服务到位、落实到位，以及人员配备与经费保障到位。

多方搜集就业信息。学校专职人员经常奔波往来于各企业间考察、沟通、交流，本着对学生、对学校、对用人单位负责的宗旨，慎重选择顶岗实习单位，严格把关企业用工信息，考察企业资质、工作环境、工资待遇、劳动保险、安全保障、岗位技术含量、发展前景等方面。同时，学校加强了校园网站建设，开辟了"就业指导""招聘信息"等就业资讯栏目。

加强就业教育与指导。学校开设了"职业道德和法律""职业生涯与规划""模拟招聘"等课程，要求学生参加各种实践活动，争取掌握更多的专业技能，为就业做好充分准备。降低学生就业期望值，合理定位。每年4月，是学校"就业指导与职业规划"等主题教育活动月。

积极推进实习（实训）基地建设。学校积极推进省内外实习（就业）基地建设，每年都组织召开一次由合作企业和联办学校参加的"校企合作座谈会"，推介学校办学特色和办学成果，了解企业需求和对毕业生使用的反馈意见。

关注就业困难群体。积极做好家庭经济困难和就业困难学生的实习（就业）工作，制定了《"双困"毕业生就业帮扶办法》，为其提供就业援助。

鼓励学生进一步深造。鼓励有进一步学习深造需求和愿望的学生在校期间报读学校的成人大专，协助毕业生报读高职院校，提升其就业持续发展空间。

做好后续跟踪服务。开展毕业生就业满意度和用人单位满意度调查，了解学生离校后的就业心态和就业情况，做好学生与企业沟通的"桥梁"，从而为下一届毕业生就业安置工作打下好的基础。

打造就业品牌　提高办学声誉

兰州女子中等专业学校

学校始终坚持"以就业为导向，凭质量求生存，优化师资，注重实践"的办学方针，围绕"就业质量"和"就业率"开展工作，全面提升毕业生综合能力。三年来，累计推荐毕业生 3 500 余人，就业率达 98% 以上。

一、以就业为导向，以服务为宗旨，全面提升毕业生综合能力

社会的竞争是人才的竞争，人才的竞争是个人综合素质的竞争，职业学校的竞争是学生综合素质和教学质量的竞争。

提高认识，加强领导。学校建立了由校长负责，分管校长主抓，实习处、政教处、德育教师、毕业班班主任分工协作的就业指导工作机制；成立了专门安置毕业生的就业指导处；配备专业的职业指导师和德育教师对毕业生进行就业指导。在加强职业道德教育的同时，着力提高毕业生的职业素质和综合职业能力。

加强学习，强化意识。学校定期组织全体工作人员认真学习有关文件精神，了解就业形势，掌握就业政策。通过学习统一思想，增强危机感和紧迫感，使大家认识到，职业教育只有紧紧围绕市场，以市场为中心，以质量为准绳，职业学校才有生存和发展的希望。

从实习环节抓起，全面培养实习生的自我管理能力。学校在各专业学生实习期间，管理中采取"在职业指导方面以教师为主，在日常生活学习管理方面以实习团支部为主"的管理模式。在所有实习点建立团组织，协助带队教师管理；无驻厂带队教师的实习点，将实习生分解到每位团干部名下，实施对口管理。实习点团干部，对上向管理人员负责，对下向实习学生负责，并定期向管理人员和带队教师汇报学生的生活、工作情况，还帮助一些积极要求上进的实习生向团组织靠拢。管理方法的改进使实习学生的劳动态度、纪律意识、敬业精神，特别是自我约束能力较以往有了大的改观，同时培养锻炼了团干部的组织能力和管理水平。

注重情感管理，关注学生成长。现在的学生多是独生子女，其共同特点是聪明、热情、接受新事物快，不足之处是心理脆弱、好听表扬、受不得委屈。特别是当工作中遇到不顺心的事或被误解时，就会感到困惑、失望。针对上述特点，学校指导教师在总结经验和吸取教训的基础上，不断改进工作方法。管理中注重情感管理，在思想上和生活上给予更多的关怀，维护学生的个人权益，为其争取较好的生活待遇，提供最好的实习环境。对实习当中表现突出并做出成绩的学生，上报政教处和团委进行表彰奖励；在就业安置上，优先推荐受到表彰和奖励的学生就业。对有过错的学生，进行耐心细致的思想工作，使犯错误的学生能从思想深处认识到自己所犯错误给实习单位、学校和个人带来的负面影响。

加强校企合作，实现互动双赢。学校成立校企合作专家委员会，聘请企业领导和专业人士担任兼职教师，充实专业师资队伍，帮助学校提高专业教学水平。学校把企业满意作

为评价教学质量的标准，抓住校企合作办学的着力点，全面加强教学管理，全力打造品牌和创建特色办学，不断提高学生的职业道德水平和专业技能水平，以高标准的人才培养质量赢得合作企业的信任，有效促进了校企合作的健康发展。数以百计的合作企业在为我校学生提供实习就业岗位；每年保证70%以上的学生实现定向就业。

以赛促训，提升实战能力。学校强化学生在校期间的动手能力培养，常年组织学生参加各类各级职业技能大赛，通过比赛提高学生的操作能力和水平，通过获奖树立学生入职的自信心。

二、加强职业指导，增强毕业生适应市场的能力

职业教育不仅要教给学生文化知识和专业技能，同时还要传授一些社会知识和社交能力，帮助毕业生选好职业，并成功走向就业。

开设就业指导课，端正学生就业思想。学校从新生一年级就开设职业生涯设计和职业指导课程，利用新生入学教育上好就业指导第一课。帮助学生了解所学的专业，了解社会，了解自己；教育学生摆正个人价值、经济收入、社会价值三者之间的关系。帮助学生树立正确的就业观、择业观、价值观。

举办短期培训班，强化技能训练。学校在学生出校门之前，要对其进行不少于一周的技能强化培训。培训的内容，一是根据用人单位的实际情况，依据企业培训教材，有针对性地进行岗位技能培训。二是让学生在进驻实习单位之前，依据企业管理章程，预先了解用人单位的工作性质和相关的管理制度。通过强化培训，增强学生的职业意识、责任意识和契约意识。

结合就业准入制度，全面实施双证书教学。学生离校前必须获取相关专业资格证书，已经成为学校制度中的一项硬性要求。

依靠各方力量，推荐毕业生就业。毕业生就业质量直接影响职业学校的生存和发展。因此，学校把推荐毕业生能就业、就好业、优质就业作为一项重要工作来抓。多年来，学校采取"走出去、请进来"的办法，向社会和企业介绍学校的专业和毕业生的生源状况，并主动与一些地区的人社部门联系，利用校企合作、院校合作等多种方式和渠道，推荐毕业生优质就业。

强化服务功能，坚持对毕业生进行跟踪调查。学校坚持每年对毕业学生进行跟踪调查，了解毕业生的就业状况，了解毕业生对所学专业知识的运用情况，搜集毕业生对学校教育的建议和要求。通过跟踪调查，加强学校与社会、学校与毕业生的联系，从而更好地为毕业生服务创造条件。

校企互动，搭建供需接洽平台。学校每年定期举办"毕业生与用人单位见面会"，让用人单位进入校园直接与学生见面，以此锻炼和提高学生进入职场的心理素质和能力。

三、树立正确择业观，鼓励和倡导毕业生自主创业

学校每年都要对一部分就业之后需要二次转岗的毕业生进行帮助，帮助其重新选择职业，并鼓励他们自主创业。

端正择业与求职态度。使学生明白：首先要学会生存，生存有了保障，才能谈得上发

展。在求职择业时，要正确把握自己的择业期望值。要从社会需要与市场发展趋势，和自身能够从事某种职业的能力两方面确立自己的职业期望，只有这样，才能达到理想与现实的统一。

讲究择业与求职的方法。教育毕业生要会搜集信息，要善于自我推销，要向用人单位宣传自己、展示自己，让用人单位了解自己。同时学校还不断将搜集到的用人信息及时通报给毕业生，帮助毕业生撰写求职简历，教会毕业生一些具体的应聘技巧，使毕业生尽快找到适合自己的岗位。

培养毕业生的创业意识。教育毕业生不要把自己寄托于别人，要敢于创办自己的企业，要有自己当管理者的念头——这不但是有抱负、有作为的青年人应有的理想，也是社会的需要。要使学生明白，创业能力的基础仍然是专业技能和个人文化底蕴，要想使自己创业成功的把握性大一点，就必须在自己熟悉的行业里进行选择。

四、加强实习基地建设，提高毕业生就业质量

实习基地建设对学生稳定就业起着很大的作用。学校积极与国内知名企业联系，安排少量优秀学生就业以开拓合作渠道，相互取得进一步了解和信任，然后建立长期稳定的合作关系。这些用人单位制度健全，管理严格，学生往往能够通过实习真正学到书本上学不到的知识和技能，学生个人的福利待遇也有保障。因此，学生的实习都很稳定，为学生日后正式就业奠定了良好的基础。

毕业生中，有的成为单位的业务骨干，有的走上了领导岗位。有百余名毕业生创办了自己的企业，他们用优异的成绩回报社会，用真诚奉献践行着自己的人生信念。

以立德促成长　以服务促就业

天津市第一轻工业学校

学校注重质量与内涵建设，重视机制创新、制度创新。近年来，学校在就业指导工作和提升毕业生质量方面进行了大胆的实践与探索。2008年以来，毕业生累计4 000多人，就业率始终保持在98%以上，专业对口率在70%以上，受到学生、家长、企业的肯定和好评。

一、以服务学生为中心，深化德育课程改革

学校坚持将"立德树人"作为根本任务，全面提高学生的思想道德素质作为首要任务；通过课堂教学、实训教学、开设就业指导课程、参加社会实践等形式，不断增强学生提高职业素养和职业能力的自觉性。

深化德育课程改革，发挥主渠道作用。学校投入资金建设德育课程多媒体教室。采取情景教学、案例教学、互动讨论等教学形式，改进教学方法。改革评价模式，将"职业道德与职业指导"课程成绩分为课上教学成绩、课外活动成绩以及社会实践成绩等多项指标，进行综合评定，激发了学生的学习兴趣。同时，根据专业特点和学生实践，进行有针对性的个体辅导，提高了教育的实效性。

把培养学生的职业道德和职业能力渗透到各项教育教学活动中。一是学校前两年在文化基础课、专业技能课的教学中，注重专业教育、强化技能训练、实行以证代考，近五年来，毕业生双证书率达到99%。二是鼓励学生参加"津酒杯"技能月活动，对成绩突出的学生，予以嘉奖。三是组织学生积极参加每年举办的体育节、文化艺术节。通过这些活动，让更多没有受到表扬的学生受到表扬，让更多没有得到奖励的学生得到奖励，增强了学生的自信心和成就感，体现了全程、全员育人理念。

用典型引路，激励学生成才。一是每年学校都要组织专题报告会，邀请优秀毕业生来校作专题报告，用自己在企业锻炼成长的经历，激励身边的学弟学妹，从而起到很好的教育效果。二是出版《学子英才赞》一书，全书共两个专辑，集中宣传从1958年建校以来的优秀毕业生典型共80名，并发到每个学生手中，作为他们的德育教材。三是学校利用校园网站公布就业、创业信息，不断增强学生的就业意识、岗位意识、创业意识和责任意识，激励学生的学习热情和成才渴望。

加强学生的职业礼仪教育，不断提高学生的职业能力。一是学校为顶岗实习学生开设了岗前培训课程，为他们进行专题求职面试技巧训练和必要的职业礼仪训练，使面试一次通过率达90%以上。二是成立国旗班、礼仪队，为广大学生起到了引领和示范作用，把行为养成教育渗透到学生教学、生活、活动的全过程中。

二、创新制度，把职业道德教育做到学生的心中

加强顶岗实习管理。顶岗实习是学校特定的教学过程，是学生就业前期一个难得的准备期和心理行为的调试期。学校把就业工作重点放在关爱顶岗实习的学生和加强对学生顶岗实习的管理上，帮助学生调整实习心态，尽快适应企业工作要求。

建立德育辅导员制度。2012 年 2 月，学校关工委被教育部关工委确定为"全国中等职业学校关心下一代工作联系点"之一。借助这个平台，学校就业办与学校关工委的老同志一起研究制定了在企业中建立德育辅导员的有关制度和选聘标准，将企业中的劳动模范、技术能手等聘为学校德育辅导员，为顶岗实习的学生提供必要的心理疏导、就业指导、行为引导，并从生活上关心他们。截至目前，学校从国有企业、合资或独资企业聘任校外辅导员 25 人，实现了合作企业全覆盖。

三、狠抓落实，不断深化就业指导工作

通过课堂教学、校内实训锻炼、社会实践以及岗前培训等形式，提升学校就业指导工作的质量和效果，使学生就业率、稳定率、满意率保持在较高水平。不断创新机制和制度，在学生顶岗实习比较集中的企业中，聘请校外德育辅导员，做到实习全覆盖。创新就业形式，在顶岗实习学生中采用"新学徒工定向培养"、校企共办"大专双订班"，以及"企业骨干培养订单班"等新形式，受到了家长和学生的欢迎。

努力打造一流就业品牌

甘肃省高台县职业中等专业学校

近年来，学校通过构建并完善"就业围绕市场转、教学围绕就业转、教师围绕教学转"的办学格局，做到"学生在外工作安心，家长在家放心，企业接受称心，学校输送有信心"，真正提高学校声誉，打通"出口"，拓宽"入口"，推动了学校的可持续发展。

一、建立完善合法、规范、完善的就业指导体系

随着就业学生逐年增多，学生在就业中暴露出来的问题也越来越复杂，为做好学生的就业安置工作和就业指导工作，依据劳动法、就业促进法，学校设立了具有独立法人资格的职业中介机构——高台县阳光职业介绍所。近年来，阳光职业介绍所与用人单位广泛接触、实地考察、精心挑选，先后与上海外高桥造船有限责任公司等50多家大型企业建立了学生实习、就业安置合作关系。这些企业都能满足学校毕业生安置的条件：使学生就业岗位与所学专业基本一致；就业后"三金""五险"有保障；保证五天八小时工作制；试用期满后，月薪在2 000元以上；重视员工培训，尽量能做到整班安置，保留在校时的班委会、团支部建制。

学校还成立了就业指导中心，建立从在校学习期到顶岗实习期再到就业安置后的全程就业指导服务体系。把以前仅限于"在毕业前进行就业指导"，改为贯穿于学生学习、实习、就业的全过程，以实用性、针对性、阶段性、系统性为原则，把"学生在校学习期的就业指导是关键，实习期的就业指导是难点，学生就业后跟踪期的指导是重点"作为学校就业指导工作的指导方针，详细制定各年级学生就业指导方案。与此同时，学校在学生就业地设立了办事处，派本校教师并聘请资深就业指导师或企业人事部门主管为实习就业指导教师。学生毕业前一学期，由阳光职业介绍所负责带相关资料到合作企业联系学生实习就业，并向毕业班学生公布企业招聘信息，包括企业类型、性质、区域和薪资待遇、用工条件等；学生本人提出书面申请，家长加注意见，班主任、教学组、教导处、政教处负责审查学生就业自荐书和安置对象的德育成绩、文化课成绩、专业课成绩、实训成绩、身体条件、考取的专业职业资格证书，并签署意见，学校行政会审定，公示符合实习就业学生名单。职介所联系并组织用人单位到学校进行现场招聘面试或带学生到就业地组织面试。招聘录用结果由学校通过学校网站、就业宣传专栏公布。学生、家长、学校签署《就业实习管理协议》后，由学校阳光职业介绍所统一安排，派专人护送学生到就业实习单位，协助学生办理有关入职手续，阳光职业介绍所、班主任进入跟踪服务、管理阶段，时间为三年。阳光职业介绍所和企业人事部门保持互访式跟踪服务管理；班主任利用电话、电子邮件、QQ群等形式及时了解学生实习就业后的动态，并把实习参加率和实习巩固率纳入班主任工作考核。

学校以学生就业后在具体工作岗位上的适应程度为依据，不断调整专业教学计划，使

学生在校所学技能与岗位技能要求基本一致，使专业课教学更有针对性，取得了较好的效果。

二、全员参与，在教育教学和各类活动中渗透职业指导

职业指导是职业学校德育工作的重要组成部分，中等职业教育要为学生的终身发展打下基础，为学生的就业做好准备，使学生在掌握必要的职业技能的同时，接受现代科学文化知识和理想信念、情感塑造、职业道德等方面的教育。正是从这一指导思想出发，近年来，学校把"在各科教学和实习中渗透职业指导"写入教学计划，把职业指导工作作为教育教学的重要环节来抓。要求所有的任课教师都要肩负起对学生进行职业指导的责任，都要掌握职业指导的基本技能，以培养、增强学生的职业意识、职业兴趣和职业心理素质为己任。每年对教师进行两次培训，使教师了解最新的就业发展动态，了解劳动保障法律法规，懂得如何转变求职者的择业观念等基本的就业指导常识。如今学校教师上课都能根据学生的专业特点，从所教的学科入手，从学生的实际需要出发，对学生的从业意识、职业素质、学习需求等进行指导。学校还有计划地选送优秀教师参加国家职业指导师的学习培训，到学生实习就业企业学习培训。目前，学校已经有2人获得国家中级职业指导师资格证书，2人获得国家助理职业指导师资格证书；有36人到合作企业一线培训。

学校每年都会组织全校学生参加全国中职生"文明风采"竞赛活动和科技创新文化艺术节活动。通过职业生涯设计、"我身边的诚信"、"创业之星"征文、职业生活摄影、职业技能比武、"科技小发明"等活动，极大地提高了学生参与科技创新的积极性。

三、坚定不移地走订单培养、校企合作之路

前几年，学校提出了"外出就业，回乡创业"的办学理念，开始了校校合作、与人力资源公司合作的探索，由于中间环节多、花费大，就业档次低，效果不佳，部分学生不到半年就"回家"。针对这一情况，学校提出了"校企合作，与企业零距离接触"的思路。

2008年以来，学校先后对长江三角洲经济区、珠江三角洲经济区、环渤海经济圈等地区的国家级经济开发区的400多家生产企业，50多家四星级以上酒店、旅行社进行了考察、洽谈。签订合作协议50多份，形成了校企合作的良好局面。学校先后成功安置了3 000多名毕业生就业，有200名学生现已成为企业技术骨干或公司部门领导。在南方经济发达地区就业的学生，平均工资3 500元左右，最低工资2 500元，最高已拿到7 000元以上。

近年来，学校就业安置工作，坚持了"巩固、提高、拓宽"的思路，在体制上，实施以"就业指导中心总负责、实习指导教师负全责、班主任全程参与"为主的就业工作服务体制，将就业工作重心下移，发挥班主任工作的能动性；在机制上，运行以"整班安置与分层安置"为基本内容的工作机制，增强了学校实习就业工作的活力。在措施上，为实习就业搭建平台，通过建立企业实习就业基地、教师进企业培训、邀请企业骨干和岗位能手进校指导实训、学校管理与企业管理接轨等措施，认真落实了"就业指导专业化、就业服务日常化、就业管理规范化、就业推荐系统化、就业安置校企合作化"的工作任务。企业根据人才的需求，与学校签订用人协议，校企双方共同制订教学计划、课程设置、实习标准，加强人才培养的针对性。学生的基础理论课、专业理论课和

基本技能由学校负责完成，学生的顶岗实习在企业完成，毕业后即参加工作实现就业，达到企业人才需求标准。企业搭建实习就业平台，学校利用企业的资源，建立稳定的实习基地，其生产车间和培训中心成为实践教学的课堂。校企共同安排实践教学计划，特别是由企业安排其工程技术人员充当实践教学指导教师，与学校教师共同完成学生由专业技能培养到就业岗位的过渡，努力缩短课堂与岗位、学校与企业之间的距离，更好地达到定向培养目标。根据企业需求，遵循"学生本人愿意，家长同意，条件合格，学校批准，整班安置"的原则，使实习就业安置工作初步达到了"学生满意，家长满意，用人单位满意"的"三满意"目标。

实践证明，校企合作是确保中职教育更贴近市场、贴近社会需求、满足受教育者需求、促进学校焕发生机和活力的有效途径。

四、培养"专业＋特长"人才，提升就业档次

在"校企订单合作""提高就业质量"的办学实践中，我们逐步认识到，中职学校在高技能人才培养中，要以互利双赢为原则，以"专业＋特长"为目标，以推荐就业为关键环节，通过建立相应的工作机制，促进学生高档次就业。为此，从2004年开始，学校在加强学生技能培养的同时，开发特长训练，陆续组建了以班为单位的女子军乐队、管乐队、舞龙队、舞狮队、太平鼓队、秧歌队、舞蹈队、声乐队、篮球队等。"专业＋特长"的培养模式，为整班安置就业奠定了基础，也打开了大型企业整班安置的就业之门。凭着学生的"专业＋特长"，先后与上海外高桥造船厂、大连造船厂、北京现代汽车有限公司、深圳帝豪酒店、北京环京物流有限责任公司、新疆克拉玛依油田等50多家企业建立了长期稳固的实习就业基地合作关系，使企业和学校的管理、工程技术人员与专业教师能进行沟通交流，有效发挥校企双方在人才培养方面的优势，形成合力，共同推进学校发展，促进企业生产经营，构建互利双赢的合作模式，使学校、企业和学生三方受益。

就业导向　学生中心　能力本位　打造学校就业品牌

宁夏交通学校

学校坚持"以就业为导向、以学生为中心、以能力为本位"的办学理念，立足交通、服务社会，树立学校品牌优势，扩大社会影响，连续多年毕业生就业率保持在98%以上。

一、强化学校内涵建设　提升教学质量

加强教师队伍建设。提高教师实践能力和教学水平，引进培养骨干教师，积极选派教师参加职业院校国家级、自治区级骨干教师培训，选派专业教师赴国外进修。通过多种途径和有效措施，培养和造就了一支政治合格、素质优良、业务精湛、教学经验丰富的师资队伍。

加强学生职业道德和职业能力的培养。在加强学生专业技能培养的同时，将"学技能"和"学做人"作为专业培养目标，以课堂教学、校园文化活动为主渠道，建立职业素质教育体系，完善德育体系，探索德育新途径，努力培养"德能双优"的高素质技能人才。

加强校企合作，成立专业指导委员会。先后与宁夏上陵实业（集团）有限公司、宁夏路桥工程股份有限公司、宁夏公路管理局、宁夏公路勘测设计院等近30家企业开展校企合作，共同培养技能人才。在汽车维修、公路养护、工程测量、现代物流等专业，成立了汽车、路桥、信息与管理等3个专业指导委员会，聘请行业、企业、高校的专家、能工巧匠担任客座高级讲师，校企合作共同开展技能人才培养。

开设职业生涯规划课程，组织模拟招聘会。召开专场"双选招聘会"，积极拓宽毕业生就业渠道，为学生实现顺利就业创造条件。

二、加强对毕业生的就业指导工作

开设《职业道德与职业指导》等课程。请经验丰富的教师上好就业指导课，从就业形势剖析、就业政策宣传、面试技巧练习、就业心理测试等各方面对学生进行系统的指导和练习，让学生在就业指导课上学到就业所需的常识和技能。

召开经验交流会。每学期请就业成功的校友给在校学生作经验交流报告，使学生相信"师兄师姐能成功我也能成功"，从而树立信心。

指导学生合理定位就业目标。教育每位毕业生既要对自己的实力和才能做正确估量，也要考虑用人单位的需求，有目的地"推销"自己。择业时，应从自己的实际出发，不要好高骛远，因为只有合理地给自己目标定位，才能更好地发挥自身的特长，提高就业的成功率。

指导学生正确面对就业挫折。在德育课上教育学生，"挫折是人生最好的老师"，告诉

学生在就业道路上遇到挫折是正常现象，让学生充分做好应对就业挫折的心理准备。并且，鼓励学生要勇于面对现实，学会在挫折、困难、逆境中成长，从而增强学生战胜挫折的能力。

加强毕业生就业服务网络平台建设。为了给毕业生就业提供准确、高效、便捷的服务，帮助学生了解当前的就业形势，依法就业，学校建立了学校人才就业信息网，宣传就业政策法规。招生就业办工作人员及时将招聘信息发布在学校网站上，供毕业生就业时选择使用。

三、加强和用人单位合作，开拓就业渠道，做好组织服务工作

为了拓宽毕业生就业渠道，学校还采取"走出去、请进来"的办法，积极开拓就业市场。学校派专员到用人单位实地走访、调查，虚心听取用人单位对毕业生工作情况的反映和意见，征求他们对人才培养方面的建议，同时也邀请他们到学校挑选毕业生；学校定期与以前的就业单位联系，并积极开拓新的就业渠道，探索符合学校专业的就业模式，大力推进毕业生就业实习基地的建设。

率先在宁夏尝试开展职业教育集团化办学和专业教学资源的共建共享。学校牵头组建的宁夏汽车职业教育集团，在汽车专业职业教育领域较好地发挥了专业教育教学的带头引领作用。学校还积极以技能竞赛为抓手，校内春季学期学生技能大赛、秋季学期教师技能大赛已成为学校的特色和惯例；多次成功承办了自治区级一类职业技能大赛；已连续 4 年承办了自治区中等职业学校技能大赛汽车维修专业分赛，组队代表自治区参加全国中等职业学校汽车、测量、现代物流等专业的职业技能大赛。如此一来，突出了办学特色，树立了品牌优势，扩大了社会影响。

四、认真做好毕业生就业情况的跟踪调查与服务工作

毕业生走上就业岗位后，为了及时了解学生的工作情况，学校专门为每个毕业生建立了就业动态表，登记每个学生的专业、特长、家庭地址、联系电话、单位联系方式等相关资料，以便了解和掌握每个学生的就业动态情况；及时了解行业内以及用人单位对毕业生的素质要求，教育学生遵纪守法、爱岗敬业，帮助走上工作岗位的毕业生调整心态，使其快速适应环境。

培养特色技能人才　推动就业工作持续发展

新疆生产建设兵团工贸学校

长期以来，兵团工贸学校始终坚持"为兵团经济建设服务"的宗旨，面向市场，不断创新，以专业特色的人才培养模式改革为核心，以职业岗位所需的品德、知识、技能培养为主线，通过构建校企合作的就业渠道，加强就业创业指导与服务，就业工作成效较为显著。通过对近三年毕业生的跟踪调查，用人单位对我校毕业生的综合评价较高，学生们以"肯干、能干、会干"赢得了良好的社会赞誉，毕业生就业率100%，就业满意率达82.5%，就业稳定率95%，专业对口率94%。

一、把握机遇，完善就业机制，在发展中促进就业

近几年，兵团"三化"建设的发展，为学校在电力、建筑、机械维修制造、道路桥梁等专业带来了新的发展机遇。越来越多的企业在兵团落户，与此同时，企业对高素质技能型专门人才的需求剧增，为我院毕业生提供了更多的顶岗实习机会和就业岗位。

从2008年起，学校针对可能遇到的就业问题，未雨绸缪，分别组织开展了"加快构建人才服务体系"和"领导班子考察走访"等活动，共访问了200多家企业，第一时间掌握了有关情况，并制定了就业工作指导意见和就业工作管理办法。学校进一步明确了顶岗实习、就业培训、自主创业等配套政策，明确提出了促进学校毕业生就业的保证措施，全面夯实了毕业生就业政策保障平台。

二、创新模式，保证人才培养和就业优势

在人才培养上，学校形成了"素质教育＋专业课程＋实训基地"的人才培养模式。学校先后挂牌"国家级高技能人才示范基地""兵团大中专毕业生就业实训基地"等，创造了良好的社会声誉，众多企业对学校加以关注并产生合作意向。

学校还与企业联手，共同组建5个专家建设委员会，邀请行业和企业专家参与人才培养方案的制订、承担专业课程教学任务和顶岗实习管理，确保人才培养对口、对路、对岗，从而拉动就业，提高就业质量。本着"优势互补、互惠互利、共同发展"的原则，学校以校企双赢为切入点，构建"校企互动"全新机制。

深入加强与企业的联系与沟通，充分利用与国家级乌鲁木齐市经济技术开发区、国家级天北经济技术开发区良好的互动关系，"走出去、请进来"，切实加强与企业建立高层次、稳定性联系，扎实有效地形成传授知识与培养能力相结合、强化学生实际操作与教学实践有机结合的新型校企合作模式。全年走访调研、邀请接待了疆内数家特大型企业，并与上海大众、神华集团、三一重工等国家级重点企业建立了校企合作订单培养深层次合作关系。

建立健全学院实习基地及校企合作企业挂牌工作，并结合学院国家示范性重点专业与

企业签订长期合作订单培养计划，创办了"鸿基焦化班""信发班"等订单式班级，让学生从入校起就开始接受企业文化、岗位规范、岗位技能等课程的培养，让学生毕业后走上岗位时不会感到陌生，大大缩短了毕业生就业的上岗适应期，校企得到双赢。

三、深化教学改革，确保就业

学校围绕产业发展，加强专业建设。作为国家首批百所中职示范校，被确定为国家重点建设专业的节能环保、建筑、电工电子、数控专业成为学校的名牌专业。学校按照"与地方经济互动，与岗位需求同步"的专业建设理念，针对行业发展需要，初步形成了"围绕产业建专业，办好专业促就业"的良好格局。

在教学内容上，积极实行素质教育，狠抓教材建设，优化教材内容，增加企业需要的新知识、新技能、新材料、新工艺。在教学目标上，重视学生的创新精神和开拓能力的培养，开设了创业教育课，从理论和实践上指导学生的创业活动。

同时，学校努力打造了一支素质高、技能高的"双师型"师资队伍。实施了"1511"师资培养计划，把高校和行业专家教授请进来，让老师走出去学习、培训，让教师队伍不断开阔视野、增长技能知识，为教学打下坚实基础。

四、规范就业工作管理，强化服务

毕业生就业安置工作是检验职业学校办学成果的标准，这项工作做得好与否，直接关系着学校事业的发展。根据学校部署，就业办公室制定了《就业办公室制度》《校外实习、毕业生就业管理工作手册》，加大对各专业外出实习审核和就业安置监督的力度，按规定及时进行校外实习生安置、实习点检查、校企合作、市场调研、毕业生跟踪服务等工作。

加强企业市场调研。学校对新疆兵团各大中型企业反复进行了多次市场调研，走访、咨询了几十家企业，尤其是适合女生就业的专业岗位。在调研的过程中，学校着重于专业技术定向委培合作项目，以加强校企合作，提高办学的特色。

加强实习跟踪管理。为了解决实习学生工作、生活中出现的问题，以及家长较为担心的问题，学校派出指导老师到用人单位对学生进行跟踪管理，做好指导和后勤服务工作，做好学生和用人单位之间的沟通和协调工作，并及时解决有关问题，在学生转正定级或基本适应新环境后再撤回指导老师。对确实不适应某工种的学生，学校帮助其安排二次就业，直到满意为止。同时通过电话、网络、走访等方式与合作企业保持正常联系，既了解了各方面的信息，又加深了彼此的感情。跟踪管理这项措施，虽然投入的人力、物力较大，但真正实现了"学生安全、单位满意、家长放心"。

五、加强就业教育，提高学生的就业能力

学校坚持育人为本，德育为先，用先进文化、职业文化、兵团精神培养学生良好的品德；以工作过程为导向，以毕业生就业岗位所需的品德、知识和能力为逻辑起点，着力培养学生适应岗位的发展能力。

学校十分重视就业学生及家长的思想工作，同时加强了学生就业指导课程的教学，并开展了一系列丰富多彩的课外活动。如召开优秀毕业生回校汇报会，邀请企业领导来校作

就业指导报告；带领学生去工厂参观；组织学生观看有关传销、诈骗等案例的录像；就业指导老师就新闻媒体对大学生就业时发生的一系列案件的报道进行课堂讲解。这些活动开拓了学生的视野，增强了他们的"免疫力"，增强了他们就业和创业的责任感。

学校也重视学生岗前培训，根据专业教学计划，对完成学业的学生，经专业系德育教研室、教务室审核合格后，学校组织合格实习生参加岗前培训和座谈，对以前专业系实习学生在外经常出现的问题加以分析，突出安全教育，要学生引以为戒。通过培训和座谈，让学生知道以后工作中应注意的问题，如如何主动适应新的环境、生活上如何自理等；并且通过班主任与家长的电话沟通，让家长了解如何鼓励和支持孩子自立自强。在此基础上，与实习、就业学生及家长签订实习、就业协议，落实有关责任。

六、延伸就业服务链，提升就业服务水平

2012年，学校成功举办了"兵团2012年毕业生校园招聘会"，共邀请疆内53家企业，提供就业岗位2 000多个，并与南疆库车、新和县当地16家企业进行洽谈对接，签订了实习就业协议，用工人数共计670人，为毕业生与用人单位之间搭建互动交流平台提供了更好的服务，建立了少数民族学生实习到就业的"直通车"，为少数民族学生的就业提供了保障。

自2008年起，学校组织各类招聘会30余场，接待用人单位300余家，提供就业岗位10 000多个，为学校、企业、学生搭建了更为广阔的平台。

树学生就业品牌　创一流中职教育

山西省工业管理学校

学校始终坚持"以服务为宗旨，以就业为导向"，把毕业生就业作为学校工作的出发点和落脚点，把毕业生就业工作作为系统工程来抓，形成了领导重视、机构健全、渠道广阔、服务到位的就业工作体系，近三年毕业生就业率达到了 98.2%，对口就业率达到 89.1%，为地方经济社会发展特别是机电行业培养了万余名优秀生产、服务、管理技能型人才。

一、依托机械行业企业，畅通机电专业学生就业主渠道

优先选择山西省机电行业国有大型企业，先后与太原重型机械集团有限公司、太原矿机集团、太原长安重型汽车有限公司、太原第一机床厂、太原工具厂等大型国有企业合作，签订协议，从而建立了长期稳定的学生实习就业基地。学校数控技术、机械制造、机电技术、汽车制造与维修等专业学生拥有稳定的就业基地。

本着要让学校、企业、学生"三赢"的就业理念，采取灵活形式，适应企业用工需求。多年来，采取学生自主报名、学校择优推荐、企业进行面试、双向选择就业的模式，学校大批数控、机电、机制专业学生分别进入太原重机集团、中国重汽大同齿轮有限公司、太原航空仪表有限公司和太原钢城企业有限公司等国有大中型企业；大批焊接专业学生进入太原矿山机械集团有限公司。

二、立足太原面向山西，广泛开展校企合作和订单培养

坚持"立足太原，面向山西"的就业原则，在太原市积极挖掘就业市场，与太原重型机械集团有限公司、太原第一机床厂、太原长安重汽有限集团公司、中国联通太原分公司、太原铁路局、太原钢铁公司等行业旗舰企业合作。学校以太原 20 多个大型企业为依托，建立"双向人才培养、双向资源共享"的校企合作、共同培养的联动机制。

学校成立由学校、合作企业领导及专家共同参与的"校企合作委员会"，广泛开展校企洽谈，寻求校企合作，签订"订单培养"协议。几年来，分别将冠名为"矿机班""重机班""联通班""夏利班""江南班"的学生输送到了各合作企业，订单培养率达到了 60% 以上。

三、以市场需求为导向，积极开设新型紧缺专业

为适应市场需求，学校积极探索开设新型专业。2001 年开设数控技术专业，2011 年学校和太原铁路局联合进行订单式培养，新开设了铁路安检专业。数控技术专业在山西省中职学校中是最早开设的；铁路安检专业在山西省职业院校中属于首家开设。学校根据市场需求，将安检专业的毕业生全部安排进铁路单位进行顶岗实习，受到了学生、家长和用

人单位的一致好评。第一批安检专业学生进入工作岗位后表现优秀，曾有多家媒体争相报道，在社会上也形成了较大的影响，为学校树立了就业品牌。以市场为导向，开设专业，使学校拓宽了就业市场，带动了招生，加快了教学改革，从而促进了学校全面发展。

四、加强学生就业指导，优质服务学生和企业

为了提高学生适应企业的能力，学校始终把就业指导贯穿于教育教学的全过程，开设了"职业生涯规划"等课程，聘请了行业企业专家来校讲座，让学生提前了解顶岗实习的意义，从而使其对今后将要从事的行业产生浓厚的兴趣。

学校在学生顶岗实习前，专门安排就业指导办公室老师和企业的专业人员讲解企业文化、安全生产规程和顶岗实习岗位要求等，对实习学生进行岗前培训。学校向学生家长发放"家长通知书"，班主任与学生、家长沟通实习企业、岗位、待遇及企业要求，指导学生签订"安全责任书"。学生在实习过程中，实行校、班两级管理，学校和企业密切联系，学校就业指导办公室、班主任和学生建立良好的沟通渠道，及时掌握学生的学习和工作情况。通过这些工作增强学生职业素养，端正职业态度，提高岗位稳定率。

学校树立了"安全第一、预防为主"的指导思想，校企共同制定《学生顶岗实习管理制度》，学校与企业签订校企合作协议，学校与企业、学生签订顶岗实习三方协议，明确安全管理、生产、生活管理、劳动保护、劳动保险、事故责任确定、校企管理职责、学生劳动报酬发放等要求，使用人单位将实习学生的实习报酬按时足额直接支付给学生本人。经过校企双方共同努力，近几年顶岗实习学生稳定率达到了96.5%。

学校积极贯彻执行国家《中等职业学校学生实习责任保险实施办法》和山西省有关政策规定，为全部顶岗实习学生按时、足额办理了顶岗实习责任保险，做到先保险再实习。在顶岗实习过程中，做好安全风险防范工作，确保顶岗实习的安全，为就业奠定了良好的基础。

二、服务篇

以生为本　服务就业

　　牢固树立服务理念，全面推进就业服务，是职业学校做好毕业生就业工作的关键。许多学校在这方面进行了探索和创新，积累了成功的经验。

　　上海市城市科技学校建立"四大保障"，将学生就业指导服务作为一项综合性工作，努力培养"就业有优势、创业有特点、升学有希望、发展有潜力"的人才，就业率始终保持在98%以上。

　　黑龙江省林业卫生学校严管理、高质量推动毕业生就业工作，搭建就业平台；开展"四比四不比"活动；拓展省外实习就业基地并建立了近百家，采取了多种措施为毕业生就业铺平道路。

　　宁波宁海县高级职业技术中心学校由于健全了毕业生就业服务体系，瞄准市场需求，毕业生供不应求，形成了"以出口带动入口，以就业促进招生"的良好态势。值得借鉴的是，学校积极开展职后帮扶，把就业服务延伸到学生毕业后，构建了一个全程化就业服务体系。

　　云南工艺美术学校坚持培养"高素质、懂材料、能设计、会制作"的技能型人才，同时，对毕业生实施"三三制"的服务承诺，帮其就业、助其创业。据不完全统计，学校有近30%的毕业生工作后又自主创业并取得成功。

　　其他职业学校也都创造了非常好的经验，如华夏职业教育中心以提高就业率和就业服务质量为目标，建立"一主两翼"就业工作机制；建立毕业生"三跟踪"服务机制，优质的跟踪服务赢得了家长、学生和用人单位的好评。胶南市高级职业技术学校强化"十环节"就业服务，建立"113"质量服务标准，像海尔一样"真诚到永远"地对待每一位学生。

优化就业指导服务　有效提升就业质量

河北省张家口市职教中心

学校紧紧围绕立足经济和行业发展的需要，以服务为宗旨，以就业为导向，依托毗邻京津的区位优势，紧贴第三产业创新专业设置，着力构建序列化、全程化的就业指导服务体系，现已培养近三万名高素质技能型人才，毕业生深受用人单位的好评和欢迎，呈现出就业率高、对口率高、稳定性高、就业层次高、发展空间大的特点。

一、以生为本，建立全程化就业指导服务体系

职业教育是关系千家万户的民生工程。学校始终坚持"办好中职，育人惠民"的指导思想，将实现学生高质量就业放在特别突出的位置，努力做到"三个到位"，抓好"三项落实"，为促进学生就业奠定坚实基础。

组织领导到位。完善就业工作组织机构，实施"一把手"工程，成立就业工作领导小组，全面谋划、统筹安排就业工作。校内常设招生就业处、就业指导服务中心，为学生提供全程化保障服务。五大就业专业部均专设一名副主任，负责本专业实习管理、就业指导工作。选派爱岗敬业、能力较强的中青年教师深入实习单位援助学生实习半年到一年，主要负责协调校企关系、学生顶岗实习管理、就业指导及技能培训考核等工作。基本形成了"学校—专业部—职业岗位"三级就业管理服务体系。

教育指导到位。一是开设就业指导课，对学生进行系统的训练和指导，不断完善形成序列化就业指导课程体系，一年级重点加强职业意识、职业理想和职业道德教育，帮助学生认识专业、热爱专业，自觉参加专业技能训练，培养其职业道德、基本职业能力和职业素质。二年级重点帮助学生选择专门化技术方向，明确职业岗位要求，找准差距，规范自身行为，苦练专业技能，提高综合职业能力，尤其是将企业生产项目引入教学，企业专家及技术骨干走进课堂，用企业岗位标准考核评价学生，使学生在完成企业真实项目的过程中，实现技能学习与企业生产的全面对接。三年级顶岗实习则突出择业、谋职、创业以及自我保护的方法与技巧，指导学生掌握收集处理招聘信息、推销自己、赢得企业信任以及维护自身权益的方法和策略，树立起"先就业、后择业、再创业"的职业观。二是举办优秀毕业生、实习生事迹报告会、企业专家就业指导讲座、走进企业文化等实习前系列培训，实现由"需要工作的人"向"工作需要的人"的转变。

服务保障到位。一是服务保障。学校除按专业类别组织学前教育、餐旅服务、信息技术等大型专场供需见面会外，还根据用人单位要求，灵活组织招聘活动，以方便用人单位，保证学生及时就业。二是管理保障。学校坚持顶岗实习"三段式管理"，即实习前的教育和指导、实习中的管理服务与实习后的评价考核，设立优秀实习生奖，对不合格实习生实行主动召回制度，保证顶岗实习质量。学校还采用重奖激励的办法，鼓励全校教职工积极投身就业服务工作，并在各类评职评先晋级中予以倾斜，形成了就业指导服务全员化的良好局面。三

是宣传保障。学校通过校园网、广播、大屏幕、宣传栏等各类形式广泛宣传产业发展前景、就业形势、各类就业创业信息；充分利用广播、电视、报纸、网络等媒体，将学校办学成绩和就业信息送进千家万户，彰显办学实力，树立学校品牌，吸引用人单位。

三项落实到位。学校抓好"目标、制度、政策"三项落实。一是严格实行目标责任制、绩效奖励制，确保就业目标任务圆满完成。二是健全完善、认真执行《学生顶岗实习管理制度》《教师援助学生实习制度》《校企双导师制度》《优秀实习生评比办法》等一系列管理制度，形成良好的就业指导服务保障机制。三是严格落实国家中职助学金、免学费政策，校内优秀生奖学金制度、困难生减免学费制度、党员干部帮扶贫困生制度；积极争取合作企业、社会各界的支持，力争帮助每一名学生完成学业，使其高层次就业，从而改变命运，有尊严地生活。

二、推进校企深度融合，搭建四通八达的"就业立交桥"

按照"学校围着市场转，专业围着产业转，人才培养围着需求转"的专业建设整体思路，立足本地经济发展需要，依托毗邻京津的区位优势，主动适应市场需求，紧贴第三产业创新专业设置。

构建"八位一体"的专业建设模式。学校深入职业岗位调研分析，着力推进专业设置与职业岗位、课程教材与职业标准、教学过程与生产过程的深度对接，逐渐形成了专业设置、师资、课程、教材、实训、文化、素质、评价"八位一体"的专业建设模式，强化了"人无我有，人有我优，人优我特，人特我精"的专业建设特色，现已形成信息技术全国示范专业，现代服务、动漫游戏省级特色专业，学前教育、餐旅服务市级骨干专业等五大就业专业群。

组建"校企合作委员会""专业建设指导委员会"。深入推进校企深度融合，组建了由政府主管部门、行业企业和学校三方参与的"校企合作委员会""专业建设指导委员会"，积极开拓与首都国际机场、美国 Base FX 视觉特效公司、清华同方集团、张家口市商业银行等130多家企业的紧密合作，努力搭建四通八达的就业立交桥。校企双方共同完成人才培养方案制定、校本教材与数字化教学资源开发、"双师型"教学团队培养、顶岗实习管理等专业建设全过程，形成了"订单式""厂中校""校中厂""园校互通、双向介入""实训—研发—生产—就业一体""学工交替"6种灵活的校企合作运行模式，建立起"校企基地共建、过程共管、人才共育"的合作机制。

三、五维培养提高育人质量，树立毕业生的品牌形象

学校坚持"成长、成人、成才、成功并重"的德育原则，以培养学生综合职业能力、可持续发展能力为重点，着力推进"课堂教学建构素质、文明养成规范素质、特色活动拓展素质、劳动训练强化素质、社会实践提升素质"的五维综合素质培养模式，形成了年级化、序列化的德育体系，积淀了以新生军训、技能大赛、成人仪式、为校服务等十大品牌活动为主题的校本实践课程，优化了专业人才培养模式和课程体系，加强了专兼结合的教学团队建设，强化了教育教学各环节的精细化管理，不断提升校内外实训基地建设水平，构筑起校企文化相融合、具有鲜明专业特色的校园文化和专业文化，有力地推动了学校的内涵式发展和育人质量的提高。

以服务为宗旨 为毕业生就业提供全方位服务

大连电子学校

近年来，学校立足服务区域经济社会发展，以服务为宗旨，以就业为导向，坚持教学改革、校企合作、就业指导、升学服务多措并举，为促进毕业生高质量就业提供全方位服务，毕业生就业竞争力不断提升，就业率达98%以上，为推动区域经济社会发展做出了积极贡献。

一、深化教学改革，着力培养毕业生的就业创业能力

服务区域经济发展，推动学校教学模式改革。学校立足服务区域经济社会发展，坚持以提升素质为根本，以培养能力为核心，以企业用人需求和技术岗位群的职业能力为标准，推动教学模式改革，优化专业设置，改革课程体系，更新教学内容，实施行动导向教学，着力提高人才培养质量。如为提升计算机应用专业毕业生就业技能，学校瞄准大连软件企业BPO业务岗位群，开发了计算机绘图、计算机排版、日文数据处理和计算机动漫四个专门化方向，并将企业员工培训融入教学方案，实行教师、工程师"捆绑"教学。同时，在所有专业基础课和专业课中加强实践教学环节，增加实践教学比例，打牢学生专业基础，提高学生技能水平，以满足企业用人需求。

参与职业技能大赛，以赛提高学生综合能力。学校通过组织学生参加国家和省市技能大赛，让学生在与众多技能高手同场竞技中得到历练和提高，促进了毕业生高质量就业。自2007年首届全国职业院校技能大赛举办以来，学校连续7年选派了59名学生参加全国大赛，共取得了9金20银8铜的优异成绩。这些在全国技能大赛中获奖的选手，毕业时除少数人选择升学以外，其他都成为用人单位的"抢手"人才。

二、推行校企合作，积极搭建毕业生与企业对接平台

学校以拓展校企合作形式内容为核心，以创建校企合作机制为保障，积极探索校企合作育人新模式。通过校企合作开展订单培养、校企互惠创建校内人才培养基地、校企牵手共建校外实训基地、校企互助建立校内项目工作室、校企联姻组建生产性实训基地、校企一体打造特色专业等6种形式，构建教室、车间一体化，教学、生产一体化，教师、工程师一体化，学生、员工一体化的教学模式，不仅凸显了"做中学、做中教"的职业教育教学特色，也为学生与企业"零距离"对接搭建了平台。

学校与大连爱丁数码、弘文信息、信华信息等7家公司建立了校内生产性实训基地，与松下汽车电子、金州热电、大连地铁、辽宁邮电设计院、惠普、联通、佳能、东芝等200余家企业建立了长期合作关系。这些校企合作企业可优先接受学生顶岗实习和优先招聘毕业生，实现了学生、学校、企业三方共赢。

三、加强就业指导，着力提高毕业生就业能力与技巧

加强毕业生就业工作队伍建设。一是支持就业指导专职工作人员和部分班主任考取国家人社部颁发的职业指导资格证书，着力打造一支专业化的就业指导工作队伍。二是广泛采集企业员工的素养要求，建立"技能导师"和"就业典型"案例资源库，聘请企业技能导师和优秀毕业生作为校外就业指导辅导员，定期对学生进行岗前培训和就业指导。

推行职业素养等级证书制度。学校根据《职业素养评定办法》，结合学生日常表现和企业员工职业素养要求，给每一位毕业生颁发职业素养等级证书，作为企业选择毕业生的依据之一。

分阶段开展就业指导。一是针对不同学段学生实际情况，有针对性地进行就业指导，帮助学生确立职业目标，做好职业生涯规划。新生入校后，即开设"职业生涯规划"课，举办职业生涯规划讲座，观摩企业说明会和企业现场面试，引导他们正确认识自我，明确职业目标。高年级学生，开设"就业指导"课，聘请企业技能导师和优秀毕业生到校作报告，开展职业理论、职业道德、择业方法与技巧、就业政策、职业生涯规划以及创业教育等方面的教育培训。学生顶岗实习期间，编印就业指导手册，采取"就业辅导员包片、专业课教师包厂、班主任老师包人"的管理模式，配合用人单位做好学生教育和管理工作，帮助他们尽快融入企业，增强对企业和企业文化的认同感。二是聘请全国劳动模范王亮、刁培松等12名高级工人技师担任学生德技辅导员，让他们面对面与毕业生进行交流，用劳模精神和个人成长经历教育他们树立正确的职业追求，使毕业生增强了自信心，以良好心态接受用人单位的选择，提高就业的稳定性。

四、做好升学服务，不断满足毕业生多样化发展需求

做好升学服务，不断满足毕业生多样化发展需求，是促进毕业生高质量就业的重要途径。学校坚持"相信每个学生能够成人成才，帮助每个学生实现成人成才"的育人理念，积极为学生搭建成长成才平台。根据部分学生的升学愿望和多元化发展需求，认真研究中职与高职、本科院校对接的形式、途径和政策，全面做好宣传、动员、组织和服务工作。采取在新生中组建升学班或在三年级学生中组建升学辅导班两种形式，做好升学服务工作。通过科学制订升学班的教学计划，配备优秀教师担任升学辅导教师，加强备考科研和教学过程管理，开展多种形式的竞赛、助学、促学活动，提高了升学服务工作水平，使就读中职学校的学生也能够实现升学的梦想。学校2012届123名学生参加了升学考试，119名毕业生如愿迈入大学校门，升学率达96.7%。其中36名毕业生考入大连交通大学、辽宁科技大学、沈阳化工大学、沈阳农业大学等本科院校，73名学生考入高职专科院校，10名学生被保送到大连职业技术学院，升学人数创学校历史新高，在全市中职学校中名列前茅。

建立服务体系　促进毕业生高质量就业

大连市女子职业中专

多年来，学校视就业服务与就业质量为"生命工程"，将"适销对路"作为人才培养的主攻方向，形成"学校统筹，企业搭桥，全员参与，人人有责"的就业服务体系，主动与企事业单位建立长期合作关系，为毕业生提供稳定的就业渠道。

一、将就业指导作为德育重要内容

学校将就业指导完全作为学生德育一部分，帮助学生树立正确的职业理想，激励学生奋发向上，促进青年学生全面发展。

将励志就业教育作为激励学生奋发向上的动力。从新生入学开始，学校就将近几年来毕业生就业的典型请回来，就其成长的心路历程、就业的经历及职场成功的喜悦与学生们共同分享，给予学生全新的职业教育引导，让学生们认识到"即使不进高中或进不了高中，一样可以成才、成功"。在学生心底撒播下奋发向上、努力工作的种子，为学生掀开职校学习新的一页，让学生重新拾起求学的希望，鼓足勇气和干劲，全身心地投入到新的学习中去。

帮助学生树立正确的职业理想，实事求是进行职业生涯设计。学生入学后经过一段时间的学习，对职业教育和专业方向有了一定的了解后，在一年级下学期由教师组织，学生根据自身特点，进行第一次职业生涯设计，以此帮助学生树立职业理想，规划人生目标。之后的每个学期，教师指导学生对自己的职业生涯设计进行补充、修正及完善，使其成为学生努力的方向和前进的动力。学校就业指导处也增加了个性化就业指导，针对学生的个体差异进行就业咨询和跟踪指导，从而促进学生全身心投入就业指导过程，体验新的感觉，产生新的认识，大大提高就业指导的效果。

充分利用校园文化活动及主题实践活动，增强学生的就业意识。结合学生的特点及需要，开展丰富多彩的校园文化活动。以"实践"为主要特征，寓指导于活动之中。学校每学期都开展"我爱我的专业""我是岗位小能手"等主题班会，每年的校园文化节都将专业技能展示列入其中，学生们参与的积极性很高，都使出了浑身力气将所学到的专业技能充分展示出来。与此同时，学校还抓住时机适时邀请行业专家来校就专业前景、岗位用人标准等专题举办讲座、与学生们座谈，更能够让同学们与专家面对面就自己感兴趣的或有困惑的职业设计进行针对性讨论，并得到专家的亲自指导。学校还充分利用社会资源，组织学生实地参观用人单位、参加社会公益劳动等。这些活动都加深了学生对社会的了解，增强了学生的就业意识，明确了就业方向。

二、调整就业指导课程设置和教学内容

调整课程，让就业指导贯穿始终。学校改变以往单一的在实习前临时召开"实习就业

动员大会"进行就业指导灌输的做法，将就业指导工作从学生一进校就抓起，在一、二年级就开设"职业道德与法律""职业生涯规划""就业指导""创业教育"等课程，且贯穿于学校教育始终。让同学们从入学一开始就了解社会、了解职业、了解自己，把个人的未来发展自觉地融入社会需要、社会发展之中，进而珍惜在校学习生活，自觉提升自身素质和综合职业能力。

教学内容适时实用，就业指导更加贴近学生。学校通过对学生实习过程的跟踪调查、全程管理，将学生在实习中出现的问题及典型案例进行归集整理，在"就业指导"课程中增设了"案例分析"，由于教学的内容来自于学生身边熟悉的学长们的实际，学生学习的兴趣自然也就十足，再通过情景模拟、角色扮演等形式，使就业指导收到很好的效果。

发挥"隐性课程"作用，提升学生综合素养。学校紧紧围绕服务就业需求，突出女性教育特色，不断夯实教育教学工作，着力提升学生综合素养。早自习时间安排了系列活动，在英语朗读、国学诵读、礼仪训练的基础上，学校还制订了《口语能力训练实施方案》，增加了学生口语表达能力训练，专业教师走进班级，分别从姿态、语调、语速、内容等方面，对学生礼仪、形体、自我介绍和沟通交流等进行指导。每天早晨名曲赏析，由专业教师讲解名曲欣赏方法，不断提高学生的修养和品位。学校统筹安排了课外活动，突出了形体、化妆、家政、女红、书法绘画、音乐欣赏等特色活动，提升了女性综合素养。校园里，到处都能感受到美的熏陶，走廊就是展厅，那些古今中外杰出女性的大幅图片、世界名画、舞蹈组图跃然墙上，学生们自己创作的图画、折纸、蜡染、雕塑、刺绣等作品丰富多彩，妙趣横生。不同专业的教室各有千秋，一串串彩色吊坠，憨态可掬的卡通小狗熊，乘风破浪的豪华游轮以及时尚飘逸的头模发型……全方位营造高雅浓郁的文化氛围。教学计划安排的"显性课程"与以课外活动、环境氛围为载体的"隐性课程"共同发挥作用，成为打造职业女性人才的课程特色。

三、推进校企合作，畅通就业渠道

学校与大连棒棰岛宾馆、大连海关教育培训基地、上海第二军医大学国际交流会议中心、大连益德穿梭有限公司等多家用人单位联手为学生建立"社会实践—见习—顶岗实习—就业"的校企实践、教学与就业"一条龙"体系，既体现了职业学校所倡导的"寓教学于实践、寓学生于实践、寓教师于实践"的理念，又体现了让"实践"始终贯穿于职校学生培养全过程的思想。受到学生、家长、单位、社会的认可，学校的就业指导的新路也拓宽了，实现了真正意义上的"双赢"，也为学校培养的人才顺利输送到社会打下了坚实的基础。

四、强化实习管理，增强就业指导针对性

学校将教学、顶岗实习和就业指导融为一体，专门成立了实习学生管理领导小组，校长亲自挂帅；责成学校就业指导处专门负责此项工作，就业指导处主任为分管主任；建立健全了实习管理的各项管理制度；出台了由三年级班主任兼实习指导教师，实行弹性工作政策，跟踪学生实习的全过程。一是实习前班主任、学生、家长共同学习"实习须知"，三位一体相互配合。二是实习中的班主任走访制度。由于每年的实习学生较多，实习点又

比较分散（如学前教育专业），所以要求实习班主任每周走访本班的 4~6 个实习点，及时了解学生的思想、生活、工作、学习、心理的动态，认真做好记录，帮助学生解决实习中遇到的问题和困难，把对学生帮助和就业指导工作做到学生的实习岗位上。三是实习期间班主任与家长沟通制度。实习期间，班主任与每一位学生的家长都要进行电话联系或进行家访，及时向家长反馈他们子女在实习中的表现，以取得家长对实习管理工作的支持和配合。四是实习班主任的例会制。为随时掌握各实习点的实习情况，就业指导处每周一召开实习班主任工作例会，听取上一周的实习工作情况汇报，解决实习中出现的问题，并对下一周工作提出要求。五是实习中的定期巡查制度。实习指导处定期与不定期相结合，对实习点进行抽查，一方面与学生见面，了解学生的思想和实习情况；另一方面，倾听实习单位的意见和建议，及时改进实习的管理工作，同时这也是对实习指导教师工作的监督和检查。六是实习中的汇报制度。实习指导处定期向校长和实习领导小组汇报学生的实习情况及对下阶段实习工作做出安排；实习中期实习指导教师向学校全体老师汇报本班学生实习情况，并对实习中的典型案例进行分析。七是实习总结交流制度。实习结束时，学生上交实习日记并写出实习总结，实习指导老师对实习管理工作做出总结，并上交专业调研报告及对教育教学的改革建议及方案。

近几年，学校学前教育、文秘、美容美发、旅游服务、计算机应用五大骨干专业与相关行业企业进行深度合作，学生受到用人单位青睐，供不应求，就业率一直保持在 100%。

严管理　高质量　推动毕业生就业工作

黑龙江省林业卫生学校

学校坚持"狠抓教育教学质量，靠质量推动就业，靠就业拉动招生"，持之以恒地走出一条特色办学之路，连续多年初次就业率达90%以上，为社会培养了大批实用型医护卫生人才。

一、制定就业指导方针，为就业工作打下良好开端

2005 年，学校新一届领导班子审时度势、开拓创新，提出了"1622"办学战略，把毕业生就业工作当作关系学校生存发展的大事来抓，制定了毕业生就业工作指导思想、方针，切实保证毕业生就业工作"三到位"，形成了全校上下人人关心毕业生就业的良好氛围。学校还提出"小城市培养，大城市就业，国内培养，国外就业"的目标，成立学生就业联络员组织，通过生动、扎实、细致的就业指导切实引导学校学生树立正确的就业观、择业观，不断增强学生的职业规划意识，明确人生职业目标，努力提高毕业生就业的服务质量，为就业指导工作打下良好基础。

二、组织就业招聘系列活动，为毕业生搭建就业平台

为了让毕业生顺利就业，学校广泛联系用人单位，向用人单位发布毕业生信息，了解毕业生的就业需求。针对毕业生和家长就业观念上的问题，学校召开了毕业生就业动员大会及毕业生家长会，转变家长"固守田园"的陈旧观念，树立"先就业、后择业、再创业"的观念，让毕业生把握住机会，实现自己的职业梦想。学校连续五年成功举办了毕业生就业招聘系列活动，通过招聘活动去省外就业的学生每年都达到上百人，为毕业生搭建了一个畅通无阻的就业平台。

三、立德树人，加强素养教育，提高毕业生就业竞争力

实行"7S"管理，全面提高毕业生整体素质。全校紧紧围绕"立德树人"这个中心，紧扣"提高学生综合素养"这个主题，以培养学生会说话、会办事、会做人、有较高文明道德水准为目标，在学生中实行"7S"管理，充分发挥了学校素养教育内容丰富、大处着眼、小事做起、灵活多样、注重实效的优点，全面开展了各种素养教育活动，全面提高毕业生整体素质。

就业指导贯穿于整个教育教学过程。从新生一入学，就把培养人、教育人、塑造人作为学校德育教育的工作重点，大力开展"四比四不比"活动，即"不比聪明比勤奋，不比基础比进步，不比吃穿比素养，不比家境比未来"。将"学习自觉、生活自理、做人自尊、行为自律"的"四自"教育真正落到实处。我们要让学生字写得漂亮，话说得得体，能说会道，心里装事，眼中有活，成为新时代医护战线的淑女和绅士，提高他们的就业竞

争力。

四、加强就业指导，为毕业生就业铺平道路

学校编制毕业生就业指导手册；每年召开毕业生就业座谈会，向毕业生介绍就业流程和省外就业基地情况；在学校网站设立就业专栏发布就业信息；成立就业咨询室，为毕业生提供咨询和就业指导服务；以班级为单位，建立毕业生联络 QQ 群和学校就业 QQ 群；组织就业工作人员参加各类就业指导培训，提高就业指导人员业务水平；拓展省外实习就业基地，广泛建立与用人单位的长期合作机制，在京津唐、珠三角、长三角等多个区域，大连、厦门、青岛等多个城市，建立实习就业基地近百家，以实习带动就业，为毕业生就业铺平道路。

五、提升教学质量和办学特色，开创毕业生就业广阔前景

狠抓教育教学质量，保证护士执业资格考试的高通过率、高就业率。考取护士执业资格证是学生能够就业成为一名护士的一道"龙门"。学校把执业资格考试通过率作为教学质量的评价指标，采取分层教学、封闭式管理、编写专门校本教材等措施，使学生将书本知识最大限度地转化为实践动手能力。在全国护考平均通过率为50%左右的情况下，连续六年通过率保持在90%以上，2012年更是高达97.4%，在全国同类院校中遥遥领先，从而保证了护理专业毕业生的高就业率。

狠抓教育教学质量，使涉外护理毕业生走向世界。学校以"培养一个涉外护理专业学生，致富一个贫困落后家庭"为己任，2005年开办了涉外护理专业。通过教师拼命地教，学生疯狂地学，"雅思"出国考试通过率连续两年保持在97%以上，295名毕业生中的287名获得了出国就业和深造的资格。

全球最早开展护理教育的韦伯大学，与学校缔结为姊妹院校；澳大利亚入境就业的语言认证机构康恩巴曼大学，也向学校投来了橄榄枝；沙特驻中国机构已授权我校作为该国护士入境就业培训机构。新加坡裕廊集团是新加坡最大的公立医疗机构之一。2012年在北京大学医学部、天津医科大学、黑龙江省林业卫生学校、承德医护高专招收了28名涉外护士，其中学校占11人。目前，学校已有200余名涉外护理毕业生在美国、加拿大、澳大利亚、新加坡、新西兰、爱尔兰、沙特等国家工作和深造。

狠抓教育教学质量，使德标专业异军突起。为深化校企合作，实现产学结合，学校与德国牙科技术协会联合办学，创办省内唯一德国双元制特色的口腔修复工艺专业，共同培养符合社会与市场需要的人才。学校现已形成口腔修复工艺、眼视光与配镜和口腔护理三个德标专业共同发展的格局。在2010年德国牙科协会主席贝格勒亲自组织的德标毕业考试中，德标毕业生全部获得德国牙科技术协会认可的牙科技师资格证书。这三个专业以就业率高、工作收入高等优势，成为学校的就业热点专业。中国宝岛眼镜，以及北京、上海等地的口腔医院、齿科连锁机构等用人单位，纷纷来到学校预定毕业生。

牢固树立服务理念　全面推进就业服务

上海市城市科技学校

学校始终坚持细化职业指导，强化职业素养，做好职业启蒙教育、职业理想教育、职场生涯关怀，努力培养"就业有优势、创业有特点、升学有希望、发展有潜力"、能适应未来工作变化的知识型、发展型技能人才，就业率始终保持在98%以上。

一、高度重视、健全制度，"四大保障"护航职业指导服务工作

组织保障。学生就业指导服务工作是一个综合性工作，为此学校成立了由校长负责、分管领导主管、就业部门实施，学生科、教务科、专业部密切配合，团学组织积极参与的就业工作组织体系，全程领航、全面结合，深入开展就业指导工作。同时，学校还成立了企业专业人士参与的学校就业指导委员会，一系列的组织保障已成为学校就业工作推进的坚强后盾。

制度保障。学校非常重视学生的就业指导工作，制定并完善了学生实习手册等20多项规章制度，来确保就业指导工作的落实。目前学校职业指导和就业服务工作方案、管理条例与实施细则，已成为保障就业工作强有力的基石。

队伍保障。学校成立就业指导办公室，设立就业指导专职人员，每年下拨10多万元作为专项工作经费，用于学生职业指导和就业服务工作。同时建立由专业部、实习班级班主任、实习指导教师组成就业服务兼职队伍，分担联系就业单位、组织学生、就业教育的工作，形成了就业指导专兼职协作、分类推进的良好局面。

信息化保障。学校建立集信息服务、网上招聘、就业指导、企业宣传等多项功能为一体，能够统筹全校就业信息工作的网络平台，充分利用信息化的优势，切实起到了服务学生、服务学校、服务企业"三个服务"的良好成效。

二、全员参与、全程渗透、全面结合，不断深化职业指导内涵

全员参与，助推职业指导开展。学校一直提倡"两个人人"的理念，一个是"人人都是德育工作者"，另一个是"人人都是职业指导师"。除了就业办老师专门负责职业指导外，学校成立领导小组，所有科室、教师甚至部分用人单位领导、家长都参与到学生"双导师制"职业成长工程中来。学校为学生配备德育导师和专业导师，建立个性化成长档案，进行专业辅导，指导学生制订个人职业生涯规划。此外，学校定期邀请用人单位领导开展职业指导讲座，邀请部分家长开展面对面座谈，引导学生自我认识、自我发现、自我规划未来。

全程渗透，服务学生职业发展。将职业指导贯穿于职业教育的整个过程，一年级侧重择业指导，让学生了解所学专业今后就业情况以及所学专业在社会经济中的地位和作用及未来社会和职业发展对学生的素质要求。二年级侧重就业指导，以正确的价值观、就业观

为目标，以求职知识和技巧为手段，以调整就业心态为主线，尽快地适应社会，转变角色，找到自己的职业位置。三年级侧重创业培养，逐步帮助学生树立创业意识、培养创业品质、学习创业知识、形成创业能力，为职业长远发展服务。

全面结合，提升职业指导效能。一是职业指导与专业教育相结合；二是职业指导与职业实践相结合；三是职业指导与第二课堂相结合；四是职业指导与素质教育相结合；五是职业指导与科学的指导方法相结合。通过学生喜闻乐见、灵活多样的方式方法开展职业指导，寓职业指导于各种实践活动中。在全面结合的同时，始终把学生职业生涯长远发展作为着眼点，把实习实践、案例分析、角色模拟培训引入到职业指导的教学和实践中，取得了非常好的效果。

三、聚焦质量、聚焦合作、聚焦服务，全面提升就业服务水平

聚焦质量，提升就业服务水平。一是建立就业工作联席会议制度，定期邀请主管部门、行业、企业、相关科室召开专题会议，研究就业问题，交流相关经验，提升就业服务水平。二是建立企业走访制度，学校老师定期走进企业，通过问卷、访谈、座谈会等方式，了解实习学生现状，听取用人单位意见建议。三是建立未上岗学生管理制度，学校对未能上岗的同学组织再培训，在其提升工作能力后再推荐，使其能顺利上岗。

聚焦合作，拓宽就业服务渠道。校企合作、工学结合是学校更好地面向市场服务经济、实现毕业生充分就业的重要途径。目前学校与行业、企业建立了300多家实习基地，还通过冠名班为企业"量身定做"人才，为学生铺就了就业成才的"直通车道"。这种规范、有序、科学的校企合作，有利于职业学校教育体制的改革和人才培养模式的改革，大大提高了学生就业率。此外，学校还与社区加强合作，建立了实践基地，组织学生进行挂职锻炼；与劳动部门合作，及时获取用人用工信息等，实现了就业推荐工作的良性发展。

聚焦服务，实现就业终身服务。学校组建实习指导老师队伍，建立定期走访企业制度，规范跟踪服务工作。几年来，学校通过跟踪服务，及时了解了企业用人标准、行业发展情况等大量的信息资料，促进了教学改革、专业建设、就业指导、学校品牌宣传等工作的开展。

四、面向全体、关注个体、激发群体，职业指导取得显著成效

面向全体，"四化"服务见实效。学校通过完善课程体系，就业指导教育全程化；全面凝聚综合力，就业指导教育全员化；加强队伍建设，就业指导教师专业化；搭建服务平台，就业指导工作信息化。不断创新思路和措施，切实增强针对性与实效性。

关注个体，"1＋1"指导显关怀。针对就业困难毕业生，尤其是就业困难的外来务工人员随迁子女，实施了"就业个别辅导1＋1"帮扶服务，学校老师与毕业生面对面地沟通和交流，为其提供一对一的职业指导和技能培训。同时，通过就业政策、面试指导、就业流程、心理调适、职业规划、行业了解、角色转换和适应社会等指导内容，帮助其成功就业。目前，已经有30多名毕业生成为"1＋1"计划的受益者。

激发群体，"360°"服务铸品牌。学校始终认为，就业指导服务工作不是专项工作，

而是系统性工程。近年来，学校从职业道德素养、专业技能素养、社会能力素养方面多渠道、多层次、多形式地为学生开展全方位服务，同时学校多联系、多走访、多调研，精心培育就业市场，为毕业生提供就业岗位，并有效开展学生咨询活动。接连被评为上海市中等职业学校职业指导就业服务先进集体、创业教育和就业指导特色学校。《解放日报》《青年报》"上海综合新闻频道""东方卫视"等媒体纷纷报道学校就业指导工作，学校社会影响力、品牌辐射力不断提升。

发现独一无二的自己 助学生成功成才

上海信息技术学校

学校通过激发学生潜能，促使其寻找独一无二的自己，加强就业指导工作，形成了学生"就业有优势、创业有能力、升学有希望、终身学习有基础"的人才培养特点，有效增强了学生的就业竞争力，毕业生就业率一直保持高且稳定的状态，使学校学生受到用人单位的普遍欢迎。

一、切实落实职业指导课程教学，引导学生树立正确就业观念

每月开展一次主题教育课。班主任每月开展一次主题教育课，进行有针对性的职业指导，充分发挥课堂教学主渠道的作用。"主题教育课"开展至今，有教案、有记录、有考核，将正确的职业定位、职业态度、职业规范等落实到了学生的日常行为规范教育之中。

开设就业指导相关课程。学校还开设职业生涯规划和职业能力拓展训练两门选修课程，自编了职业指导的校本课本，启发学生的职业生涯规划意识，帮助学生科学合理地思考和规划个人的职业生涯，更好地指导学生在校期间的成长成才。每年职业能力拓展训练课程，选修人数超过千人，成为最热门的学生选修课程之一。

二、坚持职业指导集约化，校企合作共同提高学生"职业定位"

定期举办"职业指导系列报告讲座"。从学生实际需求出发，注重每次讲座内容的务实性、针对性，以直白、简洁的方式，一是从"专业岗位群状况透析""就业难因素分析""我们应该如何应对""成功就业有方法"等不同角度帮助学生透视就业环境、认清就业形势、增强危机意识，扎扎实实地调整学生就业观念，为保持良好就业心态提供有力的指导和支持。二是从"设计个性化简历""成功面试演习""实习问题诊断与对策"等不同层面切入，教会学生如何制作鲜明而简洁的漂亮简历，教会学生掌握成功面试的基本方法，提升了毕业生求职应聘的成功率。

大力引入企业文化，积极搭建"实战"平台。我们加强与社会用人单位的联系，大力推进校企合作，引入企业文化，提升学生职业意识，积极搭建"实战"平台，校企共同开办专题系列讲座和报告，贴近学生，贴近实战，将学校各专业系的职业技能教育办出特色、办出成效。

三、案例教育、榜样引领，"博学节""招聘会"现场练兵

举办就业报告会。组织形式多样的报告会、讲座和座谈会，帮助学生了解就业政策，以一些成功毕业生的典型案例来启发学生对就业岗位的选择。比如上海著名的"钻石小鸟"，是国内最早从事网络钻石销售的专业珠宝品牌，该公司CEO徐磊便是学校化工系珠宝鉴定与营销专业的毕业生。徐磊的成才之路，让年轻的学弟学妹真切地感受到：只要有

过硬的专业本领和吃苦耐劳、脚踏实地的创业精神，就会成为一名成功的创业者。

参加人才招聘会。组织学生利用节假日进入人才市场，参加各类人才招聘会，使其真实了解就业行情，认清就业形势，历练面试技能，寻找自身不足，以形成学习的外在动力，增强竞争意识。

举办"博学节"。学校每年举办"博学节"，以各类主题活动形式组织技能大比武，倡导过硬的技术，鼓励一专多能的复合型职业素养；利用"主题班会"举办模拟招聘会和成功求职策略论坛，使学生提前积累经验，提升自我发展的决策能力。

组织应聘面试辅导。真实展现招聘全过程，解答应聘时各类要注意的问题。

四、积极开展创业指导，激发学生的创业热情

结合就业推荐工作新需要，开发创业指导课程。一是开设"创业ABC"，授课内容注重案例教学，用现实生活中大量创业者的鲜活事实来引导学生，激发学生的创业愿望和学习热情。二是邀请上海市开业指导专家来校讲课，让学生具体学习如何确定创业项目、筹集资金、编制《创业计划书》等，将创业的种子引入校园。

分步骤推进创业教育，加大投入，建设创业载体。近年来，学校积极组织力量，结合专业建设来搭建"创业基地"，努力将专业实训场所办成教师教学示范的场所、学生动手实践的"岗位"和创造经济效益的"实体"。

比如珠宝专业，整个珠宝专业的专业实训场所就是围绕"创意首饰园区"为主题来设计的一个创业孵化平台。在园区中，按照珠宝行业的生产需要，分首饰创意设计、首饰创意制作、宝玉石设计定制、钻石设计切磨等多个工作室，并附设首饰产品检测中心、营销展示大厅、贸易洽谈室、总服务台等创业服务单元，为有创业意向的学生解决创意设计、生产、经营的场地，通信、电子商务网络与办公等方面的支持，并提供创业知识培训和咨询，政策、融资、法律和市场推广的协助。在这个平台上，教学评价的标准和方法都不再单一，教师乐于以"公司制教学法"对学生进行任务引领，全面铺开，以模拟企业员工的方式来进行教学和考核，特别是首饰设计、制作、加工、销售以及饰品检验等技能课程，皆可以"在做中学"，最大限度地保证学科教学与社会、企业的需求相一致。"创意首饰园区"为珠宝专业学生提供了大量创意设计、制作，以及珠宝营销、珠宝检测等项目的实训机会，实训内容更加现实化、市场化，有事半功倍的效果。

切实加强技能训练，创新教学方法，开展创业实践。学校计算机系、机电系、化工系等都积极尝试设立工作室，以"项目教学""模拟公司制"的方法，让学生在校期间就由指导教师带着"做项目"，比如机器人组、环保组、网页制作组等，借助于这样的一些"创业平台"，学生不仅能得到有效的职业技能训练，还能在具体的项目岗位的"工作"实践中培养正确的职业习惯、职业操守、营销技巧等。从而提升学生自主独立解决问题、自主独立完成任务的实战能力，以此来有效地引导学生在现实的激烈竞争中磨炼自己的意志和品行，激励学生养成良好的职业习惯，提升职业竞争力。

延伸毕业后服务　促进毕业生就业

宁波市宁海县高级职业技术中心学校

　　近年来，学校瞄准市场需求，提升职业能力，转变择业观念，加强就业服务，依靠多层次办学实力和全方位培训能力，对毕业生实施终身就业指导服务，为当地输送了 14 000 余名优秀毕业生。毕业生供不应求，企业用人需提前一年预订，形成了"以出口带动入口、以就业促进招生"的良好态势。

一、知行合一，加强就业指导

　　为了促进毕业生就业，学校安排每周一次的就业指导课，与选修课结合起来，还注意使学生掌握与就业相关的政策、法规、税务、保险、金融、人际交往、自我评价等方面的知识。同时，学校把就业指导课与专业课有效结合，做到相互渗透，进行知识的迁移和转化，保证了就业指导的时间与空间、规范与有效。

　　学校利用课外活动、双休日、寒暑假时间，不定期组织各种就业与创业实践活动，开展"优秀创业设计方案""产品推销会"等实践活动，使同学们在学习有关理论知识的同时，积极参加各项活动，把个人的职业兴趣、职业理想、职业心理、职业能力和求职技巧等的锤炼，变成在理论指导下的自觉行动。

二、职前提升，强化顶岗实习

　　学校创新实习就业工作模式，加强校企合作，为专业课教师和学生提供最优实习场所，提高学生的职业技能和就业能力。加快"双师型"教师培养，要求专业课教师每年到企业挂职锻炼不少于1个月，凡是有部颁标准的行业，都要拿到高级技师证书。本着"优势互补、资源共享、共建双赢"的原则，在稳定好原有实习基地的同时，积极与用人单位联系和沟通，选择能满足实习教学条件的企事业单位，开发新的校外实习基地，确保满足实习的需要。

　　学校建立实习生月返校制度，即按规定举行每月一次的返校活动。在各个不同实习基地的学生返校后，既可以举行心理讲座，也可举行班会活动。同学们可以把实习期间发生在身边的事情、阶段性的收获、实习时酸甜苦辣的感受、对正在实习的职业的看法、今后创业的打算，在班会活动时互相倾诉、交流，班主任有机会向全体学生作比较全面的讲话，在讲话中继续渗透就业创业教育，把有关就业创业信息及时传达给学生。

　　学校聘请成功的毕业生作为学生就业的导师，在导师指导下，组织开展技能比赛、就业知识讲座、校外创业基地实践，知名企业家论坛、模拟就业等一系列活动，提升学生的职业能力和素质。

三、职后帮扶，延伸终身服务

学校延伸终身服务，积极开展职后帮扶，把就业服务的内容向学生毕业后延伸，为学生构建一个全程化的就业服务体系。

学校每年春节都会举办校友联谊会，为学生搭建沟通、交流合作的平台。在校友会期间，学校向毕业生及时提供最新、最前沿的市场资讯，邀请学校以校友联谊会为载体，传承班级文化精神，搭建校友间交流、合作平台。数年来，已先后举行毕业生联谊活动达100多次，为学校与毕业生之间的沟通合作起到很好的纽带作用。

学校规定班主任不仅是学生在校三年学习的班主任，更是学生毕业后继续提供就业、创业指导和班级网络的建设的"终身班主任"。他们秉持"为学生服务一生，让学生终身受益"的理念，以班级为推进基点，通过典型宣传、多样化服务等途径，促进毕业生的生涯发展与就业成功。

很多学生一毕业走入社会，便面临种种职业压力和困惑，就业的学生会碰到如不适合的工作岗位、适应不了的工作环境、薪酬过低等问题，当学生在职业生涯中遇到困惑时，"终身班主任"就要为其提供更全面、更客观的信息，提供更合理的策略和方法，寻找更适合学生的发展方向和道路，让毕业生找到合适的职业定位。

跟踪服务是"终身班主任"就业指导的后续工作，主要采取电话、QQ 或微信交流、实地访问和集中座谈讨论的三种形式。通信平台主要是班主任与每一位毕业生进行经常性感情联络与工作联系的主要方式，班主任询问毕业生就业创业情况，及时解答学生疑问。实地访问是班主任到毕业生就业单位或自主创办的企业进行实践指导，对毕业生就业或创业情况提出相关意见，对涌现出来的优秀毕业生做好定期回访工作。集中座谈讨论是班主任利用节假日召集毕业生聚会，毕业生共同畅谈就业中的艰辛和快乐，介绍就业经验，交流就业心得。

四、搭建平台，助飞创业梦想

2005 年，学校投资 600 余万，建成建筑面积达 6 225 平方米的学生创业园。目前，创业园已经成为学校毕业生就业创业的孵化器与助推器，为毕业生提供就业指导、就业培训、技术服务、产品研发等多种功能的一站式服务。学校利用这个平台，开展一系列培训活动，提升学生职业能力。2010 年开始，学校与国际知名的培训机构——香港生产力促进局合作，依托香港生产力促进局 40 多年的高端技能人才培训经验以及精良的师资，开展各种培训活动。服务内容包括：企业技术和管理培训、高新技术转移、企业管理咨询辅导、知名企业考察培训等。

为促进毕业生就业工作，提出了"终身班主任制""校友导师制""校友联谊制""校友帮扶制"等一系列独创的制度，把教育服务向学生毕业后延伸，通过在校三年与毕业后全程的教育服务，促进毕业生就业创业成功，提升学校教育教学的品质，实现学校、社会、经济三者之间的紧密结合和联动发展。

发挥特色优势　服务学生就业

福建省龙岩华侨职业中专学校

近年来，学校坚持以"理念创新、制度创新、方法创新"为工作动力，做到目标明确、思想统一、措施得力、亮点频现，一次性就业率连续三年保持在 98% 以上，专业对口就业率保持在 80% 以上，就业稳定率保持在 75% 以上，毕业生就业竞争力显著增强。

一、完善机制，相互配合，努力开创毕业生就业工作新局面

设立就业服务指导中心。在实习培训就业处设立就业服务指导中心，统筹管理全校的毕业生顶岗实习及就业工作，中心下设行政事务部、就业指导部、信息技术部、市场发展部。各部门职能明确，积极配合，每年对区域经济发展和就业市场进行专题调研，在充分调研的基础上主动对接产业需求，有针对性地采取有效措施，着力提升办学质量，促进学生实践水平和就业创业能力的提升，促进毕业生就业。

推出多项管理制度。坚持以就业为导向，以市场为机制，郑重推出了多次推荐就业制度、就业援助制度、学校—系—班主任三级就业工作管理责任制等制度。这些制度使就业工作的责任与任务更加明确与具体，形成了全校上下统筹协调、克难、献计献策、努力开创毕业生就业工作的局面。

制订就业工作实施方案。中心每年根据就业政策，研究制订出符合学校实际的毕业生就业工作实施方案，并积极抓好贯彻和落实工作，做到就业工作早准备、早安排。同时，改变以往等企业上门招聘的方式，充分利用学校的关系网络和信息资源，多方联系专业对口性强的实习就业单位，采取"走出去，请进来"的办法，拓宽学生就业渠道。

全校各职能部门积极配合。教务处在保证毕业生教学质量的同时，调整一些教学安排，为毕业生求职择业提供方便；总务处尽可能满足毕业生供需见面过程中企业对场地、设备的需要，为毕业生的供需见面提供方便，做好学生就业的后勤保障工作；政教处充分利用学校的心理咨询室为部分因就业产生心理困惑的毕业生提供就业心理疏导和帮助。总之，各部门的积极配合和协助为毕业生就业工作的顺利进行提供了有力的保障。

二、精心指导，准确定位，全心做好毕业生的就业指导工作

学生就业动员以"三阶段"进行。第一阶段放在新生入学期间，重点是目标分解。通过对学生进行专业介绍、明确专业岗位标准、分析近两年的就业形势，从新生入学起就增强学生学习专业的紧迫感，将三年的任务分解到每一个学年，实行目标管理，使新生入学后就对所学专业有一个明确的目标和方向。第二阶段放在二年级上学期，重点是准确定位。强调加强实践能力和技能的提高，组织学生参加各种社会实践活动，使其争取多拿一些职业技能证书，为就业作好充分的准备。第三阶段放在二年级下学期，重点是调整学生期望值，合理定位。分析当年市场需求，准确定位就业方向，适度调整期望值。教育学生

从实际出发，调整好心态，指导学生树立先就业、后择业、再创业的观念，动员学生到基层工作。

就业指导形势多种多样。首先，为了帮助毕业生更快地、更好地适应目前的就业形势，正确认识和处理在就业过程中可能出现的问题，学校通过就业指导课、专题讲座、企业文化进校园活动、就业形势报告会、组织观摩大型招聘会等方式，积极引导毕业生认清当前形势，正确评价自己，使其树立正确的就业、择业观念。其次，对于就业有困难的学生，学校职业指导师开展"一对一"辅导，提高其就业能力。对家庭困难的学生，进行重点关注和推荐，力求毕业生多途径、多方式、灵活性就业。最后，学校以竞赛活动为依托，通过"职业技能大赛""文明风采职业生涯规划大赛"等活动，提高学生就业能力、社会能力和就业竞争力。

三、搭建平台，引企入校，确保毕业生好就业、就好业

为确保毕业生好就业、就好业，学校先后五次承办新罗区"4·26"校企合作恳谈会，充分利用这个校企合作的平台，积极与企业开展交流沟通，寻求校企合作共赢、共同发展。

从2010年至今，学校与龙岩市总工会、龙岩市人力资源和社会保障局合作，在学校举办了四次校企对接大型校园招聘会，充分利用市总工会、市人力资源和社会保障局职能部门的优势，精心筹备组织招聘会，每次招聘会现场都吸引了龙岩各大中专院校应、往届毕业生以及社会各类求职者参加，场面十分热烈。由于招聘会组织、接待、服务工作卓有成效，现在已经成为龙岩市校园招聘会的第一品牌。

四、创新模式，跟踪管理，努力为毕业生就业排忧解难

跟踪管理有方法。为更好地做好毕业生的择优推荐工作，就业中心定期到各班调查了解每一位毕业生的就业情况，落实每位毕业生是否已落实就业单位、未落实的是否有意向单位等问题。通过及时了解和掌握有实际困难的每一位毕业生的情况，为下一阶段的工作重点提供准确的依据。此外，学校还强化了就业信息化工作。利用网络招聘平台扩大求职范围，通过网络招聘平台和学校自建的企业需求信息平台，收集企业招聘需求，通过手机短信、QQ群等方式把招聘信息第一时间告知毕业生，随时随地服务学生和企业，让毕业生自始至终感受到学校的关心和支持。

数据调研有依据。深入企业跟踪调研创新育人体制，定期组织相关人员到学生就业企业填写调查问卷，做好毕业生去向登记和跟踪服务工作，解决毕业生就业中所遇到的困难，了解企业对人才需求的变化，了解学校毕业生工作情况和用人单位满意度。通过调研，还选取优秀毕业生中的典型事迹，向在校学生宣传、向社会宣传，扩大社会影响，树立良好的声誉。

顶岗实习有成效。学校采取实习安排与就业推荐结合的办法，推行"顶岗实习—就业"模式，建立校外实习基地，让实习与就业挂钩，以有利于就业率的提高。每年通过这一模式就业的学生约占就业人数的60%。同时，学校与中国龙工控股、福建意昂机电、龙岩中宝汽车、厦门中外运等20多家企业实施"订单式"培养。近年来，订单企业录用"订单培养"毕业生的比例达90%，学生就业的质量与稳定性都明显提高。

服务就业　成就未来

江西省电子信息工程学校

学校坚持"专业＋技能、能力＋素质，服务学生成功就业"的办学方针，努力培养能适应现代化企业一线技术和管理岗位需要的技术技能人才，学校历年毕业生就业率在98%以上。

一、成立领导小组，完善规章制度

学校构建了三层管理架构。一是决策层，由校企双方领导组成，主要确定校企双方的战略合作框架和共同发展规划。二是组织协调层，由校企双方职能部门负责签订就业协议等工作。三是组织实施层，由校企双方管理人员组成，负责落实学生各项工作。学校下设就业服务中心、校企合作部两个部门，制定了完善的规章制度，实现了就业工作规范化、制度化。

二、深化教学改革，提高办学质量

一是加强实训基地建设。学校连续五年每年投入1 000万元用于实训基地建设，现已建成了"规范、实用、一流"的学生实习实训基地。二是开展江西省教育体制改革试点项目——基于"三元制"的现代学徒制试点，全面实施"教学生产化，生产教学化，学校工厂化，工厂学校化"的四个化建设，把生产性实训基地引入校园，实现学校人才培养模式创新发展。三是实施一体化教学，课程内容按照企业生产车间工作流程而设计，学生的学习过程与工作过程、学习内容与工作内容相融合，实现了教学过程中的内容、环境、师资、形式、教育与教学五个一体化。四是将竞赛与日常教学紧密结合，以赛促学，以赛促教，不断提升人才培养水平。

三、加强就业指导，提升就业意识

一是加强就业指导，引导学生转变就业观念、增强就业意识。学校每学期都有计划地组织学生开展就业岗前培训，对学生进行职业道德、就业观念、感恩教育、产品质量等教育，让学生了解国家政策、社会形势、行业企业用工需求，明确自身优势和不足，准确定位，调整心态，树立正确的职业观和择业观。二是创新德育教育，提升职业素养。学校以"做人为本，技能立身"为校训，开设了"人生课"，创办了校园、创业两个频道，设立"法律讲堂""道德讲堂""红色讲堂"三个大讲堂，依托自编教材《故事与人生》《成长的歌声》《榜样》《弟子规》《增广贤文》《处世警言》等，有计划地、系统地对学生进行现代职业道德、职业素质的综合培养，让中华民族优秀的道德文化影响教育学生，有效提升了学生的职业素养。三是推行工学结合，提高就业稳定率。学校是全国百所半工半读试点学校之一。学校根据学生特点，转换学生岗前培训模式，通过"半工半读""阳光助学""工学结合"等下企业实践活动，让学生真正认知和了解企业，对自己的就业心态进行正确的定位。事实证明，经历"工学结合"或"阳光助学"的学生，就业的稳定性显著提高。

四、加强跟踪服务，提升管理水平

学校实行实习就业学生"跟踪服务"，建立实习带队制，指派教师到行业企业指导实习，在第三年实习中实行校企共管，使实习真正成为学校教学的延伸。建立长期跟踪服务体系，对有需求的学生进行第二次甚至是多次就业再安置。一是学校对每个合作企业都派专业技能强、有管理经验、负责任的老师到企业指导学生实习和就业，强调老师要与学生同吃、同住、同工作。二是学校为每一位就业学生配发"学生就业跟踪服务卡"，上面有校领导及就业服务中心负责人的电话，任何学生在工作生活中遇到困难时，都可与学校联系。三是学校对学生就业实行"五年内对就业安置不满意的或者不适应工作环境的，可再次予以安置"，直到满意为止。

五、深化校企合作，做到对口就业

学校积极探索与推进定向培养、订单培养、工学结合、产教研结合的校企合作模式。目前，学院分别与富士康科技集团、深圳华为机器有限公司、江西联创电子有限公司、南昌海立电器有限公司等20多家企业开展订单培养、工学结合、产教结合的校企合作办学，使学校和企业实现人才培养与生产需求的零距离接轨，提高了技能人才培养的针对性和实用性，真正实现学校、用人单位与学生的"三赢"局面。学校组建"成班建制式"的定向班，从2008年的4个班发展到2013年的47个，有"鸿准模具定向班""鸿准机器人定向班""奥林巴斯定向班""ASM先进半导体自动化控制定向班""东风汽车定向班""东莞三星定向班"等。到目前为止，校企合作定向班班级数占全校总数的1/7以上，定向班人数占全校总人数的1/6以上。

以服务为宗旨　推进就业指导工作

江西省新余市职业教育中心

近年来，学校本着"以服务为宗旨"的原则，把毕业生就业状况作为学校办学水平的重要标志和学校生存发展的基础，在狠抓教育教学质量、努力提高学生综合素质的同时，积极为学生提供多种形式的职业指导服务，确保了就业指导服务质量。

一、建立保障机制，完善学校就业体系建设

健全组织机构。学校成立了毕业生就业工作领导小组，以提高就业率和就业质量为中心，将就业工作纳入学校的考核体系，规范学校的就业管理和日常就业指导工作，建立和健全各级就业组织，加强就业工作的服务指导，为就业指导工作的顺利开展提供了有力的组织保证。

狠抓执行落实。学校成立了招生就业办公室，制定了《学生职业指导和就业服务工作制度》《就业回访反馈制度》《就业信息收集制度》等制度，并以此及时了解学生就业意向，做好就业指导工作，安排好学生就业。学生就业后，学校就业服务机构每年两次派遣专门人员到部分企业了解学生就业后的情况，并及时反馈信息，为学生排忧解难。

延伸就业服务。学校在学生就业较多的上海、浙江、江苏、广东等省市长期设立就业服务机构，并派专人为就业后学生提供各种服务，得到企业和社会、家长和学生的普遍认可和赞扬。

二、建立工作机制，提高就业指导服务质量

强化校内实训教学。为确保学生获得就业所必需的专业基本技能和综合技能，学校制定了《新余市职业教育中心学生实训安全操作规程》。一是实施"六定"制度，根据各专业的特殊性，做到了定课题、定学时、定岗位、定师傅、定期轮换，定期给学生授课和辅导，确保学生能在校完成专业技能培训任务，提高学生的基本技能和操作规范。二是推出"五统一"实训法，即统一课题、统一材料，统一工具、统一程序、统一进度，并在数控加工技术专业教学中应用，取得了良好的成效。三是为培养学生学习兴趣和实践能力，学校开设了专业学习兴趣小组，并组织开展校内技能竞赛，为专业技能的学习增添竞技性和娱乐性，提高学生的积极性。

注重校外实训基地建设。为了保证学生在校外顶岗实习的实训质量，学校制定了《校外实习制度》《新余市职业教育中心学生下厂实习管理办法》和《学生顶岗实习管理办法》，与企业共建校外实训基地，将企业生产培训与学校专业教学直接结合，使学生获得了就业前的各种实践技能。

健全就业信息反馈制度。为了确保就业学生的就业质量和及时回馈各种就业信息，学校制定了《学生职业指导和就业服务工作制度》《就业回访反馈制度》《就业信息收集制

度》《新余市职业教育中心用人单位信息反馈制度》等制度，及时了解各种市场信息，据此调整就业方向和提高就业工作效率。

三、强化日常管理，就业指导贯穿教育全程

职业指导与班级管理相结合。班主任处在教育管理工作第一线，应把职业指导工作融入日常班务管理中，采用班会等形式侧重对学生进行职业指导渗透性教育，重点是努力学好文化、专业知识和专业技能，指导学生进行职业生涯规划，引导学生形成良好的职业道德和行为习惯。

职业指导与毕业班学生就业指导相结合。对于毕业班的学生，职业指导课和就业指导课更注重从就业形势分析、就业政策宣传、就业技巧和方法训练、就业心理测试等各方面对毕业生进行系统指导和训练，不断增强学生择业、就业与创业的能力，不断提高学生行业和岗位的职业规范水准，努力提升职业竞争能力。让学生明白"就业凭竞争，上岗靠技能"是市场经济条件下实现就业的客观规律，树立正确的择业观、就业观和创业观，帮助学生增强就业自信心，确保每一名学生都能顺利就业。

四、深化校企合作，拓宽就业渠道

学校始终以市场为导向，坚持校企合作的办学思路，建立了有效的校企合作办学机制。

引进企业参与专业建设。一是成立了有行业主管、企业负责人参加的专家咨询委员会和专业建设委员会，旨在提出合理化建议，审定专业教学计划，优化人才培养方案。二是每年安排部分专业教师参加相关企业的学习和培训，使专业教学符合企业对人才的具体需求，从而使人才培养方案更具有针对性。三是聘请企业中具有丰富实践经验的高技能人才和工程技术人员担任专业课兼职教师和生产实习指导教师，将自己所学技能知识授予学生，还能结合专业实践进行教学，对学生技能操作进行指导，使学生技能得到有效提高。校企双方相互合作、相互交流，切实加强学生就业指导的主动性、针对性和系统性，为学生就业打下了良好的基础，促进校企双方的共同发展。

开设企业冠名教学班级。近年来，学校加强了校企合作办学力度，先后与奥林巴斯（深圳）工业有限公司、鸿准精密模具（深圳）有限公司、江西江锂科技有限公司、江苏昆山恒源机械制造有限公司等企业建立校企合作关系，在校开设了"奥林巴斯班""鸿准班""江锂班""恒源班"等企业冠名教学班，由学校和企业共同制订培养计划和方案，进行"订单式"教学培养；学生综合考核合格后可直接到企业就业。

推行带薪"顶岗实习"。学校制订了《新余市职业教育中心校企合作实施方案》，近年来，与江西信达长林机械有限公司、江西蓝天宇家纺用品有限公司等40多家企业签订了校企合作协议，建立了合作伙伴关系，共同对学生进行技能培养。学校100%的学生都能进入企业实习，且在实习期间还可以享受到一定的工资待遇。这种做法既让学生在一定程度上减轻了家庭经济负担，获得了实践技能，又为其今后的就业打下了良好的基础。

五、注重信息收集，建立就业信息资源库

将就业服务与日常管理相结合。学校招生就业办有专门的就业干事，负责收集毕业生

信息和全国各地企业就业信息，为学生提供职业指导、职业咨询、就业服务等各方面服务。为学生就业指明方向的同时，教学生学会挖掘就业渠道、正确判断就业信息的真假、如何面试等技巧，引导毕业生锻炼各种就业能力。

建立完善信息反馈制度。根据《新余市职业教育中心用人单位信息反馈制度》《就业回访反馈制度》，对学生在企业工作的情况进行及时反馈，及时解决学生在就业过程中和就业后碰到的问题，提高就业工作成效。

加大就业信息的宣传。学校为做好就业指导工作，利用校报、黑板报、宣传橱窗、校园广播和校园网络等多种媒介，向学生提供各种企业用工信息，使学生在平时的生活中，能轻松地了解到各种就业信息。

做好毕业生跟踪调查和继续服务。招生就业办建立完善的毕业生就业指导档案，深入了解每个毕业生的就业去向以及在用人单位的工作情况，并为毕业生提供继续教育服务。

精细管理　提高就业竞争力

青岛电子学校

青岛电子学校贯彻"以服务为宗旨，以就业为导向"的办学方针，从适应区域经济发展要求、着眼学生可持续发展出发，以精细化管理为抓手，全面深入推进实习就业工作。2008年以来，学校毕业生就业率100%，优质就业率85%以上。

一、设立专门机构，推动实习就业工作专业化发展

把握方向，做好市场调研。学校有专门部门和人员负责，实习就业工作逐渐向专业化、系统化发展。由实习处及实习班主任构成实习调研工作组，经常深入企业开展市场调研，建立市场需求信息统计表；广泛邀请企事业单位领导到校指导工作，征求他们对专业设置和教学计划的建议。通过"走出去、请进来"的方式，就业处认真研究市场需求情况，为与用人单位签订用人协议打好基础。

内强素质，做好实习前的专题培训。每年2月开学后，由就业处牵头，对即将实习的学生展开就业指导工作。邀请大学教授、企业经理人、企业工程师、创业明星、学校心理教师、校教研室主任等进行专题讲座，引导学生树立正确的就业观和职业观。"规划职业人生""企业文化和道德修养""你拿什么去工作""我的职业之路""就业安全案例分析""谁是企业最受欢迎的人"等讲座，贴近实际，能充分引起学生的共鸣，收到了很好的就业指导效果。

夯实基础，加强学生的岗前校外实训。学校突出课程对接岗位、教材对接技能的教学要求，不断通过校企合作的形式为学生提供校外实训机会。就业处联合教务处制订详细校外实习方案，协调企业工作岗位和工时安排，每年利用一个月时间将不同专业的整班学生安排到相关企业，由企业根据需求完成对学生的岗前培训，使学生在企业的真实工作环境中体验企业文化，感受企业氛围，增强技能水平。企业也通过近一个月的实训，选拔适合人才，培养技术骨干。学生实训和培训结束后，由企业对学生的表现进行综合评价，作为学生顶岗实习、优先安置的重要依据。

二、落实制度，精细管理，助力学生向社会人转变

科学管理，进一步完善实习检查制度。实习班主任由与学生朝夕相处两年的原班主任担任，使师生沟通更加顺畅。学校进一步完善了实习班主任岗位职责，对实习前、实习期间、毕业前的相关工作任务进行了进一步细化和明确。实习班主任每天必须检查实习情况，并认真填写"青岛电子学校实习生检查记录"。

实习检查制度规范而严密。学生实习期间建立学生实习档案、实习学生量化考核档案、实习生安排统计表、毕业生实习鉴定表，对于离岗学生填写实习离岗确认书等。实习学生量化考核，主要考核学生在遵章守纪、劳动态度、仪容仪表、职业道德、合作意识、

技术钻研、实习鉴定、实习月总结等方面的表现，年考核实习学分为32学分，实习德育量化设定8个考核学分，毕业论文及毕业答辩核定8学分。实习学分、德育学分、答辩学分记入学生毕业登记表和毕业管理档案。

动态管理，充分运用好实习期间的"三会"机制。每月定期召开实习学生总结会，公布实习学生量化分数，检查学生实习月总结；每学期召开实习生家长会，对在实习中出现的共性问题广泛征求意见，及时与家长沟通，最大限度得到家长的理解和支持；实习班主任充分利用实习现场会，在企业部门领导配合下集中学生，及时通报情况和现场处理问题，使学生时刻牢记实习的纪律和安全，防患于未然。

促进研究，要求学生根据专业设计实习计划书，撰写毕业论文和进行毕业答辩。专业设计计划书将实习要求及岗位目标进行明确设定，使学生带着任务进行实习，为后期的毕业设计和毕业答辩做好准备。实习学生撰写毕业论文和参与毕业答辩的主要目的是促进实习专业化、课题化、规范化，各专业具有参选课题，均由教研组老师和企业专业骨干根据岗位需求而设计。

三、集团聚能，校企双赢，为实习就业开辟广阔空间

职业教育集团化办学是职业教育发展中形成的一种行之有效的办学模式。多年来学校积极探索，确立了"集团聚能，校企双赢"的办学思路。

职教集团为实习就业的校企互动提供良好平台。2008年由学校牵头组建了青岛电子信息业职教集团，现已发展为拥有青岛市计算机学会、电子信息行业协会和青岛软件行业协会、青岛市动漫协会等七个协会以及平度电子学校等16所职业学校、海信集团等80余家企业的大规模职教集团。

学校开展多种形式的合作以密切校企关系。学校先后与青岛高新区、青岛软件园、青岛电视台传媒网络、青岛特种设备协会等签订战略合作协议，通过派短期实训生、教师挂职、专家讲座、顶岗实习、大赛观摩等为学校人才培养的深层发展提供了更加的广阔天地。

专业建设指导委员会为实习就业的深入发展提供有力支持。学校定期召开专业建设指导委员会年会，与企业专家共同研讨教学计划、专业设置等。2008年制定模块化教学计划，编写校本教材；2009年对各专业的相关工作岗位的用工需求和技能要求进行分析和归纳；2010年召开如何培养企业欢迎并认可的中职技能型人才的研讨会；2011年召开专业可持续发展研讨会；2012年召开电梯行业专业需求及培养研讨等。专业建设指导委员会的建设和发展，为学生实习就业的岗位适用能力和竞争能力提供了支持平台。

努力打造集团化实训基地，保证实习就业的稳定。学校重视校外实习基地建设，先后与青岛市软件行业协会、青岛市电子行业协会，以及海尔、海信等100余家单位签订了实训基地协议。在企业的大力支持下，学生到企业进行一年的顶岗实习，在真实环境下"真刀真枪"地进行实训，使学生在走上工作岗位之前就很好地掌握了技能，为毕业后尽快适应工作岗位奠定了基础。

四、搭建平台，多措并举，促进优质就业

编印《成长导报》，为实习就业推力助航。《成长导报》将企业、学校、学生、家长

紧密相连,《集团动态》《企业看台》《实训前线》《校企一体》《职场故事》《毕业学子》《职海导航》等栏目让每位毕业生从中受益,让企业信息发布更加通畅,也为在校生的职业教育提供有力帮助。

树立榜样,坚定就业学生信心。学校每年会邀请优秀毕业生到校宣讲。毕业生中有创业八年身家过亿的典范;有立足专业,成为"岗位明星"的楷模;有坚持求学,成为大学老师的榜样……这些优秀的毕业生现身说法,不仅为即将走上社会的毕业生指明方向,而且很容易引起他们的共鸣,从而坚定学生干一番事业的决心。

以校企专场招聘为抓手,实现双向选择。学生毕业前举行校园招聘会。以 2012 年 7 月校园专场招聘会为例,学校精选 86 家企业参与,共提供了 1 500 多个岗位,供 500 多名毕业生选择。此次招聘会吸引了海尔、海信、三星电子、三菱电梯、中投科技等知名企业,青岛市特种设备协会电梯专业委员会主任率众多电梯企业到会招聘。由于岗位数远远超过参加招聘人数,同学们每人都至少面试了 4~5 家企业,许多企业当场拍板,达成招聘意向。在校园内开专场招聘会,不仅实现了供求无缝对接,而且保证了绝对的专业对口。学生就业质量好、优质就业岗位多、就业可持续发展强,这是学校赢得良好社会口碑的基石。

深化服务 彰显就业指导工作特色

青岛华夏职业教育中心

学校始终坚持"为学生终身职业素质发展奠基"的办学理念，以和谐就业为指导，不断完善、创新毕业生就业机制，加强就业服务指导，努力拓展学生多元发展出路，以提高就业率和就业服务质量为目标，建立"一主两翼"就业工作机制。

一、健全组织，完善制度

加强领导，健全组织机构，建立毕业生就业工作的长效机制。学校非常重视就业指导工作，将就业工作纳入学校整体发展规划，列入学校年度工作要点，成立了校级毕业生就业工作领导小组，形成了学校就业指导委员会、招生就业服务中心与学管处、德育组教研室三级就业指导部门，树立"大就业指导观"，把就业教育与指导贯穿于教育的全过程。

以人为本，完善就业服务体系。学校积极拓展学生多元化发展，建立起"升学、就业、升学加就业"三维立体成长模式，逐步建立了"一主两翼"的和谐就业工作机制，即以学生多元发展为主，以"对内强化就业指导，提升学生就业竞争力；对外开拓就业市场，拓宽就业渠道"为两翼，积极推进就业指导工作全程化、全员化、专业化、信息化的"四化"建设，构建了学生入学前的职业兴趣测试、学习过程中的职业规划、就业前的职业意向调查和毕业后跟踪服务的，集教育、管理、指导和服务于一体的就业服务体系。

健全规章制度。先后制定了《青岛华夏职教中心学生实习管理办法》《青岛华夏职教中心就业推荐管理规定》等管理制度，使就业工作有章可循、有规可依。

二、推进"四化"建设，实现学生多元发展

完善就业指导课程体系，实现就业指导全程化。根据不同年级学生的特点，从填报志愿报考专业开始到高中三年、毕业后跟踪指导，有计划、分阶段地安排教育重点内容，各有侧重地建立全程化的就业指导服务体系。并将职业道德与职业指导、职业生涯规划列入教学计划作为必修课开设，充分利用课堂教学主渠道，开展职业生涯设计、职业理想、职业心理等系统的就业指导和训练，让学生在就业指导课上学到就业所需的知识。

在坚持理论指导教育的同时，采取"职业规划、就业创业指导、实习中就业指导、毕业期就业指导"等教学形式，在实习过程中，进行现场就业指导，由学校带队老师和单位师傅共同指导学生。对毕业生及用人单位采用问卷调查、跟踪回访等形式，了解用人单位对学校工作的意见和建议，反馈于教育教学改革中，并为毕业生提供再就业和再升学服务。

凝聚合力，实现就业指导全员化。班主任深入班级、宿舍，在日常管理学生时，从思想、学习、生活各方面因材施教给予其指导。专业课老师发挥课堂主渠道作用进行专业技能教育，增强学生就业竞争力。学校实行"优秀毕业生辅导员制度"，每班配备一名优秀

毕业生作为职业生涯发展辅导员，用身边的典型引导学生健康发展。

聚合社会各界力量进行就业创业教育，带领学生走进市就业人才市场、大学生创业孵化基地，进行职业发展趋向权威性测试和创业专门化培训，不定期地邀请校友、企业家进校园，开展人事经理、人才市场专家校园行、成功校友报告会、优秀毕业生企业行、个性化就业咨询，利用专题讲座、座谈讨论、经验交流等形式，进行系列就业指导活动。编写《就业指导服务手册》校本教材，设计印发了"就业意向调查表""毕业生跟踪服务卡""用人单位、毕业生跟踪服务调查表"等，通过每季度出刊的《成才与就业》简讯配套指导学生实习就业。

加强队伍建设，实现就业指导教师专业化。学校通过各种途径加强队伍建设，提高就业工作人员的业务素质和理论水平，加大师资培训力度，选派骨干班主任、教师赴北京师范大学、华东师范大学进行高端专题培训。在班主任中开展"职业规划师"职业资格培训、考核，努力提高就业指导人员的专业化水平。

搭建服务平台，实现就业指导工作信息化。加强就业信息网站建设，建立QQ群、飞信群等通信网络，使就业信息能够及时有效传播，起到良好的交流和信息发布作用。建立完善用人单位、毕业生、未就业学生、家庭困难学生等各类信息库，向毕业生及时公布各项就业信息，提供就业政策宣传、开展咨询服务与指导服务，切实贴近学生实际需要。

三、拓展实习就业基地，实现学生高质量就业

做好市场调查，多渠道、多途径收集毕业生需求信息。通过跑人才市场，走访实习单位，由报纸、网络和学校老师推荐，以及往届学生引荐就业等，多途径、多渠道收集毕业生需求信息。

扩大充实用人单位信息库、就业实习基地库，扩大学校就业网络体系。按照联系登记—实地考察—安排实习—跟踪服务—签订协议的流程，先后与青岛各大银行、保险公司、证券公司等各行业近200家大型企业进行了有效合作，为学生实习、就业提供了厚实的、可选择的优质岗位群支持。

不断扩大多种形式联合办学，拓展学生多元发展出路。学校围绕"'自主·合作·开放'职业生命成长教育"办学特色，构建了"校企合作""校校合作""中外合作""政校合作""家校合作"平台，先后与6所高校、5个亚欧国家、8个政府部门、200余家企业合作，精心打造"升学有门，就业有路，创业有方，做人有德"的人才培养品牌，实现了学生多元化发展。

创新招聘会形式，更好地搭建供需交流平台。为毕业生提供更多的就业渠道和机会，采取"请进来和送出去"的方式，举办大型招聘会和多场专场招聘会，创新招聘会形式和内容，如将招聘会与学生技能展示会融为一体、邀请往届毕业生及学生家长一起参会等。为此，青岛各大媒体纷纷在主要版面以"华夏职校五个岗位抢一人，青岛大学五人抢一个岗位"的醒目标题进行报道。近几年，学校毕业生就业率保持在98.7%以上，学校已被打造成为"商务经理基地、企业白领摇篮"，涌现出像十八大代表刘娟这样的一批批优秀毕业生，他们大多数已成为金融系统、机关、企事业单位的技术及业务骨干，受到了用人单位的广泛赞誉。

针对就业困难的毕业生，推出就业个别辅导帮扶服务计划。摸底排查实习生中家庭困难学生的情况，做好困难群体就业援助，建立就业困难学生档案。采取与毕业生一对一、面对面地沟通和交流，通过就业政策、简历制作、面试指导、心理调适等环节的指导，为其提供就业个别服务，帮助其成功就业。

四、开展创新性就业指导活动，推进就业服务常态化

以"就业服务月"活动为载体，实现就业服务日常化。学校创新性开展就业服务月活动，面向全体在校学生和往届毕业生，开展一系列分层次、有针对性的特色服务活动。一是"请进来"系列活动：邀请劳动部门、企业、优秀毕业生来校讲座。二是"走出去"系列活动：走进人才市场、大学生孵化基地、企业，进行职业素质测试和创业教育，使学生感受企业文化。三是校内个性化服务：职业意向调查、一对一指导、毕业生跟踪服务、编写就业指导手册和校本教材等。通过提供各类服务和活动，将就业服务月活动常态化。

以跟踪服务活动为载体，实现全方位服务。学校建立完善就业服务体系，为毕业生集中跟踪服务三年，终身服务一生。建立毕业生"三跟踪"服务机制，初步构建了有一定时效性的网络、电话、档案等多方位的立体跟踪服务体系：一是跟踪管理；二是跟踪教育；三是跟踪服务。

在实践过程中，我们通过访问用人单位、学校网站、人人网的"青岛华夏之家"、微博、班级QQ群、电子邮箱、电话、短信、飞信及毕业生回访等多种渠道，对毕业生进行问卷调查、信息确认、优秀事迹采集等多维度跟踪。通过调查问卷、整理优秀毕业生事迹等形式，收集毕业生资源，充实整理《桃·李——优秀实习生、毕业生风采录》。其中2012年共回访了944名毕业学生。对已经毕业的学生进行了再次推荐，交通银行录用13人，分别在市南、市北、李沧人社局从事退休人员审核工作；同时为他们提供了学历提升机会。优质的跟踪服务赢得了家长、学生和用人单位的好评。

实施"十环节"就业服务

青岛胶南市高级职业技术学校

学校坚持"校企合作办学、工学结合育人"的办学特色，以提高就业率和就业质量为目标，积极构建完善工学一体化人才培养模式，学校就业率连续多年保持在98%以上。

一、强化"三位一体"办学模式

学校深入探索校与企、产与教、工与学"三位一体"的办学模式，为学校提高人才培养质量和稳定就业提供重要支撑。

建立企业化校区，促进校企一体。学校与美国AAA公司合作创建占地80亩①、建筑面积22 000平方米的企业化校区，先后引进三承电装、新东洋计电两家合作企业，在校区内设立生产车间，实行企业化运作，公司提供生产设备、资材和订单，并挑选思想、业务素质高的技术工人担任培训教师；学校负责日常管理、教学和生产；学生一天学习、一天工作，半工半读、工学结合，每月工学补贴500元左右。目前，该校区共有机电技术应用、电子技术应用、汽车维修三个专业，1 300余名学生。

建立企业化实训车间，促进产教一体。2007年，学校与海信集团合作，按照真实的生产标准，在校内建成拥有完整电视机生产线体的实训车间，将原本需在企业进行的岗位技能和生产工艺培训，前置到学校进行，使学校的教学与企业生产融为一体，在教学安排上实行"学校→企业→回校→再回企业"的双循环教学模式。

建立企业课堂，促进工学一体。以海尔为例，海尔专门为实习生设立实习生培训线体，同时在车间内营造实习生学习氛围，使整个车间变成实习生学习的大课堂。校企双方合理调配工学时间，共同安排授课教师和指导师傅，共同确立教学计划和培训内容，开展企业课程教学，使企业不单是生产劳动的场所，更是学校教学在企业的延伸。

二、强化"八项结合"教学改革

学校育人目标与企业用人标准的结合。学校坚持以企业用人标准为导向，引领学校办学理念、办学行为、教学改革、学生管理及评价机制的改革，按照企业用人需求和岗位标准来设计专业的发展和培养目标。2009年，我国台湾最大的压缩机生产企业东元电机公司入驻胶南，学校立即主动联系该企业，针对企业对员工技术要求较高的特点，校企共同制订专门的培养方案，及时为企业培养输送了60名学生。

学校教学内容与企业生产的结合。以企业生产活动和岗位知识技能为基础设置教学内容和课程，制订适合校企合作、工学结合的工学一体化教学方案和课程体系。一是按照"工"的需要优化专业基础课程设计，增加实用技术和生产工艺的学习课时。二是按照生

---

① 1亩≈666.6平方米。

产岗位要求优化专业核心课程设计，采取专门化方向教学。三是按照生产模块和流程要求优化实习内容安排，按知识、能力和素养的三个目标序列设计复合实习模块，努力使学生掌握不同岗位所需要的技能和素养，克服岗位"单一化、单工序"重复劳动的弊端。同时校企还共建教研处，由学校教师和企业技术员共同编写校本教材近 10 种。

学校教学组织与企业生产组织的结合。根据企业的生产特点，采取灵活有效的教学组织形式，推进工学一体化的发展。一是半工半读形式，利用校内工学基地，学生一天工作，一天学习。二是双循环教学形式，即学校教学→教学见习→进厂顶岗实习→再回校学习→再进厂实习就业。三是"四·二"分段式，最后两个学期集中顶岗实习。四是"项目培训式"，根据企业特殊工种技术培训要求，单独安排教学。

其他五个结合分别是：学校文化与企业文化结合，两者在相互渗透中对学生施加潜移默化的影响。实习学生与企业员工结合，此举旨在解决学生适应能力不够、角色转换困难、组织纪律性差、与人沟通有障碍等问题。学校教师与企业师傅结合，师傅即老师，以专业教师成长促进教学相长。校内实训基地与校外实习基地结合，校内实训基地建设"生产化""车间化"，校外实习基地建设则突出"专业化""课堂化"，目前学校已建立机电、电子、焊接、数控、汽修等专业化校外实训基地 30 多个。育才和育德结合。在重视学生的知识和技能学习的同时，把以职业道德为核心的做人做事教育放在更加突出的位置，让学生始终在乐观、积极、能动的状态中树立正确的价值观、人生观与就业观。

三、强化"十环节"就业服务

学校推行"海尔式实习就业服务流程"，抓好"制订计划→考察企业→组织面试→签订协议→岗前培训→跟踪指导→考核鉴定→正式录用→应急处理→服务三年"十个环节，建立"113"质量服务标准，即：一个承诺——高职校永远是你的家；一张卡片——给每位实习学生发放一张实习就业服务卡，针对实习过程中遇到的问题，及时解决；三年内免费为学生提供再就业优质服务，像海尔一样"真诚到永远"地对待每一位学生。就业工作中，依托完善的实习生信息管理系统，全面掌握学生年级、所学专业、实习企业、进企时间、岗位变换等信息，随时了解学生实习就业情况，随时跟踪指导。为保证流程的顺利实施，一是重视岗前教育。学校编印《高职校学生实习就业指南》和《高职校学生实习就业指导手册》，开设"职业道德""就业指导""创业教育"等课程和讲座，定期举办优秀毕业生报告会，请企业领导、行业专家、优秀毕业生到校现身说法，帮助学生了解就业形势，端正就业观念，调整价值取向，做好角色转换。二是建立实习管理目标责任制。首先建立由校企领导、车间负责人和带队教师、指导师傅及实习班主任组成的三级管理小组，明确校企双方相关责任人的职责，并定期沟通交流，确保实习计划、实习任务的顺利进行。其次是加强过程管理与指导，专职实习指导教师按"三见面"规定进企业，与企业领导、实习师傅和实习学生见面，认真填写"实习跟踪指导记录"，引导学生自主管理。三是实行实习学分制管理，建立健全实习考核评价体系。考核评价由用人单位和学校共同进行，着重从工作态度、工作纪律、工作质量等方面进行考评，实行等级制计分，记入实习档案，作为毕业推荐就业的重要依据。

强化基础 改进服务 推动毕业生高质量就业

湖南省新邵县职业中专学校

学校不断提高人才培养水平，全面提升学校毕业生就业质量。2008 年以来，学校的机电设备安装与维修、计算机及应用等骨干专业毕业生对口就业率年年达到 100%，其他专业对口就业率均稳定在 95% 以上，近 50 家企事业单位与学校建立了稳定的人才培养合作关系。

一、根据企业需求完善人才培养模式

对接产业设置专业、确定招生计划。学校坚持以就业为导向，安排招生就业部门积极参与专业设置与招生计划的制订，充分考虑并分析各专业的就业前景。近年来，针对邵阳地区机械加工和矿冶类人才紧缺的状况，学校新设置了模具设计与制作专业，适度加大了加工制造类专业的招生计划，适度缩减了财经商贸类、电子与信息类等大类专业的招生规模。根据本县陈家坊镇服装城的建设规划，学校还新设置了服装设计与营销专业。

大力推行"订单式"人才培养模式。一是主动抓住产业转型升级发展的有利契机，针对邵阳市实施"1511"工程中的行业特点和企业用人单位的实际需求，依托学校的专业优势和特色，与企业共同制订人才培养方案。二是组织力量深入区域内的重点企业进行调研，按照"主流工作岗位需求目标导向"的方法，采用案例教学，在专业方向模块中嵌入企业实际需求的课程。三是在毕业设计、实习等专业实践环节，安排学生进入企业实习，校企共同指导毕业设计，推动"理论、实验、实习、毕业设计、就业"的递进。目前，学校分别与三一湖南汽车制造有限公司、邵阳纺织机械有限公司、邵阳维克液压有限公司等20 余家单位签订了"订单式"人才培养合作协议。

二、根据学生特点开展就业创业教育

为推进学生就业，学校积极引导毕业生了解就业、创业知识，注重培养毕业生创业意识，努力提高创业能力，积极参与创业实践，以创业带动就业。

加强教育引导，努力提升学生就业创业能力。一是学校就业处联合各企业市场部、人力资源部专家编写了校本教材《就业指导》，全面开设就业指导课。二是针对有创业意识的学生，开设由创业知识、创业能力、创业实践三个模块组成的创业教育系列课程。三是针对毕业生开展就业咨询与服务系列课程与讲座，每年选课学生达 1 000 人以上，开设讲座 10 余期，接待咨询学生 600 余人次，取得了良好的效果。

加强技能培训，努力提高毕业生的就业竞争力。为帮助毕业生多渠道、多方位地实现择业和就业，学校加大了毕业生职业技能培训的力度，实行双证书制度，督促学生在毕业时，除拿到中专毕业证书外，还要根据专业特点获得如计算机等级证、钳工操作证书、数控等级证、电工操作证等相应的执业资格证书，实现一专多能，为今后择业和创业创造更多选择机会。近年来，学校毕业生中级考证通过率达 82.6%。

加强师资建设，努力提升就业工作队伍水平。学校高度重视就业创业指导教师队伍建设，着力建设有中职特色、有区域特色的就业指导教育教学团队。一是组建专业教师团队。2007 年，学校成立就业指导教学组，几年来，学校逐步建设了一支由 9 位专任教师组成的就业创业指导教育教学团队，形成了一支结构合理、业务能力强、比较稳定的就业服务、管理队伍。二是采用校内师资与校外专家相结合的方式，聘请了邵阳学院、邵阳职院、湘潭城建等院校经验丰富的 3 名教授，以及邵阳三一湖汽、中联重科等企业的 7 名专家，兼职担任学校就业指导教师，开展就业创业系列讲座。

三、根据市场模式构建就业服务平台

建设优质高效的信息服务体系。一是建立信息采集工作机制。从 2008 年起，学校开始实施毕业生就业信息采集工程，坚持走访采集和网络采集相结合，严把信息真实关。二是完善企业调研制度。学校确定每年 4 月份为学生就业准备工作期，期间派出 4~6 个调研组，在邵阳、广州、深圳、东莞、上海等地走访考察用人企业，收集就业信息，建立就业实习基地等。三是建立毕业生供需见面机制。邀请优秀企业集中来校宣传、招聘，毕业生集中听取企业的宣讲，结合自身的专业和爱好，有针对性地参加心仪企业的面试。四是完善信息发布机制。学校早在 2007 年就建立并启用了"毕业生就业信息网"，通过就业网站及时收集、发布用人单位需求信息和招聘会信息，向毕业生提供网上咨询，向用人单位提供学校专业设置、毕业生生源等情况，为毕业生和用人单位提供周到、便捷的服务，使学校就业工作实现了信息化、网络化。从 2007 年至今，访问量已达 33 万人次，日访问量最多达 2 000 人次，成为学校毕业生了解用人单位需求信息的主要平台，为毕业生充分就业提供了充足的信息保证。

完善特困毕业生就业援助体系。一是建立了特困生就业档案，掌握他们的详细信息，把推荐特困生就业作为一项重点工作，及时与用人单位沟通，帮助他们落实合适的岗位。二是加强对特困生的个性化指导，采取"一对一"的方式，了解每个学生的就业进展情况和求职心理状态，进行重点关注、重点服务、重点推荐、重点帮扶，帮助他们解决经济上、心理上、求职技巧上的实际困难。三是加强对特困生的培训，采取切实可行的措施开展针对特困生的就业培训和技术培训，帮助他们提升就业竞争力。目前，学校 99% 以上的特困学生都得以妥善就业。

全程全员全方位就业服务　蹚出学生高品质就业之路

广东省轻工职业学校

学校以能力培养为出发点，强化学生技能实操训练，广泛开展校企合作，形成了独具特色的办学模式和教学风格。近年来，学校毕业生的就业率均达到了99%以上，专业对口率84%以上，稳定率也达到80%，学校实习就业工作得到了企业、学生和家长的充分肯定和认同。

一、领导重视，责任到人

学校认真贯彻执行党中央、国务院和省委、省政府各项就业方针政策，高度重视就业工作，一直将就业率、对口率、稳定率和收入水平等作为衡量教育质量的主要标准。2003年学校就已成立了就业指导中心，并根据毕业生及实习学生数量配备足够师资（100名左右的学生配备一名指导老师），负责学生实习就业的推荐和管理工作。具体职责包括实习前指导、实习就业推荐以及后期管理、跟踪服务等，并制定了一系列翔实的管理制度和操作流程。

二、提前介入，事半功倍

重视就业指导课程作用。学校对学生的实习就业教育从二年级就开始了，德育课专门开设了"职业生涯规划""就业指导"等课程，指导学生选择就业方向，规划职业生涯，强化职业意识、职业理想和职业行为。

重视交流沟通作用。在即将实习的班级中，除开设"就业指导"等课程外，就业实习指导老师提前半年就开始进课室接触学生，配合班主任和德育老师，拉开了实习就业的序幕。就业实习指导老师提前开展工作，一方面对学生有了感性认识，同时也了解感受了班级风貌；另一方面尽早向学生广泛宣传什么是"2+1"、为什么要实行"2+1"、学校如何实行"2+1"、岗位实习的意义特别是顶岗实习与就业的关系等。放假时，学校致家长的一封信，让学生家长进一步了解了"2+1"模式及顶岗实习的意义，也让学生和家长为即将到来的顶岗实习及就业做好了充分的心理准备。课堂上老师对优秀实习生和毕业生典型成功案例的讲述，结合心理健康教育及课后的学生心理疏导，让学生树立了就业的信心，也增强了学生走向社会、走上工作岗位的适应能力。

重视安全教育沟通作用。帮助学生深入解读学校的实习管理规定和实习就业安全手册，详细讲解实习过程中可能出现的各种问题以及处理办法，强调安全问题的特殊性和重要性。所有学生都要参加有关学习和考试。

重视企业文化作用。学校注重引进企业文化进校园，聘请知名企业人力资源方面的专家及优秀毕业生来校讲座，讲座内容重点放在用工要求、安全教育、企业欢迎什么样的人等方面，让学生还未出校园就已经了解到企业的真实信息。

三、合作企业，严格把关

学校依托广东轻工学校教育集团，携手多家合作企业，全方位、多渠道拓展就业空间，积极开拓就业市场，建立了以广州为中心，涵盖番禺、中山、顺德、东莞等的就业网络，与美的、广电运通、东莞雅华、珠江啤酒、广州造纸、广州二汽、广物汽贸、可口可乐等100多家知名企业建立了长期稳定的合作关系。学校对实习就业企业的选择非常严格，工作的环境、内容、时间都要规范、合法，无安全隐患。每一个学生工作的企业，从车间、工作岗位到宿舍、就餐情况等方面，就业实习指导老师都全方位考察，特别看重企业的成长性和实习生的发展前景。要求企业工作安排合理，工资及实习补贴发放准时、企业文化有凝聚力，校企合作融洽，人事管理顺畅。并根据学生实习就业反馈情况，淘汰部分企业，补充新的企业。多年来，学校建立了优秀企业资源库，保证了学校学生的实习就业质量，达到了学生、家长满意度较高的目标。

四、跟踪管理，全力以赴

学生离开校园进入工作岗位，实习指导教师通过各种方式全力跟踪管理学生，巡视企业、联系学生、回答问题、安抚情绪，对学生人数相对集中的单位派专人管理和指导，并定期座谈。引导学生摆正心态，稳定思想，规范职业行为，在真实的工作环境和岗位中培养自身解决实际问题的能力，养成良好的工作习惯和职业素养，顺利进入职业角色。

学校要求就业实习指导老师每天填写工作日志，坚持事事有记录，天天有日志，月月有总结。建立每位学生的电子档案，详细记录每周学生的最新动态，做到报出任何一位学生的班级、姓名，都可以很快查出其详细情况以及联系过程中的重要内容。因为联系紧密，学生把老师当成朋友，遇到困难和危险，学生首先想到的是找老师；因为联系紧密，有效避免了一些可能发生的事故，赢得了家长的信任。

学生正处16~20岁这一年龄段，缺乏社会经验和工作经验，安全意识淡薄，容易发生安全事故，容易受骗上当。学校高度重视学生实习就业期间的风险管理工作，与各企业均签订了实习责任保险、实习报酬等相关协议，规范双方的责任，保障学生的利益，并实施了有效的监督、检查，消除学校、企业、家长的后顾之忧。特别是针对实习过程中出现的突发性事件，学校建立了应急预案，就业实习指导老师表现出高度的职业意识和应变能力，快速做出反应并处理问题，至今没有发生恶性安全事故，学生家长对学校实习就业的管理十分满意。

五、校企合作，创新评价

学校开展学生学业评价和操行评价，建立了社会、企业参与教学质量评价的机制和标准，形成了有效的质量监控、分析和保证体系。学校定期召开企业座谈会，学校领导亲自带队定期回访企业，了解学生的实习就业状况，搜集企业对学校在学生培养和课程设置方面的意见和建议，填写实习就业质量反馈表。注重对毕业生质量的跟踪调查，全面把握毕业生的工作状况，了解毕业生就业岗位、薪资及晋升预期等，及时反馈总结和调整更新，对重点单位和重点人群进行专访，撰写优秀毕业生调研报告。

每年由就业指导中心对实习生、毕业生跟踪调查的情况进行汇总，组织召开实习就业研讨会，进行综合分析研究。学校根据有关分析报告调整招生计划、专业设置、专业结构和专业规模及教学改革等。

　　学校以独特的办学理念、严格规范的管理、良好的教学质量开拓了学生高品质的就业之路，培养了一大批职业道德好、职业能力强、上岗就顶用的人才。通过多年的跟踪调查，学校学生在企业工作表现出较强的职业道德意识和劳动纪律观念。在实习就业工作中，学校学生自觉遵守劳动纪律，吃苦耐劳，讲诚信，有责任感，表现出较强的适应环境能力、团队协作精神以及动手创新能力。不少学生提前"转正""转干"，涌现出无数优秀实习生和毕业生，在各自岗位上发挥着骨干作用。经过多年沉淀，学校品牌效应已凸显，合作多年的金牌企业与学校进行"订单培养"。广大毕业生奋战在全省各个技术岗位上，恪尽职守，爱岗敬业，为推动地方经济社会发展做出了重要贡献。

让每一位毕业生"无业者有业，有业者乐业"

桂林市职业教育中心学校

毕业生就业服务是一项政策性强、责任重大的工作，是学校、家长、毕业生高度关注的"人心工程"，是促进学校教学改革、学生管理以及招生的重要工作。学校认真做好毕业生就业服务工作，使每一位毕业生"无业者有业，有业者乐业"，促进学校毕业生就业质量显著提高。

一、建立全员化、全程化的就业指导体系

成立专门的就业指导中心，编入招生就业部门，统筹规划全校的就业指导工作，会同教务处、学生处组织实施就业指导教育，开展多形式的就业推荐活动。

组建一支高素质的就业指导队伍。学校就业指导队伍由专职指导老师、班主任、实习指导老师、招生就业老师和学校管理层领导共同组成。专职指导老师挑选具有前瞻性、有实战经验、有一定教育教学理论和实践操作水平的教师担当，并建立定期的研讨活动制度。

开展递进式、全程化就业指导教育教学活动。就业指导教育必须从学生入学开始，系统地、全面地组织开展。按教育部规定，三年制职业中专（高中）必须两年在校完成学业，一年到企业顶岗实习。将两年在校期间分为四个时期，开展递进式就业指导教育。

二、建立完善、规范的就业工作机制

以就业为导向，牵引学校其他工作。从某种角度来说，职业教育即就业教育。学校以就业市场为导向，一是牵引专业课程改革，使专业教学更贴近市场需求；二是调整专业设置。近三年来，根据就业市场变化，陆续淘汰了运动与休闲服务、制冷与空调设备应用与维修、物流管理等专业，新开设了西餐烹饪、珠宝玉石加工与营销等专业。

搭建有利于学生发展的就业平台。在岗位需求多、毕业生供不应求的情况下，学校以有利于学生发展最大化为原则，严格筛选就业单位。例如，列车乘务和高星级酒店同时希望到校招聘服务专业毕业生。学校经充分了解后认为，列车乘务员岗位在短期看来较好（工作强度、工资待遇方面），但由于铁路部门都是委托派遣公司签订短期劳动合同，因此从有利于学生长期发展来看，学校向学生优先推荐高星级酒店。

建立实习、就业从优推荐的机制。建立贯穿新生入学到毕业的综合素质测评体系，对学生的思想品德、学习成绩、技能训练、日常操行等进行综合评定，每学期定期测评、按时登记存档。在学生毕业前，综合计算其在校期间的素质测评成绩并排序，在就业推荐时坚持做到"综合素质高的学生优先推荐，综合评定不合格的坚决不推荐"，把就业推荐与学生在校表现有效结合起来，并达到互相促进的效果。

实行就业跟踪长期化。设立专门的就业跟踪服务机构，建立就业信息化工作平台，明

确就业跟踪的目标和责任，对所有毕业生实行 3 年就业推荐服务，把职业指导教育延伸到学生就业过程中，促使学生好就业、就好业。

三、搭建畅通有效的就业渠道

多方式建立丰富的就业信息来源渠道。一是丰富、拓宽学校自有就业渠道。对主动到校招聘的企业，热情接待，认真登记，尽可能给予支持；动员、鼓励全校师生提供就业信息；同时，学校每年组织老师到珠三角、长三角等区域，联系考察部分优质企业，寻求校企合作，陆续建立了三星电子、美的电器、中山香格里拉酒店、丽妍雅集（美容）等稳定的就业基地。二是合理利用社会就业渠道。学校主动、开放地与各类规范就业机构开展合作，取得显著成效。广东省人才中心帮学校联系本田零部件、日产汽车、丰田双叶、LG电子等优质企业，每年接收就业生 200 人左右，学生初次就业工资达 4 000 元/月以上；桂聘人才网和七星区人才中心连续 3 年无偿支持学校召开毕业生双选会。三是实习就业一体化。针对中职教育的基本特点，调整教学安排，使顶岗实习和毕业就业无缝对接，把实习合作企业变成主要就业渠道，受到学生和企业的欢迎；在选择实习单位时，要求实习单位优先接收实习合格学生就业，并在双方合作协议中明确约定。近年来，实习合作单位接收毕业生都达到毕业生总数的 40% 以上，建立了一批如两江四湖景区、桂林香格里拉大酒店、桂林市机关幼儿园、中国电信等长期合作的实习、就业基地，目前学校长期稳定合作的就业基地达到 50 家以上。

多手段搭建畅通的就业信息发布渠道。一是发挥校内网络作用。及时在校园网公布所有就业信息，利用各班、学生会及社团 QQ 群发布重要就业信息。二是举办就业推荐会。我们根据市场用人特点，结合各专业不同的实习时段，举办了多次专场就业推荐会，每年 4、5 月份，组织旅游服务类专场招聘会，6 月底组织综合大型招聘会，7 月份组织幼师专业的招聘会，取得了较好的市场反响。三是启动从优推荐机制。为重大紧急的单位用人需求服务，近年来，该机制成功地为人民大会堂、广西壮族自治区政府办公厅、交通银行等推荐优秀毕业生 10 多人。

拓宽就业渠道　提高就业质量

海南省工业学校

学校把毕业生就业指导工作作为"一把手工程"来抓，建立完善了毕业生就业推荐制度，每年毕业生就业率达96%以上，赢得了较高的社会声誉。

一、领导重视，保证就业工作畅通

在就业形势较为严峻的情况下，学校始终坚持"就业为导向"的培养目标，成立了以校长为组长的毕业生就业工作领导小组，为就业工作提供了组织上的保证，形成了以招生就业办为主体、各科室协同配合、班主任个体参与，课堂教学与职业指导相结合、实践活动与职业素养相结合、就业推荐与创业引导相结合的就业工作体制。

二、就业指导，提升学生职业意识

通过职业指导课程的教学，加强对学生的就业指导，加强对毕业生就业形势、就业政策、就业观念、就业定位、就业心态和诚信等方面的教育，提升学生职业化意识，帮助毕业生提高就业竞争力，引导学生早定位，树立良好的就业观和择业观，提升学生职业化意识，做好自己的职业生涯规划。

三、走访企业，为毕业生寻找"婆家"

为了将到学校录用毕业生的用人企业落实到位，学校制订了走访企业的方案，分小组、分区域地走访了省内外各大、中、小型企业，介绍毕业生情况，向用人单位推介优秀毕业生，为毕业生寻找"婆家"。同时，了解用人企业的用工需求，了解企业对学校培养学生的要求，确定到学校招聘录用学生顶岗实习的岗位和人数。

四、择业指导，举行就业教育大会

在就业指导的基础上，每年学生毕业前，学校按毕业生专业分组，举行就业教育动员大会，由就业办和就业指导老师围绕就业形势、如何树立正确的择业观、如何应对面试等方面展开教育，引导学生认清形势，帮助学生树立正确的就业观、远大的事业观和合理的择业观，教育毕业生先就业后择业，向毕业生介绍国家有关就业方针与政策，让毕业生做好就业前的充分准备，以正确的态度参加校园招聘会，迎接用人单位和企业的挑选，慎重地选择适合自己的用人单位。

五、营造氛围，引导学生转变角色

学校在举办校园招聘会期间，在校园内悬挂宣传条幅，营造氛围，激励毕业生，也教育在校生，如张贴"求职就是求发展，择业就是择未来""满怀梦想，装有技能，迎接人生的检阅""学有所成，服务社会，在岗位上建功立业""先就业丰富履历，再创业回馈社会""调整心态，端正思想，迎接人生角色转变"等激励毕业生认真对待就业的宣传标语。

六、介绍企业，引导学生就业选择

在举办校园招聘会之前，学校有目的地制作企业简介专栏，向毕业生介绍企业和用人单位，向毕业生推荐优秀企业，让毕业生提前了解企业性质和用工需求，引导毕业生有意识地遵循"对口就业"的原则选择企业和岗位。一些毕业生跨专业或跨行业选择用人单位时，学校给予引导，鼓励跨专业或跨行业选择用人单位从业。

七、有条不紊，举办校园招聘会

首先，制订招聘会策划方案、招聘会日程表。其次，做好推优审核工作。在毕业生就业推荐工作中，始终坚持"择优推荐"原则，优秀学生优先选择优秀企业1～2家。再次，让毕业生们结合专业选报能提供对口或相近岗位的企业。最后，确定校园招聘会面试日期。根据毕业生选报用人单位的信息，确定到校参加校园招聘会日期。每年的12月上旬至月底，近20多天的时间里，每天2～4家用人单位在不同的时间点进校招聘学生。

面向市场　深化服务　以人为本促就业

重庆市农业学校

学校坚持"以就业促招生，以招生促发展"的办学思路，不断加强就业指导工作，近几年就业率达 100%，就业稳定率达 95% 以上，进一步提升了学校服务地方经济社会建设的能力，实现了学校的跨越式发展。

一、加强组织领导，落实就业保障

学校积极贯彻落实中央和重庆市促进就业的政策措施，实施"一把手"工程，建立落实目标责任制，把毕业生就业摆在学校生存发展的战略高度，放到学校改革发展的全局来统筹安排。学校成立了由校长担任主任，党委书记、分管副校长担任副主任，相关部门负责人为成员的就业工作指导委员会，负责全校学生就业工作的规划、协调和指挥。设立就业办公室，定期组织召开就业工作会议，通报就业信息，开拓就业市场，研究制定就业工作的有关政策、规定，交流就业工作开展情况，解决工作中遇到的问题，全力保障毕业生就业工作有序开展。

为促进学生就业，在重庆中职学校中首创了与学生及家长签订就业安置合同的先例，向学生及家长承诺：学生毕业时全部安置就业；未妥善安置的，学校全额退还学费。近年来，学校实现了毕业生全部安置就业，创下了全市新高，在行业中引起强烈反响。

二、创新工作思路，开展就业教育

完善课程设置，就业指导系统化。在加强专业课建设的同时，学校打造了一支实践经验丰富且相对稳定的专职就业指导队伍，编制了完备的全程就业指导教学大纲，编写了具有一定理论深度和指导意义的就业指导教材。"职业发展与就业指导课"纳入了学校整体教学计划，形成了有计划、有学时的系统就业课程体系。同时，坚持德育首位，要求教师每节课进行不少于 5 分钟的德育教育。开设职业生涯课程，突出以诚信、敬业为重点的职业道德教育，帮助学生明确职业发展目标，提升个人综合素质，树立正确的人生观、成才观和择业观。

加强师资建设，就业指导专业化。学校通过引进、培养和调整，加强了就业指导工作的师资力量，提高了就业工作人员的业务素质和专业化水平。就业办公室订阅了《中国教育报》《中国职业技术教育》等刊物，了解就业新动向。学校还常年聘请经验丰富、技能突出的企事业一线工作人员担任实习教师，理论联系实际，对学生进行专业知识、实践操作和就业选择指导，为学生就业奠定了坚实基础。学校推进"双证书"制度（即学生毕业同时拥有毕业证、技能证），近年来，学生双证率达到 70% 以上，大大提高了学生就业的稳定率和竞争力。

搭建信息平台，就业指导信息化。一是利用学校网站和校内宣传栏，开设"就业指南"板块。二是在每个毕业班级设立1~2名就业信息联络员，及时将就业政策、就业信息传达到每个毕业生，并提供就业趋势分析、就业咨询、收集就业意见等服务。学校建立了毕业生信息库，认真细致做好毕业生信息统计工作，便于用人单位快速了解学生的基本信息、专业特长等，提高了就业安置的工作效率，并为学校招生、专业及课程设置提供依据。

三、提高服务意识，推动就业发展

积极搭建校企合作平台，建立就业安置网络。坚持以就业为导向，以服务为宗旨，按照"走出去、请进来"的就业思路，围绕现代农业生产和新农村建设，围绕地方农业主导产业、支柱产业、新兴产业等行业，积极与社会各界广泛联系，广泛收集就业信息，走访用人单位，为毕业生就业提供信息服务。邀请有关企事业单位到学校进行实地调研，了解学校的办学理念和学生的动手能力及就业培训情况，做到来一家"联姻"一家，为学生就好业铺平道路，为学校的发展奠定坚实基础。目前，已建立了"立足重庆，面向全国"的就业安置网络，形成了以重庆市内重点农业龙头企业和新农村建设一线、IT等新兴产业为主的毕业生就业安置去向。

近年来，学校先后向华牧集团、光大畜牧、希望集团等数十家涉农企业输送农科类毕业生3 200余人，向西南大学、重庆市林业科学研究院等高校和科研院所输送实验员100余名，向重庆市动物疫病预防控制中心无害化处理场、重庆市动物园、珊瑚公园、照母山公园、大渡口区动物检疫站、渝北区畜牧兽医站等社会公共服务单位输送技术人员700余名，向重庆市各区县输送农科类、农业机械类、农村电气类、社会管理与服务类毕业生7 500余人，实现了多层次入学、多平台多渠道就业、多证书上岗的目标，促进了就业工作。同时，进一步深化校企合作，巩固优质就业基地，服务地方经济建设。积极与重庆市政府重点支持的大型IT企业进行对接洽谈，目前已向重庆富士康等及两江新区的高技术企业输送毕业生3 000余人，超额完成市政府下达的任务，为重庆经济建设做出了积极贡献。

以人为本，全心全意做好就业服务工作。学校就业班子每学期深入到学生中间3~5次，了解学生的就业需求、意愿，引导学生树立正确的就业观、择业观。每年邀请3~4名优秀毕业生到校传授就业经验。近两年累计邀请学生家长代表100余人到校进行交流，邀请企业30余家到校举办就业讲座。为学生安全着想，每次均由学校领导带领就业工作人员护送学生到单位报到。针对一次就业不满意的学生，进行再次安置，并建立了毕业生就业跟踪服务长效机制。学校就业班子定期深入到用人单位，了解学生的工作学习和生活情况，协调用人单位解决学生工作中的不稳定因素，做好思想稳定工作。

积极探索新途径，创新就业模式。自2007年以来，学校试点开展工学结合、工学交替人才培养模式改革，先后组织了畜牧兽医、园林绿化、电子技术等专业56个班次共4 000余人次，赴苏州华美电器、广州凤凰光学仪器厂、富士康、华牧集团、光大畜牧、重庆潼南桂溪蔬菜基地，及渝北区等11个区县、45家企业，开展工学交替、工学结合。这不仅提高了学生的专业技能，而且提高了学生学习的自觉性和针对性，有利于学生就业，并在一定程度上减轻学生及其家庭的经济负担，帮助家庭经济困难的学生顺利完成学业；同时为相关企业和地方发展提供了更好的人才、技术和服务支撑，实现了学生、家长、企业的三赢。

"出口畅"才是硬道理

贵州省人民医院护士学校

近年来，学校以服务为宗旨，以就业为导向，以素质教育为基础，以提高学校学生的就业率和就业质量为目标，年均就业率稳步上升，近两年达到95％，真正实现了"出口畅"的好局面。

一、岗前培训、实现角色转换，提高学生的业务素质

全面的、系统的岗前教育，是学生从学校到临床、从理论到实践的桥梁，可以帮助学生树立正确的护理理念，增强临床工作责任感和主人翁意识，规范行为，更快适应临床护理工作，为今后的工作打下良好的基础。

培训前，学校走访各家医院，了解学校毕业生存在的问题，针对这些问题进行了精心的选题和备课，制订了适合学生的培训计划。岗前培训以多媒体讲述、角色扮演、游戏、"头脑风暴"等多种形式进行，有趣生动。在培训过程中，同学们巩固基础护理技能，不断改进，不断完善。通过培训，毕业生意识到医务人员职业道德的重要性，了解了职业礼仪，掌握了一定的医患沟通技巧、护理核心制度以及护理程序等相关知识。培训还让毕业生们更深一层地认识到，作为一名护士，不仅要了解工作中各项护理操作的程序，还要明确每一项工作的内容及责任，时刻保持高度的责任心，同时努力做好本职工作，认真构建良好的工作与人际关系，不断地提高自己的专业素质和服务质量、服务意识，最终形成一个良性循环。

二、着眼长效、加强管理，提高学生的核心竞争力

把制度落到实处。实习就业办为培养学生能力，提高其就业竞争力，在实习期间加强管理，培养学生的独立工作能力。期间拟定了16项管理制度，针对实习工作进行了强有力的改革，形成一系列的改革措施。利用三级回访制度，教师每月定期回访，督导教师不定期抽查，下到医院、科室，广泛征求护士长、临床带教老师对实习生的意见，将表现优异的或者表现不良的学生反映给学校，有针对性地给予表扬及教育，使每位实习同学同步发展。

让学生定期返校。为了更好地使实习生理论知识联系临床实践、理论学习内容贴近临床，每月按计划召开实习生返校会议，安排落实教学讲课，进行理论及实践考核，不断提高学生水平，确保学生实习期间能够切实提升就业核心竞争力，使学生在实习岗位中表现更出色。不少学生获得了医院的肯定，在实习期间医院就对学生承诺留院工作，学生实现了用"软实力"竞争就业岗位。

夯实内部，实行分级责任制。分管年级主任和毕业班主任，都要督促学生通过就业率、护士资格证过关率等评估检查。2012年，约68％的毕业生获得执业资格证书，在竞

争中取得了优势。这些学生深受医院的青睐，走上了理想的工作岗位。由此，毕业班班主任对就业工作的管理得到了加强，就业指导工作条件基本得到保障，就业服务内容更趋专业，水平不断提高。

三、搭建平台、拓展渠道，多样化的就业方式

搭建职场对接平台。组织校院对接、校园招聘会、主题专场招聘会、民营企业招聘等形式多样的活动，将教师招聘会对接为学校毕业生推荐会。例如，今年学校教师招聘会上，实习就业办老师主动将毕业生向20多家招聘单位推荐，高效率地扩增了就业单位。在扩展渠道的同时，打造现场招聘和网络招聘相结合的立体化职场工程，多样化地提高学生就业渠道，拓宽就业选择范围。

开拓省外就业市场。鼓励毕业生到省外就业，积极向省外用人单位推荐，帮助毕业生尽快实现就业；此举也将学校的实习基地由内地向沿海发达地区扩展，引导和带动更多的学生"走出去"。届时，将增进学校与发达地区护理专业的沟通与交流，为学校将更多就业机会"请进来"打下坚实的基础。2012年，学校毕业生推荐就业或自行联系共376家就业单位，就业率达95%以上；截至2013年5月，学生推荐就业达50%以上。目前，省内外一些医院陆续来函，希望在学校招到年轻化、专业化的护理人员。

服务理念促进就业　特色教学成就创业

云南工艺美术学校

学校坚持把培养"高素质、懂材料、能设计、会制作"的技能型人才作为办学理念，努力突出办学特色，采取各种行之有效的措施，努力提高学生的就业质量。

一、健全组织机构，加强就业工作的领导

多年来学校重视学生就业工作，校长始终担任学生就业工作的第一责任人，2010年专门成立了实习就业科，学生第三年顶岗实习、就业工作以及学生创业指导工作由实习就业科牵头，联合招生办公室、教务科、学生工作部等部门共同开展，制订方案，部署任务，使实习就业工作有制度、有计划、有步骤，责任到人，落实到人。

二、开展实训和特色教学，提高学生职业能力

实训室是职业院校一个重要的教学组成部分，是培养学生应用技能、创新能力及实践能力的必备条件。实训基地建设得好坏，直接关系到教学水平的高低，关系到学生就业和适应工作的能力，是提升教学质量的重要环节，是学校办出特色的关键。因此，学校十分重视实训室的建设，结合学校专业特色和优势，充分发挥学科带头人和骨干教师的引领带动作用，成立了多个名师工作室和实训室，如艺术摄影、个性化服装、版画研究、陶瓷彩绘、编织刺绣、木雕、玉雕、绘画等；同时实施了以"项目为主线、教师为引导、学生为主体"的项目教学法，以企业为依托，以教师为引领，学生主动参与、自主协作、探索创新，动手与动脑相结合、理论与实践相结合、科研与创收相结合，为学生毕业后能更好地融入社会、尽快适应工作奠定了扎实的基础。

在工作室制教学和"项目教学"中，学生的学习不再是被动简单地接受现成结论与经验，而是由教师引领进入拟定的甚至真实的生产流程中，教学过程就是一个生产过程、一个经营的过程。学生在完成项目的过程中，主动探索、分析、归纳、选择自己需要的东西，既务实了理论知识，又锻炼了实际操作技能；更重要的是，学生通过工作室制教学和"项目教学"等特色教学形式，不仅学习了一种专业技能，而且还获得了一定的实际生产经营的经验。

三、"一切为了学生"，帮其就业，助其创业

加强纵横联系，拓宽就业渠道。毕业生就业工作要面向市场、面向社会，实行毕业生与用人单位双向选择。因此，学校根据当年顶岗实习学生、毕业学生的就业方向及提高学生就业质量的需要，及时搜集并筛选省内外相关就业信息，考察相关企业，拓展学生在省内外就业的新渠道。一是加强与省内相关知名企业的合作，如2010—2013年，先后与昆明诺仕达集团下属的"七彩云南"、昆明沃尔玛、昆明王府井等公司建立校企合作关系。

二是加大学生专业对口企业的合作力度，如与昆明市建筑装饰材料协会、薇新投资集团、云上锦绣陶艺公司等多家企业建立校企合作关系。三是加强与省外如江苏、浙江、福建、广东等省相关专业企业人力资源部门的联系。通过以上各种途径，进一步加强校企联系，建立校企合作关系，拓宽校外实训基地，为学生的实习安排和毕业生的顺利就业提供了有力的保障。

开展订单式培养，提高就业质量。以市场为导向，以就业为本位，主动适应社会对人才的需求，与用人企业合作，开展订单式培养。订单式培养模式，让学校的教学目标定位准确，教学计划的制订更贴近企业要求，让学生在学校就能学习企业工作的技能，树立企业工作的理念，学习目标更明确，主动性更强，就业更稳定。

加强就业指导，做好岗前培训。针对中专学生的就业特点，学校十分重视就业指导，制定了针对中专学生的职业生涯规划教学体系，将就业指导贯穿于在学生三年的教育教学全过程中。从学生入学开始，就通过开设专业体验课程，让学生有初步的职业体验、了解专业，从而选择自己理想的专业方向，在教师的引导下开始自己的职业规划。在一、二年级开设"职业生涯规划""就业指导"等课程，同时还结合教学进程，邀请知名企业的领导及人力资源部人员开设专题讲座，让学生在校学习期间能够更多了解社会，了解企业的需求，从而有针对性地加强专业技能学习。在学生毕业前，加强毕业生思想工作，让学生树立"先就业、后择业、再创业"的职业意识，讲解就业政策，邀请往届优秀毕业生到校举办讲座，讲自己的工作及体会、创业的成功与失败，使毕业生做好就业、创业的心理准备。

分析学生就业需要，全方位提供就业准备。学生在走向就业之前，了解自己、找到自己喜欢的职业及培养其职业的技能尤为重要。学校十分重视学生的顶岗实习，在第三学期，实习就业准备工作就全面融入学生的学习过程，以"学生顶岗实习、升学意向调查表"收集每个学生的信息，了解学生的就业意向。同时，也利用"MBTI"职业性格测试，让学生发现自己的潜能，并向教务科反映学生的职业取向以及技能需要，培养并提升学生个性化的就业能力，迎接企业考核。在第四学期，通过多家企业进校宣传面试、学生走访企业、学校每年6月份为顶岗实习生以及毕业生举办的校园招聘会等多种形式的活动，提供多种岗位让学生自主选择职业，使学生在顶岗实习以及就业中顺利完成从学生到员工的角色转换。

健全实习管理制度，规范顶岗实习工作。为加强顶岗实习工作，学校制定《云南工艺美术学校学生顶岗实习管理办法》《云南工艺美术学校顶岗实习责任书》《云南工艺美术学校顶岗实习协议书》《云南工艺美术学校学生实习手册》，以及"云南工艺美术学校学生顶岗实习情况跟踪记录表""云南工艺美术学校学生自主联系顶岗实习申请表""升学补习申请表""实习鉴定表""升学补习鉴定表"等，进一步规范学生第三学年的学习和工作，同时也规范了实习管理。

学校对顶岗实习生进行全过程跟踪管理，与实习单位建立定期联系制度，实习管理教师在学生整个实习期间通过住厂、不定期走访、每月与学生不少于两次的电话联系、做好学生实习情况跟踪记录等方法，加强对学生的管理，做到有跟踪、有记录，发现问题并及时解决，真正做到"让学生安心，让家长放心"。

采取"实习就业一体化"措施，提高就业稳定率。在做好就业前期准备工作之外，学校积极推行"实行就业一体化"的就业措施，即学生顶岗实习与毕业生就业工作相结合，学生在实习的过程中了解企业，企业在生产过程中了解学生，最终实现学生与企业双向选择，从而提高毕业生的就业稳定率。

实施"三三"制的服务承诺，减少学生及家长的担忧。就业渠道畅通、就业质量提高，是学生及家长对学校的期望，也是学校对学生、家长、社会应尽的职责。学校提出"三三"制就业服务承诺，即在第三学年学生顶岗实习开始至毕业后三年，为每个学生"提供三家企业、准备三个岗位、跟踪服务三年"，从而解决学生及家长的后顾之忧。

四、发挥专业优势，增强实践能力，助推毕业生自主创业

以创业促就业，既是国家实施积极就业政策的重要举措，又是毕业生实现个人理想的重要途径。学校十分注重学生自主创业的培养，特别注重充分发挥工艺美术类及服装类专业自主创业的优势及特点。

为鼓励学生自主创业，学校为学生提供良好的创业环境：一方面，在学校内部设立学生实训工作室，让部分学生有了自主创业的试点；另一方面，老师在学生自主创业的过程中，不断给予指导帮助，解决学生自主创业过程中的问题，助学生自主创业成功。据不完全统计，学校有近30%的毕业生工作后又自主创业并取得成功。他们中许多以专业为基础创建公司，涵盖了建筑装饰装修施工、室内设计与装修、广告数码图文、旅游工业品设计制作、服装设计与生产、服装销售、电子产品销售、旅游服务、信息咨询、幼儿园、婚纱摄影等许多行业。

努力为毕业生创造更多就业机会

新疆石河子工程技术学校

近年来，学校把毕业生就业水平作为检验办学水平的重要标尺，把就业作为增强吸引力的重要手段，将促进毕业生就业这项民生工程与学校招生工作紧密结合起来，以就业拉动招生，以高素质的毕业生促进共同就业，使各专业学生在第一时间找到合适的"归宿"，每年就业率在98%以上。

一、调整专业设置，加强就业指导

学校高度重视就业工作，开设"职业道德与职业指导"课程及心理学课程，坚持"依靠不依赖，借鉴加创新"的工作思路，以人才培养质量为根本，实施差异化培育，挖掘学生的比较优势。根据"十七八岁的毕业生正处于半成熟、半幼稚、独立性和依赖性并存的时期，处于儿童向成年的过渡阶段，世界观、人生观尚未定型，反映在择业问题上往往表现出很大的依赖性"这一特点，实行分类指导，促进学生稳定就业。学校将就业指导课程纳入必修课，强化就业指导师资培训，做到时时有指导、处处有服务，构建立体指导与服务信息网络，确保信息通畅、岗位充足。

二、积极开展创业培训，不断提升毕业生就业工作水平

积极为有创业想法的学生提供贴心服务，遵循"用创业带动就业"的理念，向同学们普及创业知识，培养他们的创新精神，促进充分就业。自2009年学校成功引入创业培训SIYB项目后，经过两年多的努力，创业培训健康发展，深受有创业意愿的学生欢迎。为了提高广大学生的创业意识和综合就业能力，2011年，学校继续与兵团就业培训技术指导中心联合举办了19期500人GYB"创业意识"培训班及4期100人的SYB"创办你的企业"培训班，为在校毕业生开展了一系列的创业培训。通过互动形式鼓励学生提出创业想法，设计创业计划书。培训班通过系统的创业知识培训和创业实践模拟，向毕业生们传授创业的基本知识和创业技能，介绍国家支持大中专学生创业的优惠政策，推荐创业的各种资源，拓宽了毕业生就业平台，促进毕业生自我创业。

三、建立校企合作"立交桥"，实现学生高水平就业

学校紧盯市场，创新技能人才培养模式。以社会需求为导向，校企合作制订人才培养方案。采用产学研结合的"双师制"模式培养毕业生，提升校企合作的层次，增加实践时间与环节。

为提升毕业生就业能力，采取"订单式"培养模式。以"订单式"培养为载体，建立"请进来、走出去"的教学模式。"请进来"就是利用学校现有实训设备对学生进行技能培训，学校和大型企业紧密联系，把企业请到学校来，让企业参与学校的教学改革，培

养的人才更好地适应企业的需要，使"车间进校"。"走出去"就是建立校外学生实习实训基地，由学校、企业共同制订教学计划、确定培养目标，并且实行第三年顶岗实习制，让学生通过工学结合、顶岗实习，"真刀真枪"地参与实践，得到很好的实战演练，建立"企业课堂"。通过"企业课堂"的学习，毕业的学生可以立刻投入到工作当中去，既有利于毕业生丰富工作经验、增强适应性、提高就业能力、尽快实现就业，又为用人单位了解毕业生的综合素质、扩大选人视野、建立较为稳定的人才输送渠道、实现技能人才资源优化配置创造了条件。毕业生到企业实习，拓宽了学生知识面，增加了学生的感性认识，提升了学生的语言表达能力和沟通能力；同时增强了动手能力，学生从中获得所需的技能，提高了社会适应能力和就业竞争力。在顶岗实习工作中，学生得到相应的工资报酬，家庭经济状况得到了改善，使学生家长真正感受到了职业教育带来的实惠。

四、召开校企合作人才交流会，为学生就业造势

学校高度重视学生就业工作，坚持"一切为了学生，为了学生一切"的办学指导思想，充分认识做好毕业生就业工作的重要性和紧迫性，想尽一切办法为学生就业牵线搭桥。每年举办校园招聘会，使学生了解当今社会就业方式日趋多样化、切身体验自主择业的感受，从而锻炼学生的表达能力、应变能力、学以致用的能力、社会实践能力。

每年招聘会，学校领导高度重视，精心筹划、安排，通过各种媒体广泛宣传。一方面，学校领导召开多次协调会，强调举办招聘会的意义和重要性，并对招聘会进行研究和部署，要求发挥各方面的作用，通过各种渠道，多方联系用人单位前来学校招聘学生，群策群力，共同为开展好招聘会而努力。另一方面，招生就业办公室与各教研室之间还进行了多次协商会议，就招聘会的前期准备、现场布置、接待及人员安排、事务分工等招聘会相关事宜进行了研讨，明确了各自的责任，确保了招聘会的顺利、成功举办。

招聘会共邀请五十多家企业，企业来自石河子、乌鲁木齐、克拉玛依，提供了1 000多个职位，招聘岗位涉及学校各个专业，学校学生凭借扎实的专业技能、精湛的动手能力、良好的道德修养，受到了用人单位的青睐，学生签约率达到98%。

三、创新篇

解放思想　创新就业

职业教育事业发展贵在创新，百所中职学校在就业工作实践中涌现出许多解放思想、锐意改革、勇于创新的优秀事例。

北京铁路电气化学校创新人才培养模式、创新校企合作机制、创新就业指导与就业服务，开展了个性就业指导，保证就业"一个不能少"，耐心细致地帮助学生规划职业生涯，促进学生成功就业，取得了良好成效。

宁波经贸学校以创业带就业，积极探索中职创业教育模式，开设了创业核心课程，学生可以在轻松、愉悦的氛围中掌握创办小企业的实用知识和技能，组织"创业之星"评选活动，以获奖者的创业事迹熏陶、激励、鞭策学生，提升学生的创业素质。建立"创业星火基金"，帮扶创业毕业生渡过经济难关，助力学生实现创业梦想。

重庆工商学校秉承"服务学生发展、服务地方经济"的原则，把学校就业工作当作中心工作和民生工程，念好六字"真经"，如：注重"实"字，落实就业制度；力求"宽"字，拓展就业渠道；注重"情"字，做好就业服务；等等。

西藏拉萨市墨竹工卡县职教中心与内地开展的合作办学，是自治区中等职业教育的第一次"东西部合作"，是借助内地资源提升拉萨市中等职业教育办学水平的一次大胆尝试，起到了积极开创作用。

新疆生产建设兵团农二师华山职业技术学校不断创新人才培养模式，毕业生一直供不应求。学校实施人才品牌战略，积极构建了"一二三四五六"的人才培养模式；健全实习就业管理制度；提升就业服务质量，毕业生综合素质优良，受到社会各界的广泛好评。

此外，北京现代职业学校提出的"三个零距离"人才培养目标；山西省城乡建设学校提出转变就业工作观念，延展毕业生就业工作时空；杭州开元商贸职业学校让学生实现就业无忧，搭建四个平台，运行四种模式，取得了显著优势，学校推荐就业率达100%，就业安置工作得到了广泛认可。

职业教育工作创新是我们的生命力，是职业教育工作的活力所在，让我们继续改革创新，争取更大的成功！

创新模式机制 提升就业质量

北京铁路电气化学校

学校坚持"质量立校、特色兴校、人才强校"的办学思路，立足首都，辐射华北，服务轨道交通业、电力行业和电气技术产业，努力提升人才培养质量和就业质量。近年来，学校学生规模稳定在 6 000 人，毕业生就业率保持在 98% 以上，专业对口率在 84% 以上。

一、创新人才培养模式，夯实高质量就业基础

学校与北京地铁公司、北京电力公司、北京铁路局等企业深度合作，构建"基于校企合作、订单培养的四阶段能力递进式"的特色人才培养模式。以"订单培养"为纽带，校企双方资源共享、机制互通、文化融通，学生自主选择专业，通过基础平台学习、专业方向学习、订单学习、顶岗实习四个阶段，逐步提升职业素养、专业技能、岗位技能和综合职业能力；企业按需选择学生，组建订单班，全程参与培养方案制订、课程教学、学业评价、实习管理等人才培养环节。

四阶段培养推进专业技能提升。为满足学生终身发展和订单企业对员工素质要求的双重需要，学校将学生 4 年的学习时间分为四个阶段。前三学期为公共学习平台，重点强化各专业基础性和通用性的文化基础、职业知识、职业技能，初步培养职业感情，奠定良好的职业素质基础。在第三学期末按照专业方向班分流办法，打破专业界限，采取学生自愿和学校选拔相结合的方式，组建专业方向班。在第四学期开始按照组建的专业方向班进行专业教学，帮助学生熟练掌握本专业需要的专业知识和专业技能，使学生在获得与企业发展需要相一致的职业能力的同时，打好综合职业素质和职业能力基础，拓展职业发展空间，为学生的职业生涯发展奠定基础。第五、六学期进行订单学习，帮助学生熟练掌握工作岗位所需要的专业知识和操作技能，达到毕业就能上岗的目的。第七、八学期进行顶岗实习，实施"四阶段五维度"评价。

工学交替缩短岗位适应期。校企双方依据《订单班组建及教学工作流程》，共同对订单班的组建、教学、顶岗实习等全过程实行严格管理，统筹安排学生校内"学程"和企业"工程"（顶岗实习）各阶段的教学内容、教学资源，与部分企业建立了校内教学和企业实践交替进行的"8 阶段交替"教学模式，以及 4 天校内教学、1 天企业实践的"4 + 1 交替"教学模式，做到了学校与企业、学习与工作、专业知识与岗位技能"零距离"接轨，缩短了学生的岗位适应期，学生毕业后即能上岗工作。

企业化管理强化职业素养。学校按照"四个对接"的工作思路（学校育人与企业用人对接、学校文化与企业文化对接、班级管理与车间管理对接、学生评价与员工评价对接）和"三化"要求（班级组织企业化、学纪要求职业化、考核评价工资化），对订单班实行企业化管理模式，对学生实行工资制考核方式。订单班学生人手一本《准员工手册》，

按 "5S" 标准自我管理，日清周结月考评，并实行末位淘汰机制。学校与企业建立兼职职业指导师、企业文化导师机制，每学期聘请企业老总、人力资源部主管来校开设 4 堂企业文化讲座，对学生进行企业文化教育和职业指导。

二、创新校企合作工学结合机制，搭建高质量就业平台

创新校企合作三级平台，搭建互惠共赢 "立交桥"。创新校企合作三级平台建设，是构建校企合作的基础，校企双方紧密配合。一是建立由校企双方领导组成的校企合作理事会，作为第一级管理平台，从校企顶层机制建设开始，为各项工作的开展疏通渠道、奠定基础。二是由专业科、企业部门负责人组成的工学结合专业指导委员会，作为第二级管理平台，协调企业订单需求调研、专业人才培养方案制订和专业建设等工作。三是由企业专家、兼职教师、学校专业带头人等组成专题项目工作组，作为第三级管理平台，完成人才培养、专业建设、订单班教学、顶岗实习管理、教师企业实践等各项具体工作。三级平台上下协调、相互支撑，管理制度定位准确、分层管理目标明确，使校企合作各项工作有序展开，搭建了校企合作互惠共赢的 "立交桥"。

创新校企合作三大运行机制，打通人才培养大通道。创新校企合作共建机制、共育机制、共赢机制。共建机制促使企业深度参与专业建设，共育机制保障企业深度参与人才培养过程和质量监控，共赢机制保障学校、企业、学生三方权益和利益诉求得到实现。三级平台通过三大运行机制发挥作用、开展工作，职责明确、任务清晰，制度完善、流程顺畅，使校企合作由点到面全面铺开，高效、快速地开展各项工作。

三、创新就业指导，提供高质量就业服务

各方齐抓共管，全方位服务就业。一是学校成立就业工作领导小组和企业参与的职业指导工作机构。各部门齐抓共管，相辅相成，相得益彰。二是就业指导中心负责对外联系企业，组织供需洽谈、订单班的组建，进行就业指导、推荐就业等工作。三是德育组负责职业指导课程教学，引导学生树立正确的就业观和择业观。四是学生科对班级实施 "企业化" 管理方式。五是教务科、专业科负责专业群的培养方向、分阶段职业指导讲座，在教学及实训过程中渗透职业、就业教育。六是从合作企业聘请企业文化导师及兼职职业指导师，为学校提供行业变动趋势和人才供求状况的信息与指导。七是对学生个人素质和特点进行测试，为学生提供就业指导咨询和服务。

引入 "营销" 理念，捕捉市场需求。一是在就业工作中引入 "营销" 理念，就业指导老师要勤于联络沟通，捕捉市场需求信息，准确有效地抓住与企业合作的一切机会，实现人职匹配，为学生服务，为企业服务。二是充分调研学校专业、课程设置与企业需求的匹配度，收集企业对学校专业设置的建设性意见，并对行业、企业发展规模、人才需求、用工制度、需求层次、职业晋升空间进行全方位调研。三是关注同类学校相关专业的培养能力，分析 "错位优势"。唯有如此，才能为学生专业选择和职业发展做好指导，为学校专业建设及办学方向当好参谋，为企业输送专业对口的人才。

开展个性指导，保证就业 "一个不能少"。针对学生心理准备不足、就业期望值过高、盲目跳槽等现象，开展个性化就业指导，耐心细致地帮助学生规划职业生涯，引导

学生认识自我，合理定位，确立职业目标，制订切实可行的行动方案，促进学生成功就业。

实施"再推荐"，服务学生终身发展。学校对毕业生施行"定位分析—初次就业—就业再推荐"就业推荐办法，在学生毕业三年内提供"再推荐"就业服务，并承诺为学生提供永久的就业指导与支持。

实施三段法就业指导　推动毕业生顺利就业

辽宁省建平县职业教育中心

多年来，学校把就业指导作为人才培养的一项重点工作，围绕"市场需求、企业要求、岗位需要"原则，着眼于学生职业生涯的可持续发展，以"德育、课程、活动"为载体，建立科学机制，制订详细的规划和方案，对学生实施职业道德、职业态度、企业文化、爱岗敬业、吃苦耐劳等教育，将就业指导贯穿于整个人才培养过程中。

一、建立机制，形成氛围

为了使职业指导工作科学有序进行，学校出台了《人才培养规划和方案》，制定了《学生工学交替管理办法》《顶岗实习管理办法》《岗前培训制度》《班主任工作制度》，明确了不同时期对学生实施职业指导的内容和办法，规定了相关人员的责任和义务，让职业指导工作得到充分落实。

设立专职队伍。一是学校成立了由德育教师、学生管理人员、招生就业人员、企业管理人员共同组成的"学生就业指导委员会"，负责就业指导的主要工作。二是招生就业人员负责职业指导的整体规划设计，即根据学生发展状况安排相应的教育内容和教育活动。三是德育教师通过就业指导课程对学生实施就业教育，每周一节，主要讲授职业生涯规划、职业安全制度、职业法律和职业心理。四是学生处管理人员和班主任通过常规管理和设计特色活动，贯彻落实各项职业指导工作。五是企业管理人员为学校特聘讲师，每学期来校开设两次就业指导讲座，讲解现代企业管理模式和管理制度、员工考核办法、员工成长通道等，让学生了解企业文化，熟悉职业生活特点。这支专职队伍承担了学生职业指导的主要工作，保证了职业指导的有效实施。

调动全员参与。一是人才培养目标中，明确提出"以职业素养培养"为主线，要求全体教师关注学生的职业发展，在教育教学中自觉渗透职业指导，帮助学生建立全面的职业认知和正确的职业价值观。开展教师企业实践，不仅强化教师的专业理论和技能，更让教师了解企业规章制度、岗位设置、生产流程、奖励惩罚措施等，以便教师深入领会企业文化精髓，自主灵活地将企业文化与学校文化有机融合，以新颖的形式将职业指导引入课堂中。二是教学模式上，学校要求任课教师在课堂上创设富有职业特色的情境，完成教学任务的同时对学生进行职业暗示和引导，让学生建立健康的职业态度和职业心理。全员参与战略让职业指导始终陪伴学生，形成了浓厚的就业教育气氛。

二、分段实施，突出重点

根据学生的发展需求，把学生职业指导分为入职阶段、入岗阶段和熟岗阶段三个阶段，通过分段实施，夯实职业指导工作。

入职阶段。每年5月，学校招生就业人员进入各中学开展招生工作，除了宣传各专业优势之外，还会帮助学生根据自己的学业水平和兴趣、擅长选择职业发展方向，并通过面对面咨询的方式引导乐于学习技术的学生正确选择专业，以保证他们按照自己的特长兴趣做出选择，为职业生涯顺利发展打下基础。

学生入学后，开展为期一个月的新生教育，其中1/5的内容是招生就业人员实施的职业指导教育。各专业也会召开专业大会，向学生介绍专业针对的职业和岗位、未来的职业生活状况等。在高一下学期，学校组织职业生涯规划大赛，引导学生深入了解自己未来从事的职业，为自己的职业发展做科学设计。

入岗阶段。升入二年级，各专业会安排学生进入校内工厂和合作企业短期实习，学校为每批学生配备1~2名实习指导教师，在进行技能辅导的同时管理学生，对学生实施岗位教育，引导学生熟悉岗位工作流程和安全操作规范，学会与上级和工友合作沟通，养成勤劳肯干、认真踏实的习惯，尽快进入职业角色。这个阶段的职业指导起着正面导向和强化的作用，能够引导学生建立成熟的岗位观念。

熟岗阶段，需要通过岗前培训和心理辅导来实现。学生顶岗实习和就业前，学校招生就业办公室举行为期一周的岗前培训，主要对学生进行职业道德、工作纪律、职业安全、人际关系处理、面试方法和技巧等内容的专项培训，为学生上岗和就业做好充分的准备。顶岗实习和就业的第一年，学校专职实习指导教师会针对学生在工作中出现的焦虑、缺乏耐心、人际关系紧张、职业期待过高等心理问题进行个别辅导；班主任会通过QQ群保持与学生的沟通和交流，了解学生的工作状态和心理波动，给予学生心理方面的指导；招生就业办对毕业生进行定期回访，对那些确实不能适应岗位的，帮助他们调岗。

创业带就业　探索中职创业教育模式

宁波经贸学校

近年来，学校启动以"创业带动就业"的发展战略，搭建创业平台，开展"鼠标 + 水泥"式的中职校园创业教育模式。

一、加强创业文化熏陶，激发学生创业意识

加强校园文化广场建设。学校重点建设了一批凸显宁波商帮文化的艺术雕塑、人物传记、名人名言标志牌等特色广场建筑，通过历史名人的榜样示范作用和文化熏陶，有效传承了宁波历史悠久的商帮文化传统，培养学生勤俭节约、不怕吃苦、顽强拼搏、敢于冒险的商帮创业精神。

开展创业文化主题活动。学校定期以"爱岗敬业、艰苦创业"为主题，创新发展丰富多彩的班级文化、寝室文化等设计大赛活动；巧设"文化墙进校园"行动，将一些创业励志名言、创业名人先进事迹等悬挂在教学楼、实训楼墙壁上；广泛开展"跳蚤市场"、经贸"三市"、校园创业策划大赛等创业文化特色活动，让学生在"积极进取、干事创业"的良好创业文化氛围的感染中，潜移默化地受到熏陶教育。

组织"创业之星"评选活动。评选对象有在校学生、毕业校友，有的候选人毕业后在自己的岗位上踏实肯干、不断创新、业绩突出，成为单位骨干；有的候选人毕业后，选择了自主创业的道路，经过几年的摸爬滚打、艰苦创业，事业越做越大，在地方已有一定的社会影响力。学校将评出"十大创业之星"，并将获奖者的创业事迹以海报的形式悬挂在学校"创业一条街"的长廊上，对学生起到熏陶、激励、鞭策作用。

二、开设创业核心课程，普及学生创业知识

开设"创业基础课"。一是通过选修课平台，为学生开设 NFTE 创业课程，该课程分为 4 大模块（商业机会、市场营销、财务管理、综合应用），涉及 15 个主题，包括 26 项参与式游戏，学生可以在轻松、愉悦的氛围中掌握创办小企业的实用知识和技能。二是成立"学生创业兴趣社团"，开设创业主题社团课程，为学生答疑解惑，学生共同设计创业计划书，筹划创业项目的选取，积极投身社会实践，为创业做准备。

开辟"校友大讲堂"。定期邀请优秀毕业生开展"校友大讲堂"活动。他们为学弟学妹们分享自己的成长经历，以及职场打拼、创业成功的经验，成为学生们争相学习的榜样。这类活动极大增强了学生求职、创业的自信心与自信力。

开展"达人进校园"。邀请企业（淘宝大学）讲师进校园，开展网上创业的基本技能培训，指导学生进行校园电子商务平台模拟实训，让学生真正掌握网上创业的基本运营流程，初步具备一定的美工、摄影、客服、网络营销等电子商务的核心技能，为学生网上开店打下坚实的基础。

三、实施创业实战教育，提升学生创业素质

搭建创业孵化平台。一是打造"创业一条街"实体平台。目前，学校已经建有15家商铺供学生自主创业，创业商铺以项目招投标的形式确定竞标创业团队，中标团队获得店铺的经营权后，与学校签订店铺经营合同，合同期是一学期，各学生店铺按规定向学校缴纳一定的税收，服从创业办公室的日常管理。二是研发"C2C校园电商"虚拟平台。研发校园"C2C"电子商务平台，打造"网络创业工作室"，配有办公桌、电脑、摄影棚、照相机、打印机，为团队创业提供工作平台；组建校园仓储物流配送中心，负责校内下单商品的分发派送；研发"校园一卡通"网上支付系统，有效解决了校园电子商务平台的在线支付问题。

开展"实体店"自主体验经营。一是精心装修店面，办理各种经营手续。经营权下放给学生，由学生自己来设计装修，请专业人士进行指导施工，学校给予一定的补贴。同时，为了规范经营，学校要求每家店铺都必须拥有相应的经营资质，学生自己跑工商局办理营业执照、卫生许可证等相关手续。二是优化进货渠道，独立组织进货。学生自己寻找货源，组织进货。经过一段时间的摸爬滚打，同学们逐渐成熟起来，通过市场调查了解商品的市场行情，并学会了怎么与供货商谈生意，进货渠道不断优化。同学们在克服困难和挫折的过程中，锻炼了自己独立解决问题的能力。三是创新营销策略，提升服务质量。各店铺创业团队的同学们，根据自己所学的营销知识，结合自己的经营特点，不断推陈出新，集思广益，想出了很多好的促销办法。通过一段时间的苦心经营，同学们领会了推销的艺术，提高了与不同类型的人沟通交流的能力，具有了吃苦耐劳的精神。四是强化内部管理，提高经营水平。首先，在人事管理上，各创业团队内部合理分工、责任到人、团队协作、利润按股份分红，明晰了多方的权责关系，提高了工作的效率。其次，在服务管理上，特别注意服务细节上的监督和管理。如每天打扫店铺卫生，为顾客营造一个温馨干净的购物环境。对于产品质量，力求货真价实，有质量问题的商品及时下架，对待顾客微笑服务，并设置顾客意见箱，及时收集和反馈顾客的意见和建议，以更好地提升店铺的整体服务质量。

推进"模拟＋实战"网上创业。一是网上平台实训。依托学校电子商务创业平台，开展学生网上创业技能实训。聘请淘宝大学讲师指导学生平台实训，使学生在掌握网上开店的基础知识与技能的基础上，进一步突出和强化网上开店的动手操作技能，可以熟练操作网上创业（装修、美工摄影、网络营销、商品管理、物流配送、客服）等各模块，模拟进行网上开店，从而熟练掌握校园电子商务平台创业的各个流程。二是淘宝网上开店。组建淘宝创业团队，实施"导师＋项目＋团队"的淘宝创业孵化模式。依托学生淘宝创业工作室，并派学校电子商务专业老师贴身指导，团队一起到义乌工商学院学习网络营销的技巧与方法，实地考察义乌小商品市场，听创业导师和淘宝达人分享他们的创业经历，聘请专业网店设计师和他们一起设计并"装修"好网店。如今，学校已涌现出"果果家的台湾货"等一批小有成就的学生网店，他们利用课余时间，在工作室接订单、回复顾客各种询问、发货、处理售后事宜、联络快递公司等，每一步的艰辛付出必将成为他们人生的一份宝贵财富。

四、践行创业帮扶机制，助力学生创业成功

学校成立"创业导师团"，由校营销、经管、财务、德育、心理、公关文秘等专业优秀老师组成，采取一对一的跟踪服务指导，由创业导师为学生提供项目指导、心理咨询等帮扶活动。

针对学生面临的诸多创业困境，由创业导师团为学生提供各种创业帮扶活动。如为学生提供专项心理咨询服务，解除学生的心理负担；开展创业管理咨询服务，帮助学生解决业务难题，尽快步入正轨；建立"创业星火基金"，为创业团队提供一定的小额无息贷款，以帮助他们度过经济难关，顺利实现创业的梦想。

经过系统帮扶引领带动，一批批经贸学子成长为优秀的创业能手，他们不仅自身素质得到提升，而且事业也在做大做强，例如，学校的"斯威特"蛋糕店，采用连锁经营的方式，已经成功在校外大学城开设"分店"。

更新观念，不断创新毕业生就业工作

福建省晋江市晋兴职业中专学校

学校积极完善就业指导机构，更新就业指导观念，创新就业指导实训模式，夯实校外实训基地，注重就业指导效果。近6年来，学校毕业生年年供不应求，100%就业，对口就业率达80%以上，优质的办学质量得到了社会各界的广泛好评。

一、统一认识，加强领导，完善就业指导机构

从学生入学开始抓就业教育，有步骤地向学生宣传中职人才的地位和作用，教育学生摆正位置，能上能下，避免学生对工作岗位期望值过高，做好参与人才市场竞争的思想准备。

做好市场调研，为学校专业调整提供指导，使学校的专业设置与区域经济对接、与市场需求对接、与产业岗位对接。如晋江具有"中国鞋都"之称，是全省乃至全国最大的运动鞋生产基地，学校的鞋类检测与生产管理专业便应运而生；随着晋江城市建设升级和经济产业转型提升，晋江市要打造闽东南最大的物流基地和电子商务城，于是学校的电子商务、物流管理、物联网专业就乘势而上；泉州地区第三产业发展迅猛，服务业、餐饮业、医药业人才缺口大、好就业，学校中餐烹饪专业、药剂专业便呼之而出。

随时向学校提供人才供求信息，反馈人才培养规格，作为学校编制招生计划、调整课程体系、进行专业教育和能力培养等方面的依据。

具体实施毕业生就业指导工作，组织一切有利于学生就业的活动，保持与企事业单位和人才市场的联系。通过加强校企合作、实施工学交替、开展顶岗实习、邀请专家讲座等方式，拓宽学生就业渠道，提升就业率。

二、更新观念，加强就业指导人员队伍建设，提高就业指导水平

学校要求就业指导人员更新观念，树立全心全意为毕业生服务的意识，创新就业服务的手段，开拓就业指导新方法。为增强就业指导的科学性和有效性，学校多次选派就业指导教师参加由劳动保障部组织的就业指导师培训，学习先进就业指导理念和职业指导教学训练方法；还积极组织就业指导教师到各地市交流学习，汲取兄弟学校就业指导经验，提高学校就业指导工作水平。

三、注重效果系统训练，实施就业全程指导

分层次做好连续性指导。学校因材施教，针对不同年级进行不同的就业指导工作。从第一学期到第四学期分层次进行职业生涯规划指导、职业能力培养指导、就业实战技能指导等。一是注重做好职业生涯规划。一年级开设职业生涯课程，指导新生入学做好个人职业生涯规划，评选出职业生涯规划优秀个案，并邀请企业行业专家入校开展职业生涯规划指导讲座。二是注重做好职业道德培养。中职教育要求培养"高素质技能型人才"，职业

教育技能为重但道德为先，学校在培养学生技能的同时，还注重学生的道德养成，通过模拟公司实训、学生自主管理及社会实习等平台，在日常教育教学实训实习中加强学生职业道德培养。

抓重点，做好阶段性指导。阶段性指导主要安排在第四学期入企实习前几个月和顶岗实习期内。一是求职简历撰写和求职技巧指导。二是就业信息搜集方法指导。三是职业意识（责任意识、规范意识、质量意识、服务意识、团队合作意识、交际沟通能力）培养、创业技能的基础指导等。四是文明离校指导。

求落实，办好校园招聘会。每年6月底，学校就业指导中心根据所开设的专业，向联办企业、冠名企业、公办幼儿园等上百家优质企事业单位发出"晋兴职校园招聘会邀请函"，邀请企业入校参加校内现场招聘会，并在校园网发布招聘信息。毕业生在就业指导师的指导下事先完成个人求职简历的制作以及应聘技巧的学习，在校内轻松零距离就业。

灵活组织就业指导教学。充分运用现代技术和手段，采取灵活多样方式组织就业指导教学训练。主要方法有典型案例分析、情景模拟训练、社会调查等。同时，充分利用条幅、广告栏、校园网及广播等多种形式，广泛宣传就业指导的目的、内容和重要作用，营造促进就业的教学氛围。

做好跟踪服务，为学生提供长期的就业援助。学校毕业生、实习生离校入企时，都要带上一份顶岗实习手册和实习鉴定表，企业对学生实习过程进行职业指导和职业考核，并如实反馈给学校。学生在校期间接受职业指导，是当前许多学校的普遍做法，但是学生毕业后学校持续提供就业指导援助，这种做法不仅体现了学校服务意识的转变，更重要的是为学生职业发展提供了一种保障。

四、创新模式指导实训，提升就业竞岗综合力

学校除了常规化就业指导实训模式外，还创新打造了两个就业实训新平台：一是首创"多专业联合实训法"，创建"校内食品模拟公司"，实行"学生经理竞聘制"；二是构建学生校长助理管理平台，鼓励学生会干部竞聘校长助理岗位。

这两个平台都严格按照企业招聘人员的程序，在校内发出招聘广告，学生自愿报名参加，递交简历等材料。就业指导中心根据学生的求职简历，筛选出符合招聘要求的学生并通知他们参加面试，其他学生到现场观摩学习。为了使活动逼真，加深学生的认识，学校认真研究和布置模拟竞聘的会场，由相关专业的教师和企业专家组成，扮演招聘主考官，应聘学生按排定的先后顺序和同类职位，进入面试考场，由相应职位的主考官进行考核。通过这种校内竞聘面试，学生在就业面试方面得到了难得的实战训练，积累了宝贵经验，并在竞聘的岗位上得到了充分的锻炼与提升，增强了今后的就业竞岗综合能力。

五、加强校外实训基地建设，保障学生就业质量

校外实训基地为学生提供真实的实战环境。学生在校外的实训基地主要是顶岗培训，通过实践性的操作有关设备及工具，将学校掌握的本专业仪器设备的操作技能加以运用，为以后的工作打下基础，而学生在实习时不仅获得了实际工作的经验，更培养了他们团队协作、相互沟通和组织管理等方面的能力，积累了优质就业的资本，从而保障毕业生的就业质量。

构建多元就业服务工作体系 着力提升毕业生就业质量

湖南省湘潭市工业贸易中等专业学校

学校始终坚持把就业工作摆在学校工作的突出位置，并贯彻于教学、管理、服务等各项工作之中，积极开拓就业市场，搭建就业平台，提供优质就业服务，采取一系列卓有成效的措施，大力促进毕业生就业工作。近三年来，学校毕业生就业率一直稳定在95%以上，对口就业率稳定在90%以上。

一、创新工作机制，构建多元化就业工作服务体系

建立健全工作机构和制度，加强就业工作的组织领导。学校成立实习及就业指导工作领导小组，由校长任组长，分管副校长任副组长，落实"一把手"抓就业责任制。下设就业办公室，配备有独立的办公场所和办公设备，具体负责实习就业单位联系、学生实习组织、毕业生就业前指导培训等就业服务工作。就业工作领导小组每月定期召开就业工作会议，通报就业工作进展情况，研究制定就业工作有关政策、规定，探索新方法，解决工作中存在的问题，保证就业工作规范有序地开展。不断完善工作制度，先后制定了《湘潭市工贸学校毕业生就业工作管理办法》《湘潭市工贸学校学生顶岗实习条例》等规章制度。

加强就业宣传，努力做好毕业生就业推荐工作。一是每年印制学校简介、专业介绍、毕业生生源、毕业生就业推荐表材料，提前送到省内外用人单位。二是根据学校毕业生专业分布、男女比例，学校通过网上查询、电话联系、邮递资料、走访考察联络等方式在省内外广泛寻求就业信息。三是采取"走出去、请进来"的方式，积极参加省内外的各类人才招聘会，积极邀请各地用人单位来校考察。2012年，学校就业办认真筛选获取就业信息100余条，就业岗位数超过800个。四是与用人单位建立了长期合作关系，与吉利汽车、中冶京诚（湘潭）重工设备有限公司、珠海南特集团等企业确定为学生实习、实训和就业基地和企业人才培养培训基地。每年都有80%的用人单位"回头"招聘学校毕业生，有10%的用人单位慕名而来。经过多年合作发展，学校逐步形成了以长株潭为主体，以长三角、珠三角为辐射点的就业市场网络体系。

二、创新培养模式，实现学习与就业的无缝对接

近年来，学校与九华示范区和湘潭市内的多家企业，以及长沙的知名大型企业建立了稳定的深层次合作关系，学校主体专业都实现了与相应企业的对接。旅游服务与管理专业与湘潭沃德旅行社、湘潭鑫田大酒店等企业，汽车运用与维修专业与吉利汽车、湘钢宏盛物流等企业，数控技术应用专业与中冶京诚（湘潭）重工设备有限公司、三一重工等企业达成合作共识，签订"订单培养"协议，为企业定向培养专业技能人才，成功开办"洪盛班""中冶京诚班""三一班""远大班"等多个企业冠名班，实施"专业＋岗位"的订单培养。学生入校即入厂，学校负责招生、理论课教学，定期安排学生到企业参与生产实

训，企业负责实践教学和安置就业，与学校共同制订、实施教学计划，同时企业的技师负责授课以及学生的入厂实践指导。

实践证明，校企联手实施订单式培养，共同实施企业高技能人才培训，有力地支持企业的发展，同时为学生顺利就业搭建了重要的平台。通过"订单培养"，有效增强了学生岗位适应能力，从而促进了毕业生的就业率和对口就业率的提升。近三年来，企业根据订单协议安排就业 936 人，占订单数量的 94.5%。

三、创新实习就业管理，确保实习就业安全

一是对实习就业基地进行认真遴选，选出最适合学生的单位，并与企业签订相关协议，确保学生的安全和利益。二是制定了一系列实习实训规章制度和管理手册，如《实习实训管理制度》《专业实习告家长书》《实习实训与就业过程管理手册》，对顶岗实习的学生进行严格的管理。三是实施严格的实习指导老师制度，每个实习点选配专业教师全程跟班管理，确保学生入职的安全和顺利。四是实习指导老师以书面形式每月向学校实习就业领导小组汇报实习单位整体情况，学校实习领导小组成员原则上都要到实习单位看望实习学生。

四、创新就业教育，提升毕业生就业能力

一是通过军训，学习校规校纪，安全教育，参观校内实训基地、校办工厂等活动，培养学生的团队意识和纪律意识，使他们知道"行业和企业需要什么样的人，我们要成为什么样的人，我们在这里要学什么"。二是通过老师在日常学习、生活中的言传身教，引导学生树立"别人和我比父母，我和别人比明天"的雄心壮志。从学校领导到系主任、班主任和任课老师，都把向学生灌输这些思想当作一项最重要的思想工作来做，随时讲，处处讲，使这些明确而实在的思想，在每一个学生心中深深扎根并落实于行动，成为学生提升自己素质的重要精神力量。三是开设就业、创业指导教育课程，邀请用人单位人事部门负责人、优秀技师、优秀毕业生和知名职业培训师来校开展讲座，引导毕业生认清当前就业及创业形势。学校毕业生普遍具有良好的职业生涯规划、实践动手能力，复合适应能力，得到广大用人单位的青睐，受到社会肯定。

念好六字"真经" 铸造就业品牌

重庆工商学校

学校把就业工作当作中心工作和民生工程，秉承"服务学生发展、服务地方经济"的原则，准确把握就业市场脉搏，积极应对人才结构变化，以就业促进招生，以招生助推发展，形成了"实、质、宽、情、扶、创"六字工作法，知名企业就业率、就业稳定率和就业满意率一直保持在95%以上，践行了"升学有路、就业有成"的承诺。

一、注重"实"字——落实就业制度

就业工作关乎学校的生存与发展，关乎社会各界对职业教育的整体认同度。为此，学校高度重视就业工作，把就业工作定位为"一把手"工程，由校长亲自抓，成立了以校长为组长、分管副校长为副组长、全体就业办人员组成的就业工作小组，建立健全了《就业工作实施细则》《招聘企业准入制度》等一系列制度，严格按照制度实施，做到责任到人，分工协作。在具体实施过程中，做到打好"品牌、质量、市场"三张牌，办好"订单培养、岗前培训、岗位强化"三种班，把好"进口、出口、持证上岗"三道关。做到不是知名企业不送生，用工不规范的企业不送生，待遇不好的企业不送生，把学生"能就业、就好业、能创业"作为就业工作的目标。

二、坚持"质"字——提高就业竞争力

要想提高学生就业的质量和档次，最为根本的就是要提高教育教学质量，这是就业最有力的保障。为了提高学生的就业竞争力，我们做了如下工作：

指导学生正确选择专业。我们在引导学生选择专业时，在尊重学生和家长意愿的基础上，指导学生把选择自己喜好的专业、选择适合自身的专业、选择社会所需的专业结合起来，帮助学生选对专业、学好专业、顺利就业。

注重技能教学。强化技能训练的同时，重视对学生进行公民素质教育和职业道德教育，把素质教育和职业道德教育贯穿在办学理念中，体现在能力标准中，融入教学活动中。同时，让企业文化进校园、进课堂、进师生头脑，把校园文化、传统文化、企业文化有机融合起来，让学生进入职场时能较快完成从学生到职业人的角色转变。

加强专业建设。大力推行引企入校，让专业建设贴近企业需求。在专业教学过程中，在教给学生基本的专业知识和技能的基础上，强化训练各专业技术岗位和管理岗位的核心技术，提升学生的就业竞争力。学校学生就业后，很快就能适应公司的各项管理和规定，快速成长为企业的基层管理骨干和技术骨干。

三、力求"宽"字——拓展就业渠道

学校的办学规模大，在籍学生有16 000人，每年都有5 000多毕业生就业。为了确保

为数众多的毕业生能顺利就业，我们主要采取了三项举措拓展就业渠道：

加强就业基地网络建设。加强与国内外知名企业的联系，与华为科技、中国格力、隆鑫集团、中国一建等近200家企业建立起合作紧密、稳定可靠的就业基地网络，为就业工作奠定了基础。

搭建坚实的就业平台。充分发挥由学校牵头组建的重庆工商职业教育集团的优势，积极深化校企合作，拓宽就业渠道，共享就业信息，为毕业生搭建坚实的就业平台。依托集团属下的重庆博文劳务有限公司，以规模生源优势和市场化运作；加强与重庆市内外大集团公司的联系与合作，为毕业生拓展广阔的就业空间。集团成员之间积极开展"订单培养"，对集团内学生的"订单培养"实施全"覆盖"，实现了育人与用人的"零距离"，毕业与上岗的"零过渡"。

调整就业策略。把就业推介会搬到企业举行，开职业学校到企业召开推介会的先河，从"请企业进来""等待挑选"的传统做法，发展为"入企寻求合作""主动出击"的就业模式。突破以往学校与单个企业"点对点"的就业合作模式，发展为学校与工业园区"点对面"的合作，并衍生为集团与园区"面对面"的合作，这一创新举措拓宽了就业渠道，保证了就业的畅通。

四、注重"情"字——做好就业服务

强化就业服务是提高就业稳定率和满意率的重要举措。学校在学生进校时就与学生签订了就业协议，承诺学校合格毕业生均可享受"三次选择、五年跟踪"的就业待遇，学校教职工倾注热情全力做好学生的就业指导和就业后的跟踪服务。

定期或不定期举行规模较大的现场招聘会和"双选"会。每年举办的招聘会都在50场次以上，为毕业生搭建起优质的就业共享平台。比如：学校在2008年金融危机时期，成功举办了"职业教育携手千亿工业强区"现场招聘会，签约率达到98%，既支持了区域产业的发展，又有效解决了毕业生的就业。

加强职前指导和职后跟踪管理。学生从一进校开始，就要对其进行就业观、就业能力以及就业技巧的教育。教会学生把握机遇、从容应对面试等。学生进入职场后，学校在重庆、"长三角"、"珠三角"等学生就业比较密集的地区设立就业办事处，并派出精兵强将进驻办事处，要求办事处老师定期到企业召开学生会，加强对学生的跟踪管理和服务。

落实就业专项经费。学校从学生三年学费总额中划拨出2%来用于学生的就业经费，区财政每年都安排一定数额的专项经费用于就业以及跟踪服务管理，为就业工作提供了强有力的经费保障。

定期回访就业学生。加强与劳动监察部门的合作，定期回访就业学生，切实保障学生的合法权益，使他们放心又能安心地工作。

五、实施"扶"字——开展就业帮扶

学校把就业帮扶工作作为就业工作的深化，采取行之有效的措施并着力实施，至今还没有一名同学因个人原因未能就业。

每位教师与当年的毕业生进行"结对"。充分利用学校有600多位教师的独有优势，要求每位教师必须与当年的毕业生进行"结对"，每人负责 3 ～ 5 名毕业生，对学生进行"职前"和"职后"的指导，接受他们的咨询，帮助他们解决困难，使其较快渡过就业"磨合期"。

把"公益岗位"向家庭经济困难的学生倾斜。对由于其他原因应该就业而暂时未能就业的学生，让他们到企业见习或参加教学实践活动，优先解决他们的就业。

学校对用工企业进行"反哺"。帮助企业培训员工，提高员工素质，从而提高企业的竞争能力。在企业出现"技工荒"或用工短缺之时，优先向合作伙伴企业输送学生，保证企业的用工需求，校企间建立起"荣辱与共、牢不可破、合作共赢"的友好合作关系，保证就业工作的可持续性。

六、倡导"创"字——鼓励自主创业

学校把鼓励自主创业引入到就业工作之中，变安置就业为鼓励创业，这样既能减轻就业的压力，又能通过创业典型的示范引领，吸引更多的学生加入到自主创业行列，由想创业、敢创业到能创业，在创业中实现自己的人生价值。

开展创业培训。邀请专家到校开设创业培训讲座，让学生在创业之前具备创业所必须具备的知识和能力。

企业家和创业精英进校园。不定期邀请企业家和创业精英到校向学生讲述自主创业的艰苦历程及成功的经验，激发学生们的创业热情，让他们从这些成功人士的创业经历中受到启发。

支持鼓励学生自主创业。学校认真贯彻落实重庆市微型企业帮扶政策，抓住重庆市大力扶持"微创"的良好契机，在学校建设了"微型企业创业基地"，并在场地、水电、工商、税收等方面提供切实的保障和优惠。学校还为有创业意愿的学生遴选创业项目，提供相应的技术指导，给予 3 万 ～ 5 万元创业资金的经费扶助，为毕业生自主创业搭建起坚实的平台。近年来，学校学生毕业后创办的公司有百余家，有的成为公司老总，有的成为行业精英，为社会做出了贡献。

"六个"依托　造就就业的宠儿

成都汽车职业技术学校

自 2006 年起，学校为经开区汽车产业的前后市场输送了 6 000 多名优秀的技术人才，创下了自 2008 年以来连续 6 年 98% 以上的高就业率和 80% 以上的专业对口率。学生在经开区企业里敬业、乐业，实现了 80% 的就业稳定率，企业对学生岗位工作认同度为 90%，学生及家长对学校教育服务满意率为 96%。

一、依托产业办专业，依托企业建课程

汽车产业是成都经济开发区的主导产业，围绕汽车产业，从 2006 年开始，学校加强市场调研，深入企业内部，与企业建立良好的深度合作，结合市场需要，全力调整优化了学校的专业设置，形成了涵盖汽车产业链上中下游全链条和谐共振的专业体系，新增了汽车电子技术应用、汽车制造与检修、汽车整车与零配件营销、汽车运用与维修专业，学校原有的机械加工专业、数控技术应用专业以及拟建中的汽车服务外包专业等都成为汽车产业链中不可或缺的专业。在课程设置上，各专业紧密围绕行业企业需求进行设置、调整和渗透，以企业对人才的需求标准作为学校人才培养的规格，有针对性地对在校学生进行专门培养，使学生深受企业喜爱。

学校还同企业建立了深度的校企合作，以"冠名班""跟单实训"等方式构建了"七个共建"项目：基地、教室、计划、课程、师资、文化、制度。学制灵活，工学交替，既满足了企业需求，又让学生学到技术、了解到企业文化；同时在校企合作中，企业技术骨干进课堂，学校专业教师进车间，保证了专业师资队伍的鲜活和课程建设的实用性，更重要的是全面提高了学生的应岗能力，从而更好地服务于经济开发区的企业、产业。

二、依托实训强课程，依托专家强实训

再好的课程设置，如果不能让学生亲手实践都是枉然。中职学校是培养一线技术能手的摇篮，为了把课程真正转换成学生的技术能力，学校为每个学生提供了专周实训的机会，通过实践的方式让学生动手动脑、理实合一。为了确保实训的实效性，学校以"外请内培"的方式搭建了一支专业技能实训教师队伍。外请的各级技能大赛评委、行业技术顾问和企业技术骨干以国赛的标准对参加各级比赛的师生进行培训，全力提升在校专业技能课教师的实训能力，形成了以学科带头人、技能考试考评员和双师型教师为主的校内实训教师队伍；以参赛学生为首的技术标兵，在专周实训教学中成为实训教师得力的助手。

三、依托管理强能力，依托能力树信心

"忠诚、敬业"，这是任何行业排在第一的用人标准。成都汽车职业技术学校将企业的"7S"理念引入班级管理和校园建设，将敬业、诚信、忠诚、励志这些企业最看重的员工

综合素质，融入日常的教育教学和行为习惯的养成教育之中。学校把"找回个人兴趣，重树学生信心"，纳入新入校学生的第一课，以此引导学生克服因中考而带来的心理落差。针对学习动机、学习态度上存在的不足，学校开设创业街，丰富学生社团，开展特色各异的文体活动，让进校的每一位学生"人人有事干"，让他们在参与校园社会实践活动中找回自我认同感，重塑学习的信心。

为了提升学生对行业的认可度，学校定期邀请已就业的优秀毕业生回校做报告，还将企业人力资源部人员聘请到校，给学生们讲解企业的用人准则和管理要求。帮助学生们把"今天养成好习惯，明天才有好工作"的校训内化为他们在校两年日常行为习惯养成的动力，并花费了大笔的经费认真挑选了一支退伍军人作为学校的德育干事，研发了"一日三训"的行为训练课程，将学生们的行为习惯定格成企业满意的管理要求，从而大大降低了学生走入企业的不适应性，增强了他们从容应岗的综合职业能力。

"就近、高薪、优质"，是所有学生、家长梦寐以求的就业梦想。为了圆这样一个就业梦，学校不遗余力，坚持为学生开设就业指导课程，力争做到让企业放心、让家长满意、让学生安定。

四、职前规划定目标，职后发展强稳定

学生从进校开始，两年的时间里，学校根据就业工作计划，对学生进行分阶段的就业指导。"职业生涯规划教育""专业思想指导教育"和"就业前的职业认知和职后发展教育"，确保学生对所学专业有清晰了解和对即将就业的企业、产业进行全面认识，进而坚定学生的职业承诺，增强学生的职业敬畏，强化和提高了他们对企业的认同度和忠诚度。同时，学校还积极开拓企业市场，提出"三个真诚"服务企业的理念——"真诚急企业之所急、真诚为企业需求服务、真诚为企业利益着想"，赢得了广大企业对学校的认同和尊重。

学生离校后，学校的就业工作并没有结束。职后就业回访工作成为学生就业稳定的有效保障。在学生离校的同时，学校便建立了"班主任、就业管理办公室、就业网络咨询"三个就业工作回访平台，及时指导、解决学生在就业过程中遇到的各类问题，为离校后的学生筑起了一个稳定的坚实后盾，消除了他们因年龄小、阅历浅、意志力不够以及专业不全面而出现的不稳定因素，而成为他们能够真正坚守工作岗位的精神支持；同时也搭建起了让学校、企业、家长保持紧密联系的桥梁，最终确保了学生就业的稳定。

学校学生就业的事实表明，在这个所谓的"就业困难季"里，踏实肯干、就业心态好、专业技能对口、动手能力强的中职毕业生快乐地赢得了企业对他们的青睐，成为企业发展的宠儿。

以改革促质量 以质量促就业

西藏拉萨市墨竹工卡县职教中心

学校通过"走出去、请进来、多联系"的长效机制,积极开拓就业市场,搭建就业平台,提供优质就业服务,中职毕业生就业率达到95%,农牧民转移培训就业率达到90%,被评为全国农村成人教育先进单位。

一、加大投入,改善办学条件

2007年,当地县政府无偿划拨了69亩土地,作为县职教中心的建设用地。在上级教育行政部门和南京市援藏干部的帮助下,近四年来,职教中心办学条件得到明显改善,专业设施日益齐全,县政府从2010年开始将教育投入的10%用于职业教育发展中,2010年为110.3万元,2011年为111.6万元,2012年为176.8万元。

二、借力优质教育资源,推进联合办学

设立汽车维护与修理专业、旅游服务与管理专业。2008年,在南京援藏干部的努力下,在县委、县政府的大力支持下,县职教中心"汽车维护与维修""旅游服务与管理"两个专业开始与南京市金陵中专校进行"1+1+1"型模式合作办学,即:第一年在县职教中心就读,重点学习文化基础知识;第二年在南京金陵中专校集中学习专业知识及实训;第三年顶岗实习,学业合格由南京金陵中专校颁发中专文凭,成为既有专业技能又有学历的中等新型人才。2008年9月,第一批99名学生开始赴南京学习,2009年9月第二批34名学生开始赴南京学习。截至2012年,墨竹职教中心共选送123名学生到南京学习。

设立采矿专业、选矿专业。2008年3月,由县政府牵头,本着推动持续发展、使矿业从业人员逐步本土化、为该县农牧民脱贫致富做出新贡献的原则,由西藏元泽矿业有限公司委托县职教中心选送学生到昆明冶金高等专科学院学习。以"双定生"(定向培养、定向就业)的形式,把该县初中以上学历青年培养成矿业开发应用型技能人才。2008年9月,100名学生开始赴昆明冶金学院正式学习。目前,这批学生已全部在该县元泽矿业公司(31人)、霞钰矿业公司(19人)、鑫茂矿业公司(14人)、宝明矿业公司(12人)、华泰龙矿业公司(24人)等企业就业,平均月薪约3 700元。

2009年7月,墨竹职教中心开始与华泰龙矿业公司、河南三门峡黄金工业学校进行合作办学。目前,第一批培养的50名学生已就业,平均月薪约4 500元;第二批80名学生于2013年4月开始赴三门峡黄金工业校学习。

墨竹职教中心与内地开展的合作办学,是我区中等职业教育的第一次"东西部合作"。合作办学的成功实践,是借助内地优秀教育资源提升我市中等职业教育办学水平的一次大胆尝试,对促进农牧民群众脱贫致富、维护社会安定团结起到了积极作用,也对我区2010年开始的与内地兄弟省市进行中职合作办学起到了积极的开创作用。

三、整合培训资金，全面开展技能培训

截至 2013 年 5 月，学校已先后与县委组织部合作举办"基层党员干部培训"，与县委宣传部合作举办"农村广电操管人员培训"，与县科技局合作举办"农牧民牦牛育肥短期培训"，与县人社局合作举办"农牧民建筑施工及木工技能培训"，与县旅游局合作举办"牧家乐从业人员培训"等各种培训 82 次，培训学员逾 7 000 人次。

各项实用技能培训的开展，对提升该县从业人员的业务素质、增强广大农牧民依靠科技致富的能力，起到了较大的推进作用。在全面开展全县农牧民职业技能培训工作中，为了高质量地完成上级部门下达的培训任务，做到农村剩余劳动力向非农产业及城镇的长期转移和可持续发展，墨竹职教中心制定了长短期培训并举、分散教学和集中培训相结合、理论学习与专业实践相结合的具有可操作性的农民工培训规划，并根据农牧民的年龄特点、文化程度等因素，采取"送教到村头""送教到工地""分层培训"和"分工种培训"等形式，做到了教学计划、专业教材、设施设备、专业师资、档案管理全面到位，使受训农牧民在劳动力转移和自主创业中得到了实惠。

四、健全制度，全面落实就业保障

学校于 2009 年就成立了以校长为组长、中层为组员的毕业生就业工作领导小组，实行"一把手"抓就业责任制。毕业生就业工作领导小组每月定期召开就业工作会议，通报就业工作进展情况，研究制定就业工作有关政策、规定，探索新方法，解决工作存在的问题，保证了就业工作规范有序地开展。

五、搭建服务平台，提升就业工作信息化水平

为了使就业政策宣传、咨询服务贴近学生，学校建立毕业生信息库，让用人单位了解毕业生的专业知识结构和人才培养特色。实现网上办公自动化，不断扩大和互通信息，提高就业人员的工作效率，切实起到了服务学生、服务学校、服务用人单位"三个服务"的良好成效。认真做好毕业生就业信息按类别、专业、性别的统计工作，为学校决策和招生提供依据。

六、多联系、多走访、多调研、精心培育就业市场

就业基地的开拓和建设是学校就业工作的重要组成部分，是落实毕业生就业的主要途径。每年，校就业领导小组根据当年毕业生专业分布、男女比例，广泛寻求就业信息。

采取"走出去、请进来"的方式。积极邀请相关专业的单位来学校选择人才，如我市新鼎酒店、康达汽贸、协和汽修等单位已与墨竹职教中心建立了长期的用人意向，每年学校"汽修""旅游服务与管理"两个专业的实习、就业都放到了这些单位。

加大校企合作力度，实行订单培养。墨竹职教中心与该县域矿业开发企业建立了长期合作关系，采用多走访、多联系、多沟通的方式，及时了解各用工单位人才需求，根据各企业需要，量身打造后备人才梯队，实现"定向培养，定向就业"，很好地提高了学生的学习积极性。

围绕需求"量身订造"　推进人人满意就业

新疆化学工业学校

学校紧紧"围绕市场设专业、根据订单做招生"，学校积极与用人单位联系，签订用工订单，使学生在入校之前就有了就业合同。学校按照订单的要求，结合学校实际设置专业，为企业"量身订造"，培养对口技能型人才，与企业用工一体化，确保零距离对接学生就业，就业率一直保持在95%以上，就业稳定率一直保持在80%以上，全方位满足了企业对不同层次人才的需求，实现了既定的办学目标，变被动就业为主动就业。

一、推行订单培养就业模式，提高学生就业针对性

订单培养就业模式根据社会工作岗位对工作人员的能力、素质要求，以职业能力培养为主线，按理论教学、实践教学、素质教育等三大体系设置课程，强调应用性，凸显职业教育特色。在教学中，为了突出实践教学，推行产学结合、校企合作的新模式，学校主管就业的校领导亲自带队，深入到各个合作企业进行调研，与用工企业领导洽谈，陈述"订单式"教育的各项优势，说服各用工合作企业尽量开展"订单式"培养。经过近几年的不断努力，与学校开展"订单式"教育的企业逐年增多，先后有40余家大、中型企业与学校开展过"订单"合作。目前，"订单式"培养的学生已经超过了在校生总数的一半。通过订单就业模式，实现了以下目标：

校企共同制订人才培养方案，增强人才培养的针对性和适应性。学校邀请行业、企业专家参与教学指导委员会，校企共同制订教学计划。课程设置体现企业行业需求，学校根据企业不同需求明确设置专业方向，并与就业岗位紧密结合。

校企联合建立高水平实训室，建立有效的校内实习教学全新模式。学校与企业共建高水平实训室，与企业生产密切接轨，名副其实地成为校企联合研发、学生自主实践的基地。此举更新了教学方法和实训手段，提高了实践能力的培养质量。学生一半以上的课程都是在实习车间或工厂由老师和技术工程师指导共同完成的，真正地做到"知行合一"，缩短了培训期，学生一毕业就可上岗操作，增强了学生的就业竞争优势。

校企联合组织第二课堂活动，促进学生个性发展和创新能力提高。学校有意识地把学生实践创新能力培养从第一课堂延伸到第二课堂，注重共性培养和个性发展相结合。

一是全校所有专业均成立专业社团，通过学校教师和企业技术人员指导、创业教育培训、校企合作实训室对外开放等措施，促进学生实践能力、创新能力培养提高。二是学校以项目为载体，借助企业技术，设计组织了"中泰杯""众和杯""宜化杯"等开放式技能竞赛，用相对完整的具体任务驱动学生，使毕业生实际应用能力有了较大提高，更加适应企业和社会的需要。

二、探索"半工半读"的培养与就业模式，提升学生就业能力

"半工半读"，是遵循职业教育发展规律的本质要求，全面贯彻党的教育方针的需要；是坚持以就业为导向，有效促进学生就业的需要；是解决职业教育所需费用问题，帮助学生完成学业的需要。

例如，2011 年学校与中泰矿冶有限公司签订了联合办学协议，根据协议内容，由企业通过面试的方式组建了"中泰矿冶"订单班。该订单班实际上是采取了"半工半读"的培养与就业模式，学生在校期间的绝大部分费用都是由企业承担的，但在学生就读期间，要定期到企业实习、接受培训，实训时间达到了 50%。实践证明，这种培训方式效果很好。

通过半工半读的培养与就业模式，不仅培养了学生的实际操作和社会适应能力，而且为日后学生自主就业和个人创业打下了基础，弥补了订单就业模式的不足。

三、建立校企深度合作关系，为学生对口上岗搭建平台

近几年来，为了提高毕业生就业质量，更好地适应企业岗位的需求：一是召开了有关企业的联席会议，同时深入企业调研，根据产业结构调整和企业人才需求情况，确定专业设置及人才培养方案。二是积极开展校企合作，请企业专家来校共同制定课程标准、教学模式、人才培养模式、人才评价机制等。我们秉着学校、企业、学生共赢的原则，真正把工厂车间变成学校实训基地，把企业师傅作为学生的实习指导老师，把学生作为工厂的学徒。学生毕业对口上岗，实现了企业需求与学生培养零距离接轨。如学校与中泰化学股份有限公司联合开办的"中泰班"，特变电新疆硅业有限公司开办的"特变电班"，湖北宜化集团新疆分公司开办的"宜化班"等校企合作班，均取得了良好的成效。目前学校校企合作办班单位有近 20 家，校企合作班级 38 个，订单培养比例达到 60% 以上。

四、扎实做好就业指导和推荐工作，保证毕业生顺利就业

一是学校针对毕业班开设了就业指导方面的课程，涵盖了职业道德修养、职业素质以及职业能力培养方面的内容。二是各系负责就业工作的领导都会在每年 3 月初召集本系毕业班级的班主任召开一次就业推荐工作会议，向班主任传达就业单位的各种信息，强调就业推荐过程中应注意的各种问题，并要求各班主任严格按照《毕业生就业推荐工作制度》执行，将会议精神传达给学生，让本班学生做好应聘时的各项准备工作。三是在某大、中型企业前来进行正式招聘前，招就办都会组织应聘的学生开展一次就业指导活动，针对该企业的用工特点和企业文化，给学生强调应聘过程中应注意的问题，以提高学生应聘的成功率。

为了做好毕业生的就业推荐工作，学校主要从以下几个方面入手：一是让所有学生享有知情权，做到招聘信息绝对公开。招生就业办公室获得企业"订单"或招聘信息后会通知各系领导，各系领导会在第一时间通知相关班主任，由班主任迅速传达给本班学生。二是让学生享有公平竞争权。由于分配给各班参加应聘的人数有限，班主任会按照学校的规定，根据学生的学习成绩和日常表现进行择优选拔，充分做到公平、公正。三是严格按照

招聘程序，科学、有序地开展就业推荐工作。首先，招就办会把企业"订单"或招聘信息以及企业概况提供给系领导，系领导向本系学生发布上述信息，由学生自主选择是否进入该"订单班"或应聘该企业；再由班主任确定本班参加该企业应聘或"订单"面试的名单，由招就办会同各系相关领导组织参加应聘的全体学生，在正式面试前，做一次针对该用工企业的就业指导活动；最后，由招就办牵头组织、各系领导协助开展该用工企业的招聘面试或"订单班"学员的选拔工作。

创新发展实现毕业生高质量就业

新疆生产建设兵团农二师华山职业技术学校

多年来，学校始终坚持"以育人为中心，以招生为重点，以就业为导向，以培训为抓手，以服务为宗旨，以创新为动力"的办学理念，始终坚持"学生利益、企业利益、学校声誉"三者协调统一，坚持把学生放在首位，不断创新人才培养模式，加强校企合作，推动订单式就业，毕业生一直供不应求，毕业生待遇也在逐年提升。

一、创新培养模式，实施人才品牌战略

学校紧紧围绕兵团"三化"建设和区域经济发展对技能人才的需求，创新职业教育和产业紧密结合的运行机制，以"行业导向、校企合作、工学交替、岗位对接、订单培养"为指导，积极构建"一个中心，两个体系，三个紧跟，四个重点，五个对接，六个融合"的"一二三四五六"人才培养模式。

"一个中心"。以培养兵团"三化"建设和区域经济需求的高素质技能型人才为中心。

"两个体系"。加强校企合作和"订单式"培养，建立了"校内学习、实训（2年）+顶岗实习（1年）"人才培养模式。

"三个紧跟"。根据兵团"三化"建设和区域经济发展对技能人才的需求，逐步实现"紧跟兵团'三化'建设需求调整专业，紧跟区域经济发展需求设置课程，紧跟新疆产业需求培育人才"。

"四个重点"。以"重素质、宽基础、活模块、强技能"为重点，注重学生综合素质的培养，基础理论主要针对学生的可持续发展能力开设，专业技能课则根据企业岗位标准和生产过程灵活设置实训模块，加强学生的技能训练。

"五个对接"。即逐步实现专业与职业岗位对接，教材与岗位技术标准对接，教学过程与生产过程对接，学历证书与职业资格证书对接，职业教育与终身学习对接。

"六个融合"。以"学校和工厂融合，教室和车间融合，教师和师傅融合，学生和徒弟融合，作品和产品融合，效率和效益融合"为办学目标，不断加强校企合作、工学交替、产教结合、顶岗实习力度，让学生深入了解企业生产过程，使学生素质和综合职业能力与企业要求有效对接。改革教育模式，将教室和实训车间合二为一，引进企业"7S"管理模式，加强实训基地和实训教学规范化管理，使教师和学生既是师生，又是师徒，形成"职业道德课程+专业理论课程+专业技能实训+项目化的岗位适应技能训练"为一体的实训课程改革。引进企业在校内建立车间，使学生边实习边进行产品加工，实现校企双赢。建立健全教学质量监控、评价体系，稳步提高教育教学质量。

通过人才培养模式改革，有效提高了教育教学质量，毕业生实践动手能力强，组织纪律性好，综合素质优良，受到社会各界的广泛好评。华山职业技术学校毕业生已初步成为就业市场上的一种品牌。

二、创新就业模式，实施订单培养

为顺应市场需求，学校与企业加强联系，创造订单培养条件，积极开展"订单式"人才培养，为企业"量身定制"符合岗位要求的高素质技能型人才，逐步形成了具有自身特色的订单生培养模式。通过实施"订单式"人才培养模式，实现了三个零距离。即：专业设置与企业和地方经济发展需求零距离，教学内容与企业需求零距离，实践教学与职业岗位零距离，开辟了校企联合办学的新途径。

"岗位订单"人才培养模式。学校和近20家知名企业签订了订单培养协议，根据企业用人数量及专业需求确定招生计划，按照企业要求制订人才培养方案，实施岗位人才培养；企业全方位跟踪和参与人才培养的全过程；学校、企业和学生以协议方式保证订单式人才培养内容和过程的落实；学生完成理论和实训教学环节并毕业后，依协议到该企业订单岗位就业。

"冠名班"人才培养模式。为进一步拓宽学生实习就业渠道，2008年，学校与上海鸿运（昆山）精密模具厂合作办学，开办模具制造技术专业，实行订单式就业，每年为该企业输送合格人才30人左右。

2010年，学校与新疆天宇建设工程有限责任公司等企业签订用人协议，根据企业不同工种的用人需求，以企业名称量身打造冠名班。如"天宇建筑班"在校两年的学习过程中，学校根据企业对建筑专业的人才培养模式和专业建设方面提出的建议，不断更新教学理念、加强技能操作，倾心培养符合企业要求的建筑专业人才。在学生第三年进入企业顶岗实习前，企业派人到学校对冠名班学生进行岗前培训。

2013年3月，学校受新疆金川热电有限责任公司委托，设立"金川热电"冠名班，招收学生35人；5月受巴州名星纸业股份有限公司委托，秋季招生中设立"名星纸业"冠名班，计划招生50人。

三、建立各专业校外实训基地，提高学生就业能力

学校紧紧围绕"校企携手，共促发展"的主题，大力加强校企合作、工学结合力度，根据新疆兵团、农二师和区域经济对技能人才的需求，打破了校企合作"学校热、企业冷"的局面，积极拓展校外实训基地。

学校现有能满足汽车运用与维修、机电技术应用、化学工艺多个专业学生教学实习的校外实训基地，包括上海杰森石油化工有限公司、新疆四运东风汽车大修厂、新疆昆仑工程轮胎有限责任公司、上海鸿运（昆山）精密模具厂、农二师绿原糖业有限公司、巴州青松绿原建材有限公司、库尔勒中油能源技术服务有限公司、巴州友邦生物科技有限公司、库尔勒金太阳幼儿园等40多家企业，作为长期稳定的校外实训基地。各实习基地都设置了专门的实习管理机构，学校与各实训基地联合制定、落实各项实习生管理制度，确保学生高质量完成实习任务。

学校建立的校外实训基地均具备同时接收一个专业30人以上的实训实习的规模。学生实习结束后，各实训基地就业率达60%，实现了"现在的实习基地就是学生未来的就业基地"的目标。

四、健全学生实习就业管理制度，提高工作规范化水平

根据教育部《关于中等职业学校学生实习管理办法》的规定和要求，学校制定了《华山职业技术学校学生就业安置管理实施细则》《华山职业技术学校顶岗实习学生管理细则》等一系列的制度，并做好了各年级毕业生就业分配档案整理工作。

五、加强就业指导工作，提升就业服务质量

把职业精神、职业道德培养放在首位。将"职业生涯规划""德育"等课程贯穿于整个教学过程中。在学生毕业前夕，集中组织学生上"就业指导课"，帮助学生认识职业的含义和作用，唤起他们的就业、创业意识，引导学生树立职业理想，做好职业规划和创业准备，为今后的发展打下良好的基础。

开展多种形式的职业指导和创业教育。以本校往届学生就业成功的故事为内容，教育、激励学生：只要积极上进，中职生也一样成才、创业。教育学生明白当前就业形势的严峻，只有具备过硬本领，才能在竞争中立于不败之地。让学生充分知道自己在整个社会中所处的层次、自己具备哪些技能，只有知己知彼，才能百战不殆；并有专门教师对学生就业工作进行细致指导。学校收集整理近几年来一大批优秀毕业生，并精心挑选 20 名在各行各业中表现突出的个人，制作成优秀毕业生风采展板，为全校在校生树立就业典型。

邀请企业领导来校跟学生座谈交流。通过这种方式让学生了解自己的性格特征、兴趣爱好、能力特长、求职技巧、面试前的准备等。了解目前的就业形势，树立正确的择业观，做好自己职业生涯的规划。

举行大型校园招聘会。每年至少两次定期为毕业生举行大型校园招聘会，不定期为计算机、音乐等专业的学生举行专场招聘会，提供至少 3 个岗位供毕业生选择，通过双向选择、择优就业，真正实现毕业生从"好就业"到"就好业"。

建立毕业生交流群。招生就业办为每届毕业生建立毕业生交流群，及时了解毕业生动态、发布社会招聘信息，为毕业生提供长期跟踪服务。

创新就业指导服务　实现就业"零距离"

北京现代职业学校

学校把培养文化专业基础扎实、职业道德良好、综合职业能力强、素质全面、适应新世纪发展的技术技能人才作为工作目标，创新职业教育发展理念，毕业生就业率多年保持在95%以上，就业指导工作成绩斐然。

一、加强师资培训，构建就业指导优秀教师团队

加强管理体系建设。在多年的办学中，学校不断深化校企合作的探索与实践，进一步优化各专业人才培养方案，提出"三个零距离"人才培养目标：一是学校培养目标与社会发展要求零距离；二是技能实践教学与社会行业用人标准零距离；三是学生的自我发展能力与职业岗位要求零距离。

构建以提高综合素养与职业技能为核心的"四融合、四促进"人才培养模式。一是企业岗位要求与学校培养标准相融合，促进学生对行业岗位的认知。二是企业工作流程与教学过程相融合，促进学生专业知识的应用和专业技能的提升。三是企业文化与学校文化相融合，促进学生职业素养的形成。四是企业评价与教学评价相融合，促进学生自我发展能力增长。

加强"双师型"教师建设。学校选择条件好、有实力、又热心支持职业教育的企业作为学校特定的校外实习基地，组织专业教师深入用人单位进行广泛调查，分析经济发展现状，及时了解企业的用人需求，并利用寒暑假让专业课教师到相应专业岗位上挂职锻炼。在实习实践的过程中，教师一方面熟悉了所教学科对应岗位的运作流程，提高自身的专业能力；另一方面对相关专业人才培养目标、培养规格、主干课程设置、实训模块、能力结构等方面加深了思考，努力成为"双师型"教师。

加强就业管理课题研究。2010年，学校承担中国教育学会科研规划课题"院校毕业生就业指导与管理实践研究"中的"职业学校学生就业心理校本调查分析研究"子课题，通过对学校学生就业心理的调查，了解当前职业学校学生就业心理现状，制定有针对性的教育指导措施，提高毕业生就业竞争能力，促进了职业指导工作的健康开展。

二、开展"订单培养"，为企业"量身定做"人才

开展"订单式"人才培养。校企双方签订"订单式"培养协议，学校与学生双向选择参与"订单式"培养，组织实施订单教育。学校负责学生的专业课、职业生涯规划等课程的教学工作，企业负责岗位技术要求、技术规范等培训和学生实习考核工作等，将"车间"建在学校，将课堂与"车间"融合在一起，专业课教师和企业技师穿插讲解，增强了教学效果。学校与外埠各职业学校联合，与中石化、中石油公司等著名企业签约订单培养协议，为企业"量身定做"培养人才，由此产生了"湖南班""甘肃班""安徽班""宁夏

班"等。

做好学生到企业的顶岗实习工作。学生在完成校内的实训环节后，到企业顶岗实习，体验真实的生产劳动和社会实践；学校通过班主任做好学生在企业实习以及工作期间的教育教学跟踪调查工作，以此改进学校的教育教学工作，增强学校为企业和学生服务的意识和能力。

实行"1+1+1"培养模式。学生在湖南吉首中等职业学校经过第一年的入学教育和公共基础与专业基础课的学习，经考核合格，升入高二年级，来到北京现代职业学校，再由学校针对岗位的要求，与中石化、中石油等公司共同对学生进行职业道德、法律法规、行业要求、技术规范、模拟上岗等方面的培训指导，考核合格后，进入岗位，成为一名准合格的企业员工。

推进"工学结合"。推行学校教学与学生到企业顶岗实习交替进行的工学结合人才培养模式。一是以能力培养为本位，突出实践性；二是结合学生素质，突出适应性；三是联系就业实际，突出一致性。同时结合经济和社会发展，对教学计划进行滚动修改，实现教学内容与职业岗位"零距离"对接。

三、在校企深度合作中，渗透职业道德教育

在职业教育的教学过程中，教师根据学生的思想特点和专业特点，将课堂教学与职业道德教育有机地结合起来，积极探索、研究职业道德教育对学生行为和思想的影响，在课堂上进行专业知识和技能教学的同时，加强对学生进行职业道德教育，强化学生的职业意识和法律意识，培养踏实认真的工作作风、吃苦耐劳的敬业精神。提高学生的综合素质，使学生成长为具有良好职业道德的合格人才，也为培养职业学校学生的职业道德素质开辟了新的途径。

加强指导　深化改革　为学生搭建就业"直通车"

天津市经济贸易学校

学校坚持"突出特色、强化技能、以人为本、服务社会"的宗旨，创新人才培养模式，多渠道多方式确保学生零距离对接就业企业，为毕业生提供高质量的就业指导与服务。近5年，学校共有5 029名毕业生就业，就业率平均达到99.2%。在毕业生就业的满意度调查中，毕业生对学校就业工作满意度为96.4%，用人单位对毕业生满意度达到98.3%。

一、加强学生职业指导，树立正确就业观念

从2009级学生入学之初即增设就业指导教育课。对于一年级的学生侧重就业宣传教育，由专业教师从准职业人行为规范、职业操守等方面教育学生转变就业观念。对于二年级学生则侧重于就业技巧等方面的指导，培养"先就业，后择业"的就业观，指导学生做好充分的就业准备。让同学们看清自己面临的就业形势，从而树立正确的学习态度；让同学们清楚知道自己是谁，从而确定正确的择业方向；让同学们清楚自己想干什么，从而树立正确的择业心态；让同学们清楚自己能干什么，从而对自身能力有一个正确分析，合理定位，这是防止实习就业目标好高骛远的关键；让同学们清楚企业最看重应聘者什么，从而做到知己知彼、扬长避短。

二、深化教育教学改革，提高毕业生就业质量

专业设置与社会需求相融通。学校由实习就业指导办公室深入企事业单位进行调研，了解社会需求专业及其发展现状和未来走势，根据社会需求申报新专业。近年来，学校新增3个专业，以满足企业和社会用人需求。

人才培养与企业需求相融通。学校邀请行业、企业专家与专业教师共同成立教学指导委员会，校企共同制订人才培养方案，拟定教学计划，课程设置明确专业方向，体现企业需求。如电子技术应用、机电技术应用、数控技术应用等专业与天津经济技术开发区企业深化合作；食品生物工艺专业则依托全国知名食品企业好利来；经管类专业与天津开发区、空港物流区企业展开合作。这种合作优势互补、校企共赢，企业可获得紧缺适用人才，学生增加了就业机会，学校实现了针对社会需求的特色人才培养。

校内实训与校外实习相融通。一是建立仿真模拟实训室。为了增强学生就业实践技能，学校建设有12个融职业技能培训、行业技能鉴定、生产能力等功能为一体的仿真模拟实训室，在实训室内可以实现专业需要的所有技能训练，并达到劳动技能所需的较高水准。二是建立校外实训基地。学校与企业广泛合作，建有34个稳固的校外实训基地，学生在顶岗实习期间可进入校外实训基地实习，基地提供完备的设施设备，以培养学生的实践能力和社会适应性，让学生提前进入工作岗位，使学生在实习实训中完成从理论到实践

的过渡、从学校到职场的过渡，为培养学生实践应用能力提供了有效的保障。

以订单培养为基础，实现入学—实习—就业直通车。学校积极探索构建以"订单"式培养为特色的"2+1"培养模式，把企业需求全方位引入人才培养全过程。自2010年以来，先后与天津三星光电子有限公司等5家企业签订订单培养协议，开设定向班，使学生提前接受企业文化、技能教育，实现学校、企业、学生三方共赢，促进学生就业。

成立"工学交替"专业实习管理办公室。学校成立"工学交替"专业实习管理办公室，以工学交替为抓手，实现专业实习、顶岗实习、就业相融通，全程派遣实习指导教师跟踪实习，对学生进行全面指导与管理。学生通过到企业实习，更加明确自己的定位，从被动地接受企业和学校管理转变为主动地遵守企业各项制度，爱岗敬业，逐步提高专业技能，逐步成长为合格的企业准员工。

三、建立信息网络，为毕业生提供就业服务与指导

依托学校校园网搭建就业服务平台，为学生提供优质的就业信息。通过深入班级向学生、班主任和任课教师了解每个毕业生的基本情况和就业要求，建立毕业生个人信息档案，把毕业生的个人资料记录清楚，以便于推荐就业；深入用人单位采集信息并建立良好的合作关系，随时掌握企业用人需求状况，并将获取的就业信息即时进行发布，方便毕业生选择适合其发挥能力和特长的企业；建立完善的毕业生就业指导档案，积极做好毕业生跟踪调查和继续服务，了解每个毕业生的就业去向、工作表现情况等。

强化就业指导　提高就业质量

山西省城乡建设学校

学校将毕业生的就业工作看作是学校生存与发展的生命线，以"向学生负责，向家长负责，向社会负责"为责任，注重学生操作技能及综合素质的培养，强化学生管理，坚持养成教育和就业教育，积极开拓就业渠道，连续5年，学生就业率均超过98%。

一、转变就业工作观念

从"三教"（教材、教学、教师）入手，以市场需求为导向，把宏观经济走势、中观经济变化、微观经济需求作为着眼点和落脚点，研究所在区域的社会发展和经济变化，着眼整合师资资源，提升专业设置的科学预测和规划能力，调整教材，创新教学方法。

针对就业信息渠道不畅的问题，充分发挥学校主导作用，建立了沟通学生、用人单位、学校的就业推荐工作系统，利用互联网等现代通信技术，有效快捷地传递就业推荐信息，在全国各地建立就业基地及信息站，在校内外建立稳定的就业推荐机构和专兼职就业推荐队伍，形成就业信息员网络体系。

二、构建就业服务体系

成立招生就业专门机构，负责招生就业工作。制定《招生就业控制程序》《招生就业发展规划》等管理制度，建立毕业生评价体系，为保证毕业生能够找到合适的工作岗位奠定了基础。

设置职业指导与就业服务教研组，制订教学计划。开设"职业生涯规划"等课程，定期开展职业指导和就业专题讲座，建立就业指导服务体系，引导学生树立良好的择业观、就业观、发展观和正确的人生观、世界观、价值观。

定期收集毕业生就业信息。学校在及时收集合作办学企业用人信息的同时，每年年底还组织专门人员到相关企业进行调研，了解企业需求状况，并将信息筛选、综合后，于次年3月向学生公布，根据当时行业人才需求实际有针对性地指导学生择业。

三、延展毕业生就业工作时空

把学生就业能力的培养，贯穿校园学习生活的始终，这是时间上的概念；把学生就业能力的培养，从课堂教学、实验室训练扩展到日常管理和社会实践锻炼，这是空间上的概念。

以开展学生职业生涯规划为切入点，全面加强就业指导。在学生就业指导实践中，构建"一规、二塑、三导"的就业指导模式。"一规"，就是在一年级时全面引导学生开展职业测评和职业生涯规划。"二塑"，就是在二年级引导学生围绕自己的职业生涯规划逐步提升自己所需的专业技能、职业素质和适应社会的能力。"三导"，就是在三年级全力培养学生的积极就业心态、求职技能、面试技巧、择业理念和创业精神。

强化顶岗实习质量，制定《学生顶岗实习管理实施细则》。学校建立了校企共管、人才共育、共同评价的学生顶岗实习的运行模式，制定了《学生顶岗实习管理实施细则》、实习考核监督检查制度和突发事件应急预案。顶岗实习使学生提前一年进入企业，承担与在职员工相同的工作任务，获得相应的报酬，使学生在学校所学的理论知识得到了巩固，提高了学生职业岗位能力、职业岗位素养，增强学生的就业竞争力。

发挥建设行业优势，创新就业推荐方法。一是突破传统的就业招聘会形式。学校本着"为企业服务、方便企业"的原则，动员全校教职员工联系企业，采用邀请企业根据自身需求和时间随时来校的招聘方式，通过"企业学生一对一、教师学生一帮一""送生上岗"等形式，解决毕业生就业问题，取得了非常好的效果。就业率多年来一直保持在98％以上。二是引导学生到需要自己的地方去工作。结合中职学生就业需求和建设行业发展的特点和规律，遵循"哪里来，哪里去"和"先就业，后择业"的就业原则，提出"三个面向"就业新思路，即面向家乡、面向基层、面向中小企业，极大地拓宽了学生的就业领域。

以"出口"带动"入口"　以"创业"推动"就业"

吉林省伊通满族自治县职业技术教育中心

学校坚持以就业为导向，把就业工作作为学校发展的突破口和切入点，以"出口"带动"入口"，以"创业"推动"就业"，多年来就业工作成绩斐然。

一、高度重视，完善制度

设立领导机构，健全制度措施。学校坚持把就业工作作为"一把手工程"来抓，在领导班子中达成共识——"职业教育就是就业教育、做人教育、生存教育"。在学校合并初期，就加大了对就业工作的倾斜力度，由一名副校级领导专门负责，选调精干力量组建招生就业办公室，使人员、机构、经费三到位。通过加强队伍建设和制度建设，转变服务理念和就业观念。几年来，学校在招生宣传、就业信息搜集整理、就业安置及踊跃服务等方面取得了显著成绩。

认清形势，创新工作理念。作为中职学校，"就业难"直接导致了就业发展瓶颈"招生难"。学校领导班子认清形势，转变观念，遵循职教发展规律，适应市场需求，确立了以"出口"带动"入口"的办学思路，在激烈的市场竞争中立稳脚跟，不断发展壮大。

二、积极探索，勇于创新

调整专业结构，优化专业建设，为企业培养实用型人才。一是把握市场需求的脉搏，前瞻性设置专业。2008年，学校领导班子通过外出学习考察，结合东北地区中职学校专业设置情况，在湖北武汉弗莱茵科技有限公司的推荐和论证下，在全省率先开设了激光技术应用专业，它涵盖了军事、医用、民用、工业等多个领域。五年来，该专业近千名毕业生就业率一直巩固在98%以上，个别学生已走上了企业的部门领导岗位和科研岗位。二是加强校企合作，实施"订单式"的培养模式，拓宽学生的就业渠道。通过市场调研和与企业对接座谈，掌握当前市场人才需求的新动向、新趋势，主动面向市场办学，先后与省内外多家企业建立了合作关系，签订培养协议，明确了教学方向和任务。如在激光技术应用专业方面，我们与上海普虹、广州三泰、天津威达等企业座谈，适时增添了企业所需的激光内雕人才的培训设备，使培训有了针对性；及时调整课程安排，使学校的校企合作既符合企业的需求，又具有足够的灵活性和超前性。三是增进国际交流与合作，延伸就业触角。2012年，学校与日本东利多餐饮有限公司合作，成立丸龟制面专业中国内陆最大的培训基地，五年内将培训店面经理2 000名，员工68 000名，学员就业地点遍布中国各大中城市以及日本，学生工作环境好、待遇高、发展空间大。同时我们在建校初期就放眼国外就业，发挥中国业界人力资源第一大国的优势，其中的赴日种植专业，几年来就有1 100多人到日本就业，累计创收5亿多元人民币；韩国留学预科生班自2007年以来，已有80多名学生通过半工半读完成学业，一部分人回国发展，一部分人在韩资企业就业。此举不仅广开了就业门路，也为早日实现小康社会起到了示范作用。

三、加强职业指导，提高学生就业创业能力

加强职业理想、职业道德教育，引导学生树立正确的人生观、价值观、荣辱观，强化学生的创业精神、专业技能、综合职业能力的培养，促进学生全面发展，实现就业和创业。

日常教育中始终贯穿着职业教育。在常规教学中，我们要求每位教师在教案中都要体现职业教育的内容，使职业教育贯穿于课堂、生活、活动的每个环节，每个专业都开设了"职业道德与就业指导"课程，使学生在潜移默化中接受职业教育和就业技巧，树立学生的危机意识、竞争意识和创业意识，引导他们树立正确的人生观、价值观，提高自我发展能力，实现自身价值。

开展丰富多彩的就业指导活动。除对口升学专业以外，我们利用晚课时间把各专业学生集中到多功能报告厅、多媒体阶梯教室，由学校领导和部分教师轮流进行就业形势分析、择业技巧、职业道德教育，利用现代化教学手段，讲解和播放杰出工人代表的事迹，激励学生，使他们养成脚踏实地、勇于面对压力和磨难的良好品质。定期邀请县内外自主创业的工人典型来校作报告并组织学生到他们的企业参观，在活动中让学生领会到创业的苦与乐。

岗前考核，提高学生的就业率。为了提高学生的就业竞争力，本着对学生和企业高度负责的态度，学校在即将毕业的学生中积极开展岗前考核，通过技能、体能、自律性等环节的考核，达标的学生进行推荐就业，不达标的学生继续留校学习和锻炼。这个环节不仅对学生本人负责，也对企业录用合格人才负责，受到学生、家长、企业的好评。

创新就业指导工作 提升人才培养质量

哈尔滨市第二职业中学

学校坚持"育人为本，面向市场，质量立校，特色强校"的办学理念，不断创新人才培养模式，创新就业工作理念、制度和方法，学校毕业生就业率多年来保持在98%以上，旅游服务、烹饪、汽修专业的学生就业率达到100%，实现了多层次、多渠道就业。

一、规范、健全管理制度

学校高度重视学生的就业指导工作，从制定完善的管理制度、构建完整的管理网络入手，规范学生实习、就业管理，成立了实习就业管理工作领导小组，进一步规范就业工作相关程序，制定了《哈尔滨市第二职业中学校实习就业管理制度》《校企合作管理条例》《企业教育学生管理办法》等规章制度，建立了考核监督检查制度、突发事件应急预案等。按照国家对中职学生"顶岗实习"的政策规定，保质保量做好学生实习责任保险、实习报酬工作，建立了学校、企业、学生三方风险共担机制。积极落实学生到企业顶岗实习责任保险制度，为学生投保实习责任保险，让学生安心实习，做到管理机制健全，责任明确、有效落实。

二、措施完善，监控到位

学校建立了由副校长负责组织校企合作实施工作、以就业办和专业部主任为实施负责人的实习就业工作管理体系。依据实习就业管理工作等制度管理监控，加强就业指导全程化服务，采取多种途径和形式，引导学生树立正确的就业观。

主动出击市场，建立就业信息网。学生实习就业前，学校组成考察组，认真考察企业规模、工作环境、薪资待遇、社会保障，以及对人才素质的要求特点和可持续性发展后劲等情况，保证学生有安全可靠的工作生活环境和良好的发展空间。建立学校就业信息网，保证学生就业渠道畅通，保证学生的就业率和就业质量。

强化就业指导和培训，提高学生就业竞争力。学校就业办深入专业部和班级开展就业指导咨询活动，邀请秋林食品公司、阿一鲍鱼、南国苑等企业来校为学生进行就业指导讲座，引导学生树立正确的择业观念，掌握一定的求职技巧，积极做好就业前的思想准备和心理准备。开设就业指导课，注重学生就业指导的全程化服务。每批学生离校顶岗实习之前，学校都召开专题实习就业指导会，结合平时教学工作，对学生提出工作纪律要求，帮助学生树立正确的择业观和就业观。通过系统、扎实、有效的训练，使学生的整体素质得以提升，增强学生的就业竞争能力。

突出实践技能的培养，促进学生高质量就业。在省市中职学生技能大赛的引领下，学校不断加强实习实训基地建设，突出专业技能培养，注重学生职业能力提升，全面提高学生综合素质。学校以就业为导向，大力加强校企合作、校校联合，开展订单式培养，舞活招生"龙头"。在不断提高学生就业率和薪资待遇的情况下，促进学生高质量就业，以技能型人才待遇的提高逐渐转变人们看待职业教育的观念，从而进一步提高职业教育的吸引力。

全面深化创业教育，倡导学生自主创业。学校通过开设创业教育和实训等相关课程，以案例分析、成功创业毕业生讲座等多种形式，积极鼓励和引导在校生尝试开展生活性创业和立足专业的经营性创业。对有创业意向的学生，学校曾多次提供无偿的技术服务、咨询服务和指导，积极为学生出主意、想办法，帮助学生为今后走向社会的市场性创业打下坚实的基础，使职业教育成为学生认可、家长接受的教育。

加强实习考核评价工作。对在实习单位实训的学生，企业与学校共同管理和考核评价，掌控实习学生情况。班主任撰写《实习管理手册》，记录学生成长历程，对学生进行考核，考核结果作为上岗就业的参考依据。为学生顶岗实习把关，指导学生填写《实习手册》，按照校企双方制定的《学生实习成绩评定标准》，科学客观地评定学生实习成绩。

做好就业实习跟踪服务。为了更好地监测学生实习就业情况，促进与企业的深度沟通，确保就业渠道畅通，学校制定了"学生顶岗实习跟踪调查表"，实施了"四卡"制度——学校、企业、学生、家长分别填写实习工作测评卡，做到跟踪服务及时，有效提高了实习工作满意度。通过对学生和用人单位进行跟踪反馈，以问卷调查、网上调查、电话调查及实地访谈方式，听取用人单位及实习学生意见和建议，切实掌握学生实习情况，最大限度保护学生的合法权益，对学生在实习就业过程中出现的新情况、新问题及时分析解决，帮助学生尽快实现从学生到员工的角色转变，得到了学生及家长们的好评。

五策并举　构建优质就业"立交桥"

宁波市鄞州职教中心学校

近几年来，鄞州职教中心坚持"以服务为宗旨、以就业为导向"，多策并举、多管齐下，毕业生就业率多年保持100%，专业对口率保持在85%以上；用人单位对毕业生的满意率保持在94%以上，学生家长对学校的就业满意率保持在98%以上。职业指导和毕业生就业工作取得显著成效。

一、"一把手"策略

搭建就业指导工作网络体系。学校历来将学生的就业工作放在重要地位，把这方面工作作为"一把手"工程来抓，统一观念，科学决策。为此，学校专门搭建了就业指导工作网络体系：校长室—就业处—教学部—就业（实习）班班主任—就业（实习）指导教师—就业（实习）小组长—组员。在建立健全就业工作指导网络体系的同时，加大投入，做到"机构、人员和经费"三到位，保障了就业工作的顺利开展。

制定、完善就业管理工作条例。为了加强对实习学生的管理，提高学生专业技术素质，为用人单位输送"纪律严明，素质优良，品行端正"的合格技术人员，根据有关实习单位的规章制度，结合学校学生的实际情况，校长室牵头制定《就业（实习）学生管理条例》。该条例对学生在就业（实习）期间的安全制度、上班制度、考勤制度、寝室制度、成绩考核制度、奖惩条例六个方面进行了相应的规定，保证了学生就业（实习）过程的质量。

二、"责任管理"策略

实施就业实习班主任"月例会制度"。学校就业处认真组织每月一次的实习班班主任工作会议及培训，使其明确实习管理班主任是第一责任人，认识到职校学生参加实习的必要性和加强管理的重要性，做到实实在在地为学生而想、为学生而做。

落实实习班主任"下企业制度"。学校就业处全面落实实习班班主任每月一次下企业看望实习生工作。实习班主任深入到企业中去，深入到学生中去，能及时了解学生情况、及时掌握用工信息，真正做到了实时跟踪管理。

推行实习班主任"写日志制度"。学校就业处大力推行实习班班主任建立工作日志制度，通过每日梳理，督促实习班班主任经常保持与学生及家长的联系，通报各种信息（学生表现、就业岗位等），同时培养实习班班主任发现问题、解决问题的能力。就业处通过检查实习班班主任工作日志，落实对实习生管理工作的指导，提高就业指导工作的实效。

三、"职业体验"策略

"校企双向互动"系列活动。一是设立"鄞职大讲堂"，每月一次聘请企业家、技术能手、优秀毕业生来校讲课。二是组织学生进行每学期1～2周的下企业职业体验活动，让学生了解企业文化、工作环境、岗位要求，丰富学生对职业的认识，使学生能定下心来学技能，静下心来精技艺，培养学生形成良好的职业道德和崇高的职业理想。

"职业生涯设计"系列活动。学校组织开展"职业生涯设计"系列活动。高一新生入学教育后，利用专题辅导，让学生设计生涯各个环节的理想目标和可实现性，通过不断地获取成功，激发学生不断进取的斗志。高二、高三年级主要强调对职业生涯设计的回顾与校正，这是一个不断提高、完善的过程，有利于学生对未来岗位的适应。通过这些活动，帮助学生从高一开始正确认识、了解自己，培养正确的成才意识，明确成才方向。在专业教师辅导下，针对自己的个性特征和职业能力倾向，通过系统的学习和训练，提高自己的综合素质，培养就业竞争力。

四、"信息直通"策略

学校通过校企互访、专题招聘、校园网络等形式与载体，给学生提供最大化的就业信息。

校企互访，推进合作深度。一是加强与企业的联系和沟通，通过走访、座谈、校园招聘等形式，不断推进校企深度合作，争取学生的就业（实习）机会，占据就业（实习）先机，开创学生实习、就业的新局面。二是建立每学期走访100家企业的制度，深层次地接触企业，做到想企业所想，与企业建立深厚的感情，便于沟通、交流。三是结合专业特点有目的地考察企业，选择性地建立校外实习实训基地，目前学校与将近150家企业建立了深度合作关系。

学校还组织任课教师下企业，一方面更直接地管理学生，发现问题，及时解决；另一方面教师能感受到企业的工作氛围，在日常教育中将其渗透到学生中，让他们知道企业需要什么样的员工，为新一轮的学生就业（实习）安排工作做准备。

校园网络实现资源共享。学校充分运用校园网络平台，借助网络手段强化学生的就业指导工作。一是在校园网上开辟就业培训专栏，通过网络进行就业资料阅览、网上信息查询、个人求职信息发布、用人单位查询；介绍用人单位情况，发布需求信息；组织校园就业咨询、就业辅导及招聘活动。二是向企业提供本校毕业生动态资料信息库，包括各专业毕业生人数、生源情况、求职意向等；提供有关就业的咨询服务，做好推荐工作，帮助用人单位招聘毕业生；根据用人单位的不同要求提供相应的服务；用人单位信息上网，建立用人单位主页，宣传企业发展情况及招聘信息；提供往届毕业生再就业的求职资料等。

五、"定期回访"策略

学校定期组织对毕业生的跟踪调查活动，每次调查后都形成调查报告。参与活动的相关人员在就业处的指导下，对跟踪调查及回访材料进行研究分析，把毕业生实习、就业等各类反馈信息，以及各校企合作企业的意见及想法，作为调整专业结构、改革教学内容、提高教学质量的重要依据。通过对毕业生的跟踪调查、用人单位的回访工作，积极地促进了学校学生实习就业工作持续健康的发展。

产学结合　工学融合　实现就业"零错位"

上海交通大学医学院附属卫生学校

学校坚持以就业为导向，走产学结合、工学融合的发展道路，自 2008 年以来，学校毕业生 6 260 名，就业率和签约率分别保持在 98% 和 90%，其中三成的毕业生进入高一级学校继续深造，四成的毕业生进入国有企事业单位工作，一年后专业对口率和就业稳定率分别保持在 96% 和 87% 左右。

一、将就业工作纳入学校年度工作总体目标

提升就业工作重视度，持续落实"一把手工程"。每年 1—5 月，分管就业工作的校长都会安排出时间亲自带队，深入各个系部开展就业工作专题调研。每年 9 月，就业工作启动初期，学校召开由分管就业、学生工作的校领导出席，各系部主任与会，相关职能部门负责人列席，各毕业班班主任参加，校就业办公室主持的毕业生就业工作动员会，总结就业成果，分析就业形势，布置和落实相关就业工作要点。

加强就业制度建设，保障就业工作的可持续发展。一是 2008 年，出台《关于推进毕业生就业工作实施意见（试行稿）》，明确了各职能部门、系部、班主任在就业工作中的工作目标和职责。2010 年和 2012 年，根据就业形势的变化，进行了两次修订，使学校就业工作更具针对性和实效性，为毕业生就业工作的顺利开展和推进提供指导性依据。二是 2009 年 12 月，出台了就业工作先进集体和先进个人的评选方案，职责明确，激励到位，大大提高了各系部就业工作的积极性，进一步调动各系部及相关人员在就业工作上的积极性和创造性，促进有效工作经验的及时总结与交流，形成了一个积极的就业工作氛围。

二、全方位、多途径校企合作，创新医药卫生类人才培养模式

引入行业、企业标准，与行业、企业"零距离"接触。一是学校首创"学校内建病房，病区中设课堂"的校企合作理念，在校内实训全景模拟医药行业工作场景，共建有 3 个上海市公共开放实训中心，覆盖全部重点建设专业。二是建立行企专家的"专业教学指导委员会"，设立"专家工作室"，现有上海市各三级医院护理专家 27 名已入驻专家工作室，每位专家每月来校 1～2 次参与学校专业教学督导，使学校教学与临床实践"零距离"接轨。三是学校制定政策鼓励推动 60 余名教师脱产 2 个月以上进行行业实践，打造了一支具备扎实专业基础和行业实践经验的教学团队。四是构建"校企合作顶岗实习"网络化管理平台，首创"医院（企业）—科室（部门）—带教教师与学校—系部—指导教师形成双向网络"的管理体制，实践了"早期融入临床的实训—见习—毕业实习一体化"的工学交替模式，使教学实践与就业岗位零距离对接。

早实习、多实训，专业教育与行业实际逐步实现"零错位"。学校实行"16＋2"的教学培养计划，即每学期 16 周的课堂教学，2 周的行业、企业实习实践。100% 保证实习

与专业方向对口，保证课堂教学与实习教学的一贯性，实现专业教育与行业实际的"零错位"，为就业工作的顺利开展奠定基础。

三、职业生涯教育贯穿育人全程，技能竞赛形成良好职业氛围

加强就业指导递进式培养。近年来学校打造了分三阶段推进、贯穿整个培养过程的职业生涯教育体系，将职业生涯教育分解到每一个学年，实行目标管理。并通过"五个一"活动：编制一册规划书、建立一个工作室、建立一支专职化的职业指导师资队伍、开展一次主题教育、举办一次职业生涯规划设计大赛，在学生中培养职业发展规划理念，激发职业发展的主动意识，形成了具有鲜明职业特色的就业工作模式。

注重学生职业技能培养。学校倡导"月月有竞赛、学期有大赛、学年有决赛"，以技能竞赛对接行业标准和实际，既提高学生的岗位适应能力和应用能力，又形成了良好的学风，取得了丰硕的成果。2008年以来，学校在国际护理技能大赛上累计获得一等奖4次、二等奖2次；在全国职业院校技能大赛上累计获得个人一等奖2次、二等奖3次、三等奖3次、优秀奖2次、金牌指导教师1次、优秀指导教师2次，团体获二等奖1次；在上海市"星光计划"职业技能大赛上累计获得个人一等奖5次、二等奖9次、三等奖10次，团体获第一名1次、第二名2次。

四、培养国际化视野，敦促学生在国际化平台上成才就业

学校在利用国际优质资源上积极寻求新的突破，着力搭建平台，培养学生国际化视野。一是引入国际化的师资队伍、教材课本，实行双语教学。二是积极组织海外游学项目，锻炼学生双语应用的能力，共有25名在校生赴芬兰、挪威、荷兰等国家游学。三是通过举办国际护理技能大赛、组织学生参加国外护士资格考试，形成培养学生国际化视野的创新办学体系，将学生放到全球化平台上"检阅"。学校中职中英班学生在国际护理技能大赛中获得优异成绩，被参赛医院护理部纷纷相中就业。

五、拓展就业渠道，提升就业服务信息化水平

广开门路，积极拓宽就业渠道。学校在密切联系公立医院等事业单位的基础上，用"请进来，走出去"的方式，与一批公办、民办医疗机构、国际医疗机构和社会医疗企业（体检中心）等建立了稳固合作关系，打造了一批就业型教学基地，拓宽了就业渠道，取得了双赢局面。学校每年都会组织3场以上大型校园招聘会，吸引近百家用人单位参加，提供2 000余个就业岗位，为学生创造良好、便捷的求职环境。

创建就业创新特色项目。学校在2011年和2012年连续两年成功申报上海市教委组织的中职校职业指导与就业服务特色工作项目。凭借"以信息化为抓手，探索建立科学的就业信息服务平台"这一特色项目的建设，有效地开发了校"就业信息服务网"，以信息化、规范化来推进就业服务工作，搭建用人单位、学校和毕业生之间的就业沟通平台，形成就业政策及时发布、招聘信息实时共享、就业形势按时分析、就业咨询按需回答、就业结果精确统计的信息化平台，大大提高了学校的就业效率和质量。

搭建四个平台　运行四种模式　实现就业无忧

杭州市开元商贸职业学校

近五年，学校毕业生推荐就业率达 100%，实际就业率达 98% 以上，专业对口率为 84% 左右，稳定率为 90% 左右，学生的就业安置工作得到了学生家长及社会的广泛认可，就业工作走上了良性发展的轨道。

一、搭建四个平台

以杭州市商贸行业指导委员会为平台，学校与企业密切合作。一是成立杭州市中等职业教育商贸专业指导委员会。借助这个平台，学校进一步了解了商贸专业行业的发展前景、人才需求的规格要求、毕业生就业信息和职前职后培训的需求状况等，为进一步深化教育教学改革奠定了基础、提供了保障。同时，学校也向社会广泛宣传学校的办学理念、学生的整体素质，为学生走向社会铺设了更为广阔的道路。二是开发校本课程。学校激励教师自主研发了《品浙商》《商贸实务》《房地产营销》《市场营销教学案例集》等校本教材。尤其是开设校本课程《品浙商》，发起并全面开展"品浙商精神，做小小浙商"活动，利用"浙商文化"这一优秀地方文化精华引导学生树立重商立业的思想，将学校的教育教学深深根植于浙商勤奋务实、勇于开拓、创新思变和诚实守信等商业文化之中，弘扬"浙商精神"，重视"商道"启蒙，不断提升学生创新创业素养。在此基础上，引导学生学习现代浙商理念，发现浙商成功规律，从而培育浙商新人气质，增强就业竞争力。

以开元商贸校企联谊会为平台，构建学生实习实训体系。学校与企业必须紧密联系，相互支持，才能共同发展。在校企的共同努力下，目前有 40 多家大中型企业签订了校企合作关系，校外建立了稳定的 20 多家专业实训基地，为学生工学结合、顶岗实习创造了良好条件。几年来，开元商贸校企联谊会定期召开会议，制度健全，活动落实。合作企业为学校师生提供了实习实训场所和技术指导，通过各种模式的校企合作，学校、企业、学生都得到了相应的发展，实现了"多赢"。学校的校外实训基地杭州解百集团股份有限公司、杭州百大股份集团有限公司、杭州银泰百货有限公司、杭州联华华商集团有限公司先后被评为杭州市中等职业学校优秀校外实训基地。其中百大还被评为浙江省优秀校外实习基地。2007 年，学校被授予"浙江省现代服务业实训基地"称号。

依托杭州开元商贸职业教育集团平台，共建共享职教资源。2009 年，以杭州市开元商贸职业学校为龙头学校，由杭州市开元商贸职业学校等联合成立杭州开元商贸职业教育集团，集团成立以后，按照以培养商贸行业人才、造就浙商新传人为核心的理念，整合各成员学校、企业的优势资源，打破部门界限，打破区域限制，发挥规模效应和集聚效应，并在整合中创新创优，最终使政府实现经济发展，企业得到充裕人才，学校得以进一步壮大。通过开展企业现场教学、专题讲座、岗位实习等社会实践活动，提升学生团队意识、合作意识、质量意识、安全意识、职业道德等综合素质，帮助学生实现人生价值。

创设企业管理经验与企业元素的共享平台，借鉴吸收现代企业管理经验、企业文化建设经验。学校与企业共同开展市场调研、岗位技能需求、专业开发和建设、专业设置、课程设置、教学计划、教学模式等研究，努力实现培养目标与职业岗位无缝对接，在此基础上形成学校的"企业沙龙"，每学期都开展引入企业元素为主的交流活动。在"请进来、走出去"的主导思想指导下，学校有计划地邀请行业专家来校作讲座，长期聘用企业专家参与学校课程设置和顶岗实习方案的制订，落实学生实习和专业教师下企业调研、实习的计划。为加快推进高技能人才培养，学校利用假期将学科专业带头人、骨干教师、教学能手送至企业培训、学习。聘请企业专家组成专业课程开发指导委员，提升学校教师队伍的整体水平。

结合学校的实际，引入并全面推广商业类企业的经验理念，尤其是逐步引入并实施了"7S"管理理念和操作程序，以进一步提高学校办学水平。2009年9月，学校中标浙江省首批课改优秀指导方案——电子商务课程改革。两年来，课题组成员深入企业开展调研，赴成员学校座谈、听课，上公开课，多次论证，最后完成《浙江省中职电子商务专业改革调研报告》。学校电子商务课改小组核心成员根据调研结果，结合教学实践讨论了电子商务核心岗位群、工作任务及工作能力，细致做好了电子商务课程标准和课程指导方案的制定工作，并在2011年通过专家组鉴定。学校被评为浙江省课程改革实验基地。

二、运行四种模式

推进顶岗实习。学校利用企业的资源建立稳定的实习基地，其营业场所成为实践教学的课堂。校企共同安排实践教学计划，特别是由企业安排其管理人员充任实践教学指导教师，与学校教师共同完成学生由专业技能的培养到就业岗位的过渡，努力缩短课堂与岗位、学校与社会的距离，更好地实现定向培养目标，达成"顶岗实习为就业前试用期"的共识，缩短了毕业生就业后的培训时间，能使其迅速到岗到位。

学校把搞好学生顶岗实习作为推进专业改革、建设特色专业、落实"市场导向"和"校企零距离结合"办学理念的重要措施，并积极探索了行之有效的、适合商贸类专业实习的、"五一分段"的"一年三轮换"实习模式。

实施订单培养。学校先后与解百集团、浙江银泰、金成房产、万华国际酒店合作设立了"解百班""银泰班""金成班""万华班"，进行"订单式培养"。企业冠名班设立后，校企双方共同制订教学计划和内容，对学生进行企业文化、企业精神、企业理念和基本技能培养，让企业理念和文化渗透到冠名班的每一个学生心中。银泰的"第一次就把事情做好"的员工理念，解百的PDCA管理法则，都在学生中引起了很大反响。学校的招生、培训、实习、就业等工作有了坚强后盾，也确保企业招到量足质优的人才，实现校企双赢。

2008年7月，学校和杭州衣之家百货有限公司签订建立实训基地的协议。企业更多地参与职业教育活动，校外生产实训基地有了稳定的发展。2012年，校外实训点增加到100余家，实训基地提供的实习岗位数也完全能满足学校每次实训的需求。

举办就业洽谈会。学校连续七年抓好毕业生推荐就业洽谈会，一年一度的毕业生就业双向选择洽谈会成为实现校企合作、产教结合的重要环节，是学校毕业生获取就业信息、赢得就业机会的重要渠道之一。

每年在毕业生毕业前期，合作企业都提前一个月进驻学校，向毕业生详细介绍企业及用工需求。并在学校布置展板，让学生精心挑选，有的放矢。学校在毕业生毕业典礼后同时举办就业洽谈会，让学生与用工单位双向选择，签订就业意向书。近三年，供求比平均近1∶3，毕业生有了更大的选择余地，就业形成良性循环，这也使得学校招生人数逐年增加。

组织校园贸易节。近年来，为展示和检验技能教学成果，营造崇尚技能、尊重技能人才的良好氛围，拓展校企合作空间；引导学生学以致用，体验创业过程，实践专业知识，改"苦读"为"乐读"，改"读书"为"用书"，学校每年举办贸易节。

学校坚持依托集团企业成员搭建贸易节这一平台，全程参与创业活动，从而真正促使商贸专业的学生提升职业技能，增强组织策划能力，培养诚信服务意识，发扬团队合作精神，激发创业精神，为将来面临竞争、面临社会、面对就业创业，提供更实际的指导和帮助。连续三年，贸易节都邀请到全体集团成员代表参与并担纲评委，点评学生的创意和营销策略。2013年的贸易节被冠名为"解百杯"贸易节，解百集团副董事长、总经理王季文先生亲临现场并讲话，激励学生积极创业。

四、校企篇

市场引导　合作就业

职业教育区别于其他类型教育的特点之一，就是学校和企业合作办学，共同培养社会所需的、知识与技能全面发展的人才。推进和深化校企合作，是职业教育贴近市场需求、培养和输送合格毕业生、提高就业率的关键。

河北省承德工业学校开展校企合作集团化办学，学校与上百家用人单位长期合作。实施"54321"校企合作工程，全面启动以提高学生综合职业能力为目标的"工学结合一体化"课程改革，深化校企合作的办学机制，全方位提升了毕业生就业竞争能力，就业率达到99.6%。

沈阳市外事服务学校疏通就业渠道，注重与国内、省内高端企业合作，通过高端品牌优势，带动广泛的校企合作深入开展。该校与80家企业签订了订单培养协议，成立了"钓鱼台班"等47个订单培养的"企业冠名班"，创造了职业教育校企合作的成功经验。

浙江信息工程学校实施"职业发展＋技术成长"教育，提升学生的就业竞争力，在深化校企合作和就业服务的过程中，对接地方产业办专业，探索形成了十种校企合作模式，搭建多种校企互通的信息平台，使校企沟通渠道顺畅，大大提高了办学效益。

长春职业技术学校拓宽学生就业市场，深化校企合作改革，成立了以长春职业技术学校为牵头单位的"长春长吉图职业教育集团"，目前有集团成员337家，其中企事业单位100家。

此外，还有许多学校拥有校企合作的宝贵经验。湖南省桃源县职业中等专业学校校企联手，重引导、强教学、同协作，形成了"以产养教、以教促产"的校企合作模式。深圳市第一职业技术学校确立了国际化、集团化、现代化发展目标，不断深化校企合作，努力提高学生就业质量，就业率连续六年达到100%。总之，校企合作可探索与研究的天地很大，为了职业教育事业的发展，还需大胆创新、勇于扩展。

深化校企合作 提升就业水平

河北省承德工业学校

学校积极倡导"低姿态就业、高标准立业、全身心创业"的就业理念，坚持"学校推荐与自主择业相结合，普遍指导与个性辅导相结合，全员推荐与优生优推相结合"的就业原则，健全毕业生就业的保障制度和运行机制，通过深化校企合作，全方位提升了毕业生的就业竞争能力。自 2008 年以来，学校与国家电网、铁道部、首钢集团、首发集团、北京现代汽车有限公司等上百家用人单位长期合作，学校毕业生 13 826 人，推荐学生就业 13 765 人，就业率达到 99.6%。

一、强化就业指导教学和服务

学校通过开展"全程化、全员化、专业化、信息化、个性化"的就业指导服务，帮助学生树立正确的就业观和择业观。一是自学生入学起，学校就开设就业指导课程，帮助学生完成职业生涯规划初步设计。二是树立"全体教师都是职业指导教师"的观念，将职业指导切实贯彻到日常教育教学中。三是邀请行业专家定期到校举办就业形势报告会，让学生了解国家政策、社会形势、行业企业用工需求。四是针对不同的专业和个性化的学生，设置相应的指导方案。五是在学生即将就业离校的前一周，学校统一开展"就业指导服务周"活动，集中对学生进行为期一周的就业指导教育，通过指导讲座、模拟面试等多种形式，来帮助学生树立正确的择业观和就业观。

二、推进校企合作，创新就业渠道

一是开展校企合作集团化办学。成立三个校企合作集团：矿山钢铁业校企集团、汽车行业校企集团、清洁能源与仪器仪表业校企集团，通过校企合作集团化办学，拓宽学校毕业生的就业渠道。二是实施"54321"校企合作工程。提升"5"个"共同"，即全面提升合作层次和合作内涵，共同实施教学、共同进行评价、共同组建基地、共同培育师资、共同开展研发；推进"4"项合作，即明确以"合作办学、合作育人、合作就业、合作发展"为主线，强调全面持久的合作理念；实行"3"层对接，即学校对接企业、专业对接产业、课程对接职业；建好"2"种"课堂"，即学校建到企业中、企业建在学校里；最终实现"1"个目标，即校企互利共赢、共同发展。三是开展订单培养。学校每年定期举办校企合作论坛洽谈会，并以此为契机，积极推进校企互为基地的建设，推进订单式培养或企业冠名班式培养。学校先后与北京现代汽车股份有限公司、北京福田汽车公司、长城汽车集团等单位签订"订单"培养协议，通过"订单培养"，使学生能提前接受企业文化的熏陶，也为学生提供了良好的实习和就业机会。

三、强化综合素质，提升培养质量

一是确立"根据产业需求设专业、依照岗位标准设课程"的培养理念。新专业的设置紧紧围绕市场需求——新专业设置之前，广泛开展市场调研，使专业设置与社会需求紧密结合。二是学校以国家示范校建设为契机，不断加大教育教学改革力度，把综合素质的提升作为提高毕业生就业竞争力的核心内容。2010年，全面启动以提高学生综合职业能力为目标的"工学结合一体化"课程改革推广试验，组建了包括幼儿园、广告公司、机械加工厂、教学商场、宾馆、健身中心和传呼中心在内的双元校企集团，为学生提供与企业生产环境一致的全真实训环境。目前，已形成"校中有厂、厂中有教、校企一体、工学结合"的育人新环境。

四、规范就业程序，提升就业质量

学校建立严格的学生就业工作程序：用工信息收集→用工单位考察→用工信息发布→组织学生面试→公布录取名单→办理离校手续→护送学生上岗→办理接收手续→定期跟踪回访。

学校就业指导中心广泛收集用人单位信息，建立科学合理的毕业生就业网络、稳定的就业渠道。学校经过考察后，确定符合学生就业标准的用人单位，组织学生与用人单位进行"双向选择"，并与用工单位、学生签订三方协议，以此保证各方的权益。学校就业指导中心定期到用人单位走访，了解、收集具体情况，对有需求的学生进行就业再安置，切实做好学生后续服务工作。

紧贴市场需求 加强实践教学
推动毕业生就业良性发展

乌海市职业技术学校

学校紧贴市场需求，开设专业、加强学生的职业就业观教育、加大学生实践教学环节、加强与乌海市及周边企业的合作，使得毕业生就业走上良性发展的轨道，历年来毕业生就业率都保持在97%以上。

一、根据企业需求调整专业结构，突出办学特色

乌海市是内蒙古自治区乃至国家的重要煤化工基地，地处自治区西部经济发展小三角区域中心。学校紧紧立足这一实际和周边的社会需求专业，紧紧围绕实用型人才培养的目标，以培养学生的一技之长为核心，以"理论够用、实践充分"为原则，进行专业课程内容改革，在国家统编教学计划和教学大纲的基础上，适时增加体现新技术、新材料、新工艺的实用知识，特别是在专业课的设置上征求企业的意见和建议，突出了职业能力的培养。根据市场需求，并结合学生的实际，不断优化教学计划和课程设置，使学生的综合素质大幅度提高。

经过努力，目前机电技术应用、电气自动化、建筑工程施工等专业已被打造成为学校的骨干专业，毕业生就业率都保持在97%以上；从2008年到现在，为乌海市及周边地区培养了6 000多名技术工人，有些同学已成为企业的骨干力量。为适应经济"小三角区"中心的发展，学校进一步调整专业设置，增设了数字影像技术、葡萄酒酿造、美发与形象设计等服务类专业，为毕业生提供了更多的就业渠道。

二、加强校企合作，优化就业渠道

积极探索实用型人才培养模式，开创性地进行多层面的"校企合作""工学结合"，实现学校与企业的无缝对接。学校借助乌海地处经济小三角中心的区域优势，实行校内实训与下厂实习相结合、学校自建实习实训基地与校外企业实训基地相结合。一是先后与君正化工集团、黄河集团公司、内蒙古宜化化工有限公司、乌海黑猫炭黑有限公司、乌海市华信工程建设监理公司等30多家知名企业签订了委培合作协议，每年委培订单招生的人数占当年招生总人数的70%左右。二是先后在青岛海信集团、海尔集团、江苏九鼎集团等市内外20多家企业建立了实习或顶岗实习基地，在校内投资2 800多万建设了11个实训基地。这些工作为强化学生的操作技能、实现顺利就业奠定了坚实的基础，极大地提高了学生的就业率，增强了就业效果。

针对一些专业的特点，实行"工学结合"的教学方式，在增强学生的学习积极性和专业兴趣上取得了良好的效果。建筑工程施工专业的时间特点较强，于是学校在每年的施工旺季安排学生到施工企业实习，在施工淡季安排学生返校上课。酒店管理专业一类的专

业，把课堂放到酒店，在没有顾客的时候由实习指导教师授课，就餐时则马上进入实习状态。这样的做法为探索拓展学生实习就业渠道、实行产教结合开辟了广泛的新思路，取得了良好的社会效益。

加大实践教学力度，提高学生的实际工作能力。学校以实践教学作为教学改革、提高教学质量的突破口，加大实践操作比例，大力推行下厂顶岗实习，积极探索校企合作新形式。一是校内专业实操实训课占到总课时数的60%以上。二是实行订单培养，学校和企业签订订单培养协议，学校根据企业要求组织招生、安排教学，企业安置学生就业。三是学校与企业密切合作，在互惠双赢的基础上实行校企合作，企业承担学生的实习、实训任务。四是依据校企合作的有关协议，安排学生第三年到企业带薪顶岗实习。五是企业选派工程技术人员到学校任教、搞专题讲座，使学校教学更加贴近生产实际，同时将企业文化引入校园。六是选派中青年教师带领学生顶岗实习，参与企业生产活动，了解企业生产实际，以便更好地把专业知识运用于生产实际。

三、加强就业指导，建立、完善用工信息网络

一是学校在新生入学教育时，采用多种形式（如参观企业等）帮助学生了解所学专业，帮助学生安排自己的学习生活。二是在一、二年级开设每周两节的职业指导课。三是邀请本校优秀毕业生返校进行"现身说法"，介绍他们成功的经验。四是经常性地邀请联合办学企业的工程技术人员来校介绍本专业的发展现状和前景以及人才需求状况、企业文化等，加深学生对所学专业的了解。帮助学生树立正确的择业观、就业观。五是建立起互通的用工信息网络。学校招生就业部门与乌海市及周边的劳动人事就业部门、工业园区、企业人力资源部门建立合作联系，学校在第一时间掌握用人单位的用工信息，有针对性地推荐学校的毕业生。学校多次与乌海市人才市场合作在学校举办毕业生就业洽谈会、校企合作座谈会，使社会对学校有更多的了解，更重要的是为毕业生找到了合适的工作岗位。

以高端校企合作 促优质就业指导

沈阳市外事服务学校

学校坚持"以人品打造精品，以精品服务社会"的办学理念，坚持"以就业为导向"，以高端校企合作为平台，彰显"全程就业指导、终身就业服务"的就业工作特色，多年来，毕业生就业率保持在98%以上，就业质量逐年提高。

一、校企合作，实现全程就业指导

校企合作调研，预测就业需求。"学校围着市场转，专业围着产业转，人才培养围着需求转"，学校牵头成立了沈阳市酒店服务与管理职教集团、沈阳市外事服务学校学前教育专业协作委员会、沈阳市美容美发职教集团共三个职教集团，依托集团广阔的市场背景，进行人才需求调研，比较全面地了解就业市场的需求状况；进而依据区域经济及行业企业的人才需求确立专业人才培养目标，创新人才培养模式，提升人才培养质量，通过四个阶段的"轮岗定岗"，着力培养具备五星级服务意识与服务技能的"多岗通、一岗精"的专业人才。

由于培养目标契合了行业、企业对技能人才的需求标准，极大地提高了毕业生的就业率，同时也提升了毕业生的就业质量。

校企合作办学，疏通就业渠道。学校注重与国内、省内高端企业合作，通过高端品牌优势，带动校企合作广泛深入开展。与钓鱼台国宾馆、沈阳皇朝万鑫酒店、沈阳香格里拉酒店等高端企业合作办学；与80家企业签订了订单培养协议，成立了"钓鱼台班""刘敬贤厨艺班""五星管理班""职教集团班"等47个订单培养"企业冠名班"。

为提高这些企业冠名班的人才培养质量，学校聘请中国烹饪大师刘敬贤为名誉校长，聘请中国服务大师许长清等85位行业专家和大师为学校教学顾问。他们或亲自授课，或定期指导，大大提升了专业教学质量。

校企联动教学，培养专业技能。专业技能是就业的核心竞争力之一，学校将教学过程视为就业准备的过程。学校从职业岗位要求出发，依据行业人才培养规律，积极探索，大胆实践，逐步确定了由"专业启蒙—实战教学—校内顶岗实战—企业走训实战—校外顶岗实习"五个环节组成的理论与实践教学相互渗透、相互衔接的实战教学体系。学生通过专业启蒙获得了对专业的感性认知；通过实战教学完成了从岗位基本技能训练到技术应用能力训练再到综合能力训练的过程；通过在校内生产性实训基地的顶岗实战，进一步锻炼了学生的专业综合应用能力；通过到合作企业进行"走训"实战和顶岗实习，培养了学生的综合职业素质和创新能力，提高了学生的就业竞争力。

学校和企业合作，组织开展技能大比武活动，为学生搭建起了技能成长平台。技能大比武与地区省市国家大赛融合、与职业资格鉴定融合、与教学融合、与企业需求融合，成为一个以赛促学、以赛促教、以赛促训、以赛促研的平台，学生、学校、企业在赛事中融合，学生实现了成长成才，学校实现了发展，企业实现了产品研发。学生在各级大赛中表现出色，在全国技能大赛中取得了 7 金、12 银、10 铜的佳绩，在省市各级大赛中更是摘金夺银，成绩显著。这些选手往往成为企业青睐的对象，在实习期间就被正式录用。

校企共建基地，打造职场环境。学校不断加大校内实训基地的建设力度，一是使实训设备与企业设备的生产性、先进性保持一致，让学生熟悉先进的生产设备，待日后走出校门，能够快速与职业岗位对接。二是把企业的工作环境搬到学校，环境不仅包括视觉场景，更重要的是感受现代企业文化气息。三是积极开展"8 常法则"管理活动，养成文明实习习惯，培养规则意识、责任意识、节约意识，树立职业人形象。

校企文化对接，培养职业素养。学校建立了由行业专家、劳模、实习指导教师、德育课教师、优秀毕业生、班主任及学生管理工作者组成的职业道德教育团队，全员、全面、全方位进行职业道德教育，培养职业素养。通过企业文化进校园，让学生了解企业、了解岗位；通过职业生涯规划，使学生了解专业培养目标和专业发展方向，树立正确的职业理想，做好详尽的职业规划；通过"名师讲堂"活动，引导学生"学会做人，学会做事"；通过"职场训练营"，提升学生心理素质，养成团结合作的习惯；通过义工联盟，培养学生的社会责任感；通过举办体育竞赛、演讲比赛、技能展示、科技制作、知识竞赛、报告讲座等，培养学生的综合素质。经过多年的探索与实践，学校形成了"竞技文化——实现人人有技能""礼仪文化——实现人人高素质""校企文化——实现人人能就业""理念文化——实现人人有境界"的校园文化特色。外事服务学校是一所没有拖布的学校，学校的每一块地砖都是学生蹲下来用抹布擦干净的，学校各个角落的卫生都按五星级饭店标准去要求，学生的宿舍全部采取军事化管理，学生日常的举手投足都要遵循行业的职业规范。三年培养下来，学生不仅有较高的就业技能，而且有较高的职业素养，深受企业的欢迎。

二、校企合作，提供终身就业服务

建立了以全程职业指导为核心的就业服务体系，成立了学校就业指导机构——市场开发处，全面负责就业指导工作。市场开发处积极与企业合作，建立了 69 家就业基地，每年组织 6 场招聘会，为毕业生提供 3～4 次择业机会；积极开展毕业生跟踪服务，了解毕业生从业状况，为往届毕业生提供再就业服务。

依托校园网站建立就业专题网站，开通网络信息平台，及时发布就业合作单位信息。同时开通网络指导、网络测评、网络交流和网络课堂，随时对学生进行个性化的就业指导。

选拔最优秀的教师从事就业工作，形成一支专业化的就业指导队伍。学校现有专职就业工作人员 13 名、兼职人员 35 名，另有 1 名高级职业指导师和 10 名职业指导师。每年拨出就业工作专项经费，确保学生的就业工作顺利进行。

开展丰富多彩的就业指导活动。学校开设就业指导课，组织学生参观企业和人才市场，请企业家和往届毕业生作讲座，举办毕业生就业成果展，开展职业生涯规划大赛、生涯人物访谈、职业意识训练和创业教育。学校每年举办职业生涯规划设计大赛，并将优秀作品推荐参加全国文明风采大赛，每年参与者达 1 000 余人次。

依托集团优势 提升就业品质

吉林女子学校

学校全力打造"秀外慧中，智德婵媛"的现代服务业实用技能型人才，2008年至今为社会输送了技能型人才5 000多人，毕业生一次性就业率连续几年都保持在98%以上，专业对口的就业率都在95%以上，就业稳定率均在91%以上。

一、依托集团办学，推进订单教育

以吉林女子学校为办学核心层，以校内实习实训基地、政府经济及劳动部门、行业协会为中间层，以部分高职院校、职教中心、校外就业基地为外延层，组建融办学核心体、办学结合体、办学利益共同体于一身的产学研相通、优势互补、资源共享、利益分享的校企联合体——吉林天使职业教育集团。2008年以来，在天使职教集团理事会的参与指导下，学校实施订单培养。几年来，先后与吉林化纤集团、吉林市移动通信公司、国务院新闻发布会、国务院事务管理局、沈阳二炮文工团、全国人大会议中心、北京电信局等153家用人单位签订了订单办学协议书。围绕企业需求，结合学校实际设置专业，全方位地满足企业对不同层次人才的需求，为企业"量身订制"，提高人才培养针对性，确保了学生就业与企业需求一体化，变被动就业为主动就业，为学校办学实现良性循环铺平了道路。

二、企业引入学校，工学交替结合

2008年，学校成功将集团内部的李曼服装厂引进校园，成立了吉林女子学校天秀服装有限公司，又将"鹏辉影视工作室"引进学校，直接吸纳学校"影视与节目制作"专业的学生就业，并通过鹏辉语音制作公司与学校影视节目制作专业的合作，拍摄了学生剧《男生女生》。学生们在校内感受真实的企业工作环境、工作任务、企业管理和市场化的评价标准，满足了岗位操作技能训练和职业素养熏陶的基本要求，体现了职场与课堂、理论与实践、教与做的高度统一，实现了学校的实践教学功能和学生工作功能的有机结合，激发了学生学习兴趣和热情，丰富了学生的学习体验，使其充分认识自身的价值，让智能得到尽可能的释放，使学生成为自主地、能动地、创造性地进行认识和实践活动的社会主体。

三、拓宽集团维度，校企深度融合

根据产业结构的变化，多角度全力打造了学前教育、旅游服务与管理、美容美发与形象设计、服装设计与工艺等四大骨干专业，并顺利完成了工艺四大骨干专业学生的工学交替，采用"教学—实训—学生参与企业社会实践活动—再教学—就业"的办学模式，使学生能够提前熟悉企业的规章管理制度，了解企业对员工的技能和素质要求，从而自觉规范自己行为，增强学习动力，让学生在社会实践中找到与企业要求的差距，从而巩固专业思想，规范自己的日常行为，增强学习的动力，实现学生实践能力的全面提升。

四、明晰技能标准，改革培养模式

制定《学生岗位技能标准》，将其作为师生共同执行的教学标准，并贯穿于学习、见习、顶岗实习、技能大赛、技能展示等各个教学环节中。学生毕业时，都需通过《学生岗位技能标准》验收，将其作为能否毕业的重要依据。由于预先设定了岗位技能标准，学生在学习中便明晰了学习目标，教师在教学中也有了标准。

构建"五位一体"的课程体系。为创新人才培养模式、深化课程体系改革，学校架构了"文化课＋专业理论课＋专业技能课＋专业实践课＋女性特色课"的"五位一体"课程体系。编写了《女性家政指南》《女性礼仪与形象设计》《形体训练》《女性成才指南》等校本教材。在实施女性特色教育中，使学校学生掌握了其他同龄人所不具有的内涵，形成了"秀外慧中、智德婵媛"的女性特质，赢得了就业的比较优势。

五、毕业跟踪回访，保护学生权益

手册见证学生成长。学校为第三年顶岗实习时的学生制作了一本名为"成长"的手册，里面有实习管理规定、岗位体验细则、实习历程记录，更有贴心的就业指导话语等。当学生正式毕业时，学校在颁发毕业证的同时，还会赠送其一本由学校精心印制的名为"足迹"的小册子，倡议学生随时记录在企业的成长经历、心得体会及企业的评价。

教师定期回访企业。班主任定期回访企业，查看每一名学生的手册，对照岗位要求及企业评价，查找并指导解决共性问题。

学生定期返校培训。参加实习的学生要定期回校参加本专业新知识、新技能提高班，理论联系实际，促进专业实训技能提高。这一做法既得到了学生的赞誉，又赢得了企业的认可。

保险免除后顾之忧。为保证学生在实训、实习中的人身安全，学校为每位学生购买了顶岗实习学生意外伤害保险，最大限度地保障学生的人身利益；同时建立相应的安全应急预案，以应对各种突发事件，免除企业、学校和学生的后顾之忧。

六、仿真教学环境，提升学生素养

挖掘企业文化的精神内涵，渗透女性特色教育，提高学生就业与创业能力的培养目标。学校突破传统实训概念，按照企业文化设计场景，营造仿真实训室，循序渐进，升华课程，上课就像上班，实训就是工作。理论实训零距离教学，学生班级以企业命名，教室以工作室风格设计，教室紧邻实训室，学中做、做中学；师生关系亲近，教学互动及时，职业岗位意识不断增强，职业能力不断提高。

七、开展帮扶计划，提供创业平台

学校设立"天使基金"，启动"天使创业帮扶计划"，通过集团资源，为学生提供自主创业机会，以资金、技术、指导等形式帮助那些有好的创业项目和发展潜力的学生，助力她们实现梦想。目前，已为多位学生提供了创业帮扶，如张滨同学的吉林市天雅美容美发中心、孙琦同学的吉林东北亚旅行社、王兆琦同学的上海瑞宇服饰有限公司等20多家企业均已得到帮助。

校企政联动 促优质就业

江苏省武进中等专业学校

近五年有 10 000 多名毕业生与用人单位成功签约，就业率达 99.5%，对口就业率达 90%，优质就业率达 85%。

一、就业理念重引领，科学管理建平台

实行校部二级管理。学校成立了由一把手校长任组长的就业指导、管理领导小组，校级职能处室设在学生工作处，主要在综合协调、总体安排、政策配套、搭建校级信息服务平台等方面开展工作。而专业部由主任负总责，由学生科主管、学生科副科长具体负责专业部学生的顶岗实习和就业指导管理。建立就业管理网络，开展多种形式的就业指导工作。

制定就业管理制度。学校确立了以就业为导向的管理理念，形成了一整套行之有效的就业管理制度，制定了《江苏省武进中等专业学校就业管理条例》《学校就业管理联络员、就业指导教师月考核制度》，出台了《学校就业管理联络员工作职责》《学校就业指导教师工作职责》。为了更好地规范对学生的实习、就业评价，学校专门编印了《学生校外顶岗实习手册》《就业指导教师手册》，积极尝试学生、家长、企业多方参与学校就业指导、管理工作评价，大力开展对优秀毕业生就业、创业"双十佳"的典型表彰活动。对学生下厂实习、就业的家校协议、三方协议、自谋申请、调换工作岗位申请等，在逐步完善的基础上，形成了较为规范有序的管理流程。

二、校企政携手合作，五业联动促就业

多年来，在武进区教育局和武进区人社局的合力指导下，学校十分重视开展就业指导工作，与武进人力资源市场联合举办走进校园大型双向选择洽谈会。每年有 2 000 多名即将毕业的学生与 300 余家常武地区用人单位零距离接触，涉及建筑、机械、汽车、计算机、电气、经贸 6 大类 30 多个专业。

校政企合作为学生的实习就业搭建了宽广的舞台，而学校实行的"五业联动"机制则为学生的顶岗实习、就业岗位的顺利落实起到了助推器的作用。学校紧紧抓住产业优势这一发展机遇，深入开展市场调研，了解本地区的五大支柱产业的布局，走进企业调查用工的主要需求，专业设置、课程开发紧贴产业群，培养出专业型、应用型、技能型人才，由此，学校已成功地走出了一条产业、企业、专业、学业、就业五业联动的新机制。

三、"四引模式"强基础，"四优工程"保优质

在推进就业工作中，学校不拘一格创新办学模式，积极推进"四引模式"，大力推行"四优工程"，在就业中实现了学校、企业、家庭三方共赢。

"引企入校"办学模式。学校与常州嘉铖汽车维修有限公司合作，由企业出资100万元在学校依托实训基地建造汽车修理厂，形成校企共建、校企共享的局面。汽车工程专业部与企业共建专家团队，创建了专家工作室，共研汽车维修难题，促进教师专业技能水平的提高。该模式已成为校企合作创新模式的一个范例。

"引技入校"办学模式。在武进职教集团组建后，学校作为龙头学校具有一定的资源优势，在资源共享、优势互补、互惠互利、共同发展的基础上，发挥了积极的作用，形成生源链、产业链、师资链、信息链、成果转化链、就业链，实现资源优化和功能整合，促进专门人才、技术和设备的社会化、产业化，以及教育效益、经济利益、人才效益的最优化，形成"共建、共享、共赢、共长"的新模式。学校聘请了12名客座教授、108名技术导师。由集团企业组织技术力量来校指导，为专业教师实践操作能力和技能水平的提高提供了技术指导，大力推进了学校专业师资队伍建设。培养的毕业生拥有真才实学，深受企业欢迎。

"引资入校"办学模式。在人才培养过程中，将企业资本引入学校，把企业车间搬入校园，实现学生实训与企业生产的无缝对接，把消耗性实训转化为生产性实训。学校引进了国外上市公司——英特曼电气有限公司出资30万元建立起生产流水线，在学校开设了英特曼电工实践园。学校专门开辟出1 500平方米，由常州良绿园艺公司出资300万元建立高档花卉恒温室，作为园林技术专业学生的实践基地，使学生在校就能体验到与企业零距离接轨的岗位技术。学校设立"宏宇"奖学金、"中天"奖学金、"英特曼"奖学金、"中国电信"奖学金、"万豪花都"200万元奖学基金等。2011年9月，学校与集团企业常州凯达重工科技有限公司、江苏龙城精锻有限公司合作开班，开办了"凯达数控""龙城精锻"冠名班，分别由企业每年出资5万元奖学金；学生毕业进入企业后，由企业优先安排到技术、管理等岗位，鼓励学生优先成才。

"引智入校"办学模式。随着集团化办学的深入，学校与集团成员单位的合作层次、水平在不断提升，学校在专业建设、学生实习、就业管理等方面博采企业家和专家的意见和建议，分别成立了建筑工程专业建设委员会、数控技术应用专业建设委员会、模具专业建设委员会、汽车维修专业建设委员会、信息工程专业建设委员会、电气控制专业建设委员会、数控维修专业建设委员会、会计专业建设委员会等，并定期开展活动。

创新就业指导，一直是校领导思考的重点。为在就业指导、管理中引进竞争机制，鼓励优秀学生脱颖而出，学校从2010年开始，在就业指导中推行"四优工程"，即"优生、优荐、优岗、优酬"，强调在平时的教育教学活动中，要渗透学生综合能力，为提升学生的就业能力创设条件，为学生提供展示其综合素质、综合能力、专业特色的平台和机会，提高就业竞争力。在推荐学生时，坚持客观公正、严格把关，把真正品学兼优的学生优先推荐到优质的企业和岗位，力争使其享受优厚的待遇。

学校"四引模式"和"四优工程"，在学生的培养和就业之间架设了一座金色的桥梁。企业积极参与学生的专业培养，为学生营造争先创优的氛围，主动助推学生成长，从而实现学生优质就业、成功就业。

校企合作 教产融合 优质就业

浙江信息工程学校

学校以毕业生的优质就业为导向，文化育人、教产融合、校企合作，促进学校的发展。2008 年以来，学校共有毕业生 5 994 名，一次性就业率为 100%。

一、做好职业生涯规划和就业指导，提升学生的就业思考力

一是学校每年都安排实习指导月，实习指导月的活动丰富多彩，有就业创业政策解读和宣讲、就业形势的分析报告会、优秀实习专场报告会、企业人力资源经理专场报告会、应聘技巧讲座、模拟招聘会、优秀毕业生的专场报告会、家长会、订单行业企业说明会、安全上岗培训和考证等。二是学校还专门编撰《实习指南》一书，为了更好地指导学生如何就业，从实习管理系统的使用、相关法律法规的学习，到个人简历的制作、如何参加好面试、如何做好心理调适等内容，学校对即将就业的学生做好全方位的指导。通过多种教育，树立学生正确的就业观，指导学生如何选择企业、如何成功应聘和竞聘。

二、实施"职业发展 + 技术成长"教育，提升学生的就业竞争力

一是架构起"职场教育 + 生涯规划 + 能力训练"的创新课程体系。学校已建成"弘毅职业能力训练中心"，中心将包括基础能力、核心能力和通用能力在内的 18 个专用能力实训室、14 个创业能力专用实训室及 20 多个松散整合型能力培训场地，实施"信校人"特有的"弘毅长跑""早操升旗""益智早读""知行礼仪"四项基础能力训练项目，实施"职场人"必需的"自我学习""信息处理""数字应用""交流协调""与人合作""解决问题"和"创新创业" 7 个项目训练，实施"社会人"常备的以"实用技术""艺术鉴赏""劳动生产""自救应急""家政服务"五项为主要内容的通用能力项目训练。学生通过训练提升素质、增强体质，逐渐具备吃苦耐劳、乐于奉献、爱岗敬业的素质，培养了学习的能力、与人交流沟通解决问题的能力、团队协作的能力，以较高的职业素养进入企业，同时提升了学校学生终身发展的核心竞争力。

二是不断推进教学改革，强化技能教学，推进学生"技术成长"。加强校内和校外实习、实训基地建设。学校重视学生的校内实训基地的建设，通过近几年的努力建设，已经建成了机电、建筑、化工、商贸、信息、电子电工、烹饪专业等六大国家级、省市级公共实训基地，设备总额有 4 600 多万元，以全省领先的设施设备，保证了学生的实习实训。学校通过不断加强的校企合作、优秀校外实训基地的建设，建立了 94 个校外实训基地，这些基地为学生实习和就业提供了强有力的支持。通过在校外实训基地的实习实训，学生的专业技能不断得到加强，从而缩短了学生到岗后的适应期，使其更快地实现从学生到员工身份的转变。学校规定学生必须取得技能证书才能毕业。技能证书的考取，从老师到学生都非常重视，目前学生双证书取得率已达 100%。技能证书也成为学生就业的"敲门

砖"，学校鼓励学生多考技能证书，已有很多学生选择考二证或者三证，从而使得学生在就业中居于优势地位，这也是学校毕业生受到企业好评的一个重要原因。

三是推行"现代学徒制"试点。学校从 2012 年开始推行"现代学徒制"试点，以学生身心发展规律为基本依据，以学生长远发展为核心，以社会需求与岗位标准为培养目标，以校企合作为基础，通过学校、企业深度合作，学生在实际生产一线岗位上，通过"师傅带徒弟"的方式接受训练和开展工作，强调"做中学、学中做"。学生接触企业文化，开阔了视野，学习到工人师傅和工程技术人员的优秀品质和敬业精神，培养了良好的专业素质与团队精神，进一步提高了自身分析问题和解决问题的能力，为日后的就业和专业发展奠定了良好的基础。

三、对接地方产业办专业和培养学生，提升学生就业的吸引力

围绕地方经济发展的要求、企业转型升级的用工需求，开设和调整专业。如近几年，会计专业就业形势不好，学校果断调整，减少会计专业招生人数，转而招收就业形势看好的市场营销专业。针对湖州的产业实际，确定了电梯、农机、冶金、光伏、物流五个专业方向培养，服务地方经济；围绕地方产业和企业转型升级的需求和企业用工岗位，开设专业方向，与企业合作培养专业化技能人才，建立专业化的实训室。通过专业化实训，使学生能够快速适应专业的要求，缩短进入企业后的培训期和适应期；使其能够快速融入企业生产，能和企业的人才需求形成无缝对接。

四、深化校企合作和就业服务，提升学生就业的需求力

一是形成了十种校企合作模式。学校经过多年的办学实践和探索，和企业共同合作办学，形成了十种校企合作模式，即"生产与培训共同体"模式、"研发中心"模式、"公司运作"模式、"行业＋规模企业订单"模式、"双元制＝技能＋学历"模式、"理实一体化课程（校本教材）开发"模式、"孵化器"模式、"打包服务"模式、"现代学徒制"模式、"专业建设专家指导委员会"模式。充分调动了企业的积极性，促进了校企的深度合作，实现了学校、企业的双方共赢。

二是搭建多种校企互通的信息平台。组建湖州市职教人力资源经理俱乐部和浙信校人力资源经理 QQ 群，使校企沟通渠道顺畅。借助两大平台，定期邀请企业专家为学校专业建设把脉，为专业的人才培养方案的制订出谋划策。加强与湖州市人力资源市场的互动，招聘信息及时上挂湖州市人事人才网，使更多的企业能够从湖州市人事人才网上了解到学校每年学生就业的情况，以便于企业及早做出招聘安排。举办校园推荐会，将企业请进校园，实现学生和企业的零距离接触、学生和用人单位面对面。定期举办学校人事干部座谈会，通过人事干部座谈会，沟通学生在培养过程应注意的事项，包括课程设置、师资队伍的建设等问题。

依托区域产业优势　探索实现高质量就业

宁波北仑职业高级中学

近年来，学校探索人才培养模式，通过与企业的深度合作、教师与企业师傅的联合传授，学生的技能水平和岗位能力得到了明显提升，近年来毕业生就业率始终保持在100%。

一、设置"对口"专业课程，实现校企需求无缝对接

围绕产业需求设置专业。为更好地服务区域经济发展，促进产学的紧密结合，学校以市场需求为导向，主动开展区域产业调研，走访企业，了解企业需求，根据企业需求合理设置专业。5年来共新增、调整专业11个，2012年，学校分别与吉利汽车公司和恒迪汽车销售服务公司等企业合作开设汽车制造和检测专业、汽车整车与配件营销专业。目前，学校共设21个专业；其中，与当地产业密切相关的物流服务与管理、港口机械运行与维护、模具制造技术、数控技术应用等19个专业，占90%。

根据企业需要设置课程。学校按照"企业用人需求与岗位资格标准"设置课程，建成以"公共课程＋核心课程＋教学项目"为主要特征的、适合学徒制的专业课程体系，其中核心课程根据企业人才培养要求适当增减，教学项目完全按照企业需求。学校在课程专家、企业技术骨干和学校专业教师的努力下共同开发适合企业的项目课程，目前，已完成《吉邦公司现代学徒制工学结合实训手册》《格央公司现代学徒制工学结合实训手册》等七本企业实训任务书。

邀请企业参与学生招录。为进一步迎合企业对人才的需求，同时也便于学生了解企业情况和就业形势，学校主动邀请企业参与对学生的录取面试工作。2011年起，吉利汽车、捷胜海洋、龙星物流、国柜物流、南苑集团等5家企业参与了学校招生面试，2012年又新增宁波钢铁、大港货柜、逸东豪生等5家企业。企业参与学生的录取，使得学生的素质更符合企业需求，意向性更明确，学生刚进校门，就成为企业的"后备员工"。

二、实行"请进来、走出去"，确保教学贴近岗位需求

企业骨干走进学校。目前，学校与区内27家规模企业联合办学，共建56个企业冠名班级，达班级总数的70%。企业先后派遣148名主管担任冠名班级副班主任，参与培养方案设计、课程设置、教学管理、教学质量监控、学生就业等全过程管理，每学期走进课堂授课6节以上。同时，学校引进企业技术能手50余名，建立校企共建的技师工作室，指导学校的专业建设、教师培养等。

学校教师入企学习。2010年实施《北仑职高教师下企业制度》，全校100余名专业教师带着教改、科研任务下企业，每学年至少安排两周时间下企业，机械、物流等四大专业每学期安排1~2位专业教师在企业挂职实践3个月以上。2012年，学校组织全校252名教师分组分批下企业，从班主任管理、专业课教学、文化课教学、后勤管理等不同层面开展调研，整理汇编40篇优秀调研报告。通过教师入企制度，教师的专业素质得到了提升。

目前，学校已有省特级教师 1 名，市首席专业教师、首席工人和优秀"双师型"教师 6 名，技师 22 名，高级工 39 名，"双师型"教师 92 名。

三、开展校内外实训，提升学生岗位技能

打造校内"准工业园区"。2013 年起，引入宁波吉邦塑胶五金制品有限公司和宁波海伯天工液压有限公司两家企业，加上学校原有的宁波格央制造有限公司，共同打造校内"准工业园区"。校内"准工业园区"以企业实际订单贯穿课堂教学，将生产任务细化成实训项目，教师、学生一起进行生产，在生产过程中开展技能教学，让学生边学习边实践，在实践中提高他们的技能水平。

入企进行学徒制实训。目前，学校在 40 多家规模企业建立了校外实训基地，在校学生进企业进行学徒制实训，实训期间接受实训企业的双重管理。第一阶段 10 天，安排在高一学年，以"校内实训"和"企业体验"为主，学习基础理论课程，并参观企业的生产车间，感受企业文化，由学校教师对学生进行评价。第二阶段 2 个月，安排在高二学年，组织学生进企业参加"项目实训"和"轮岗实训"，其专业技能的要求和实训的内容由学校与企业共同确定，由学校教师和企业师傅共同指导并进行评价。第三阶段为高三一学年，直接到相关的企业进行"顶岗实习"，企业师傅全程指导，对学徒进行综合评价。学生在毕业时同时取得中等职业教育学历证书和职业资格证书，出师后颁发满师证书，成为一定等级的技术工人。目前，95% 的在校学生取得了中级工以上证书。

四、搭建创业平台，营造校园创业氛围

设立创业基金。2007 年，该校率先在宁波市设立创业基金，目前共有 20 余家校企合作单位捐赠 100 多万元创业基金，先后资助 10 余位学生自主创业，多名学生在创业基金帮助下，成功迈出了创业第一步。如资助 2010 级数控专业毕业生王冬军 10 万元开设服装网店，并联系当地恒远制衣、申州织造等服装企业，授权该网店代销企业的产品。目前该网店年销售额达到千万元。

建立创业创新研发中心。依托学校原有的创业工作室，无偿提供场地、基础设备设施和师资力量，帮助在校生创业。目前，该中心下设旅游专业的君度礼仪工作室、服装专业的卡乐工作室等 9 个创业工作室，以及再生银行、奶茶店、格子铺等 8 家创业实体商店，研发中心不仅面向校内师生群体，还面向社会承接开业礼仪、婚庆礼仪等服务，承接机械产品加工生产，为学生提供创业实践的平台。

积极营造创业氛围。学校拥有一支优秀的创业指导教师团队，队伍主要由"校名师工作室""校技师工作室"和优秀企业家及创业指导教师等组成，为学生在创业过程中碰到的困难排忧解难。在高二学生中开设创业课程，向学生普及创业基本流程、创业风险防范、创业计划书制订、国家创业政策等知识。组织学生参加各级创新创业大赛，激发学生的创业激情，促进学生自主创业，推动"以创业带动就业"。在 2011 年，服装专业的卡乐工作室荣获省创业创新大赛一等奖；2012 年，君度礼仪工作室荣获全国"2012 光华创业精神大奖"，初步形成了"创意发现新价值，创新激发新活力，创业拓展新通道"的局面。

培养紧缺人才　造就蓝领之星

安徽省芜湖市职业教育中心

学校围绕"为地方经济建设和社会发展培养制造业和现代服务业技能型紧缺人才"的目标，以就业为导向，以技能为本位，根据企业用工需要，培养有文化、懂技术、会操作的中等技术人才，打造新一代蓝领之星。2008年以来，学校每年就业率都高达98%，就业稳定率达80%。

一、转变就业观念，强化就业宣传与指导

高度重视职业指导工作。一是学校设立专门机构，制度健全，每年有工作规划。二是将"职业道德与职业指导"课程纳入各专业课程教学体系，并配合专门教师授课，开足教学课时。三是通过专题讲座、专题报告会，以及班校会等宣传阵地，帮助学生实现角色转换，指导学生科学规划设计职业生涯。通过各项活动，充分引导学生转变就业观念，树立"先就业后择业，打好基础再图发展"的就业观念，引导毕业生走"从等待工作机会到寻找工作机会，再到创造工作机会，逐步实现从就业走向创业"的职业发展之路。

加强择业心理指导和择业技巧指导。一是通过职业心理课程、心理健康讲座、主题班会和择业指导等形式引导毕业生积极参与竞争，调整择业心态和择业目标，提高自我调适能力和心理承受能力，学会调节个人情绪，正确对待挫折，有效地排除各种不健康的心理，避免心理冲突，保持乐观向上的情绪和积极择业就业的心态，在就业市场激烈的竞争中找到适合自己的工作。二是给学生传授求职择业的方法和技巧，如招聘信息的搜集与整理，自荐材料的准备，自荐的方法和技巧，常见的面试种类、方法及应试技巧，笔试的方法和技巧，个人简历的撰写，求职的外在能力（如语言表达、公关礼仪、形象气质、签约面试）等，让学生愉快地择业就业。

认真考察调研用人单位，提升校企合作质量。由于学校的知名度和社会效应的不断壮大，每年与学校接触需要实习就业人员的用人单位就有100多家。学校根据不同专业深入企业调研和认真考察，确立一批知名度高、信誉好、待遇高且能使学生有广阔发展空间的单位为合作伙伴，根据调研结果，确定合作意向，经过多次协商，制定合作协议。

在学生上岗前，召开学生会、家长会。一是根据实际情况有选择地将家长会放在企业现场召开，同时邀请合作单位详细介绍企业环境、工作岗位、时间和相关待遇，公开透明地向学生家长进行阐释。二是与学生、家长签订就业协议书，明确学校、学生（家长）、企业之间的责、权、利，缩短学生理想就业和现实就业的差距。

邀请历届优秀毕业生返校，做专场的优秀毕业生事迹报告会。邀请全国劳模、工商银行芜湖市中山路支行副行长、学校88届金融专业毕业生宣虹，汉爵集团安徽片区董事长、学校88届旅游专业毕业生徐卫，芜湖新百大厦副总经理、学校93届电子专业毕业生赵怀斌等与学生面对面交流，介绍他们个人成长的经历以及在实际工作中遇到的情况，帮助学

生加快角色的转变。此举受到广大师生与家长一致好评。

二、重视就业实习，落实制度和责任

加强实习管理。每个实习就业单位，学校都安排专职实习就业指导教师，代表学校协助用人单位共同管理学生，确保实习就业工作健康有序进行，并欢迎学生家长到企业实地考察。

制定管理制度。学校招生就业指导处正、副主任手机 24 小时开机，随时了解学生实习就业情况、家长的意见与要求以及实习就业指导教师反馈的情况，及时做好各方面的沟通，处理好突发事件。学校"一把手"不定期地深入企业，看望学生并检查指导实习就业工作。

三、强化校企合作，拓宽就业平台

"订单式"培养，努力使校企无缝对接。2008 年以来，学校与中达电子有限公司、欧宝机电有限公司、美的制冷设备有限公司、汉爵阳明大酒店、奇瑞汽车股份有限公司等十几家企业签订了订单培养合作关系。在合作过程中，实行校企联合制订培养计划，共同制订教学计划和教学大纲，把"因需施教"落实到实处，使人才的培养更贴近市场需求。工厂根据生产情况提供实习生的实习场地、设备和实习作业岗位，提供技术人员进行指导，派专业技术人员定期或不定期地对学生进行专业理论与实际操作的系统培训和考核，每学期企业派相关人员到学校对学生进行授课。学校安排相关的专业教师定期到企业进行理论知识和现场技能培训。校企双方共享师资资源，强化了实训环节，突出了学生动手能力的培养，努力实现校企无缝对接。

学校每年开展人力资源市场调查。与各用人单位加强联系，了解各企业的用工信息，向各专业的毕业生发布就业信息，帮助他们针对自身条件选择合适的单位与工种，并对他们进行跟踪调查与管理。每年 7 月底、8 月初组织一次毕业生供需见面会，为毕业生双向选择提供平台，向各专业毕业生发布就业信息。学校还积极开展毕业生跟踪调查，了解毕业生就业状况，不断改进学校的职业指导工作。

开展就业工作研讨，积极探索就业工作新局面。学校牵头成立安徽省电子技术职教集团，以及旅游、电子、计算机应用、机电四个办学指导委员会。为了使就业工作能做得更好、更实，学校每年都要召开就业工作校企联谊会，邀请实习企业、优秀毕业生、职业教育职能部门对学生就业工作进行研讨，针对经济发展对人才的需求以及用人单位与学校间的合作互赢，进行多方的研讨。

以市场为导向做好毕业生就业工作

烟台第一职业中等专业学校

学校始终把毕业生就业工作放在首要位置，坚持以"服务为宗旨、以就业为导向、以能力为本位"的办学理念，结合区域经济发展状况，采取扎实有效的措施，在创新人才培养模式、完善就业服务体系、引导和鼓励毕业生自主创业、提高就业质量等方面进行探索和尝试，毕业生就业率连年保持在99%以上。

一、保障得力，就业工作开展有序

分工负责，就业指导有声有色。一是设立学生就业工作指导处，负责全校学生的就业服务工作。配备高级教师、职业指导师和创业指导师，定期对学生进行就业、创业指导。二是成立就业工作领导小组，由分管校长任组长，各专业科主任为成员，根据人才市场需求，对学校人才培养目标、专业课程设置，以及实习实训基地建设运营管理等方面及时提出调整意见或建议，使学校的教育教学紧跟人才市场需求步伐。三是组建由部分行业、企业专家和管理人员参与的专业建设专家指导委员会，定期听取专家对市场需求、产教结合及师资队伍建设等工作的意见建议，极大地促进学校就业工作健康发展。

健全制度，就业工作带动技能教学水平提升。为保障学生权益，提升学生的就业竞争力，学校相继出台了《关于加强学生实习管理工作的规定》《关于加强就业、创业教育工作的实施意见》等管理制度，并与合作企业签订了《校企合作协议》《毕业生实习协议》，使学校的就业工作开展得规范有序。国家大力发展中职教育政策不断深入，对学校技能教学的水平有了更高的要求。为使学校的专业技能教学能紧跟市场需求，建立了专业教师到企业顶岗实践的考核、登记制度，进一步促进企业生产和课堂教学的零距离对接，为培养高水平的技能型人才奠定了坚实基础。

二、突出特色，广辟就业渠道

"订单培养"，直接就业。早在十年前，学校就与烟台工商银行、烟台新华书店、烟台建设银行等单位进行了"订单培养"模式的探索。经过多年考察、调研，又相继与烟台交运集团、烟台大剧院、烟台市级机关幼儿园、烟台东方电子、烟台正海集团等40多家社会声誉较高、发展前景广阔的企业、行业，签订了"订单培养"共建校外实训基地协议。根据用人单位用工需求，共同制订培养方案和教学内容，共同参与教学管理和指导学生实习。"订单培养"缩短了学生适应市场的时间，起到了校园接轨市场、课堂连接就业的效果，实现了学校办学与企业用人的无缝对接。

境外就业，深度挖潜。先后向日本、新加坡等国输送服装、电子、印刷等专业研修生400多名，既开阔了学生眼界，又能让学生获取较高的劳动报酬，达到学校、企业、家庭共赢。由于工作成绩突出，学校成为烟台国际经济合作有限公司的外派劳务基地。

三、搭建平台，激发学生创业潜能

举办校园商品交易会暨学生自主创业模拟演习。2009年，学校在中职生创业没有任何前车之鉴的情况下，首开烟台市中职学校学生创业教育之先河，举办了首届校园商品交易会暨学生自主创业模拟演习启动仪式。活动的成功举办，得到省、市领导的一致好评，并把学校设为省、市两级创业会议的主要参观现场，在全省中等职业学校创业教育现场会作典型发言。同时，学校被评为山东省创业教育明星学校，并获得山东省"十一五"地方教育创新成果二等奖。

建立学生模拟创业实践基地。学校根据当地社会经济现状，积极探索新路子，将原来对外出租的门面房全部收回，建立学生模拟创业实践基地，使学生在校内就能完成理论与实践的有效衔接，学生的"创业、创造、创新"能力得到提升。学校先后开设了导游专业的烟台中旅一职门店、服装专业的科与舒朗服饰品牌专营店、财会专业的科学艺超市等多个校内创业工作室，通过参加活动和创业工作室的锻炼，学生系统了解了创业知识及个人应当具备的创业品质，涌现出了陈原彤、韩剑等一大批在校生创业典型，陈原彤同学获得2012"光华全国创业精神大奖"，韩剑同学参加了"光华校友香港创业行2013年商业模式创意之旅"活动。

四、引厂入校，校企合作实现双赢

服装专业引进烟台样衣行服装设计有限公司，由学校提供场地，企业投资改造、建设、更新设备。采取企业提供订单、技术人员，以及企业进行生产管理等形式，使学生在校即能够进行完整、系统的服装生产加工、产品研发，接受"一条龙"实习实训。学校先后与烟台兴泉工贸有限公司、海尔烟台工贸公司合作，由公司提供技术骨干指导，把企业的生产线引入学校，做到了"教室车间化"，利用学校现有设备进行来料加工，学生参与企业零件加工。校内实训基地也成为海尔烟台工贸唯一一家培训基地。学校机电专业也获得了烟台国际经济技术合作有限公司资金800余万元，校企共建机电专业实训基地。

校企合作的深度融合，整体提高了学校的教学管理水平和学生技能水平，为学生技能水平的提高插上了腾飞的翅膀，学生就业质量稳步提升。

五、跟踪服务，确保学生就业岗位稳固率

在广拓就业市场的同时，学校注重对学生就业观念的教育，将就业指导课贯穿于整个教学工作中来，引导学生树立正确的择业观，着力培养学生的爱岗敬业、吃苦耐劳精神。采取"请进来、走出去"的方式，邀请烟台大学教授、往届优秀毕业生、企业、行业专家领导为学生进行就业方面的讲座，组织学生观看大型毕业生就业指导专题片《放飞梦想》，并为就业困难的学生提供个性化指导，帮助学生顺利就业。完善实习就业程序，与学生、家长、用人单位实行"三方签管"，做到分工负责、落实责任、细化管理。加强跟踪服务力度，专业老师、班主任、就业处工作人员等定期回访企业，与单位领导沟通、联系，及时掌握学生的实习、思想动态，确保实习安置工作岗位的稳定巩固。

校企深度融合 将就业教育融入教育教学全过程

湖南省桃源县职业中等专业学校

学校以就业为导向，坚持让企业全程参与就业指导，通过"订单"培养、共建实习基地等形式，学生综合素质和就业水平不断提升，历届毕业生一次性就业率和对口就业率分别在95%和90%以上，赢得了良好的社会声誉。

一、校企联手重引导，帮助学生树立职业理想

开辟宣传橱窗，营造企业氛围。在校内开辟宣传橱窗介绍企业的基本情况、招聘岗位、福利待遇和就业典型等，让学生确定就业方向，树立奋斗目标。

教室环境布置，融入企业理念。企业老总的寄语、就业典型、在读学生的职业感言，代替了传统的名人名言；教室内的安静布置融入了企业对员工的要求，后墙的黑板报换成企业宣传墙。特色鲜明的企业文化氛围，为学生进入企业后的管理打下基础。

打造真实环境，锻炼职业素养。一是学校逐步形成了"以产养教、以教促产"的校企合作模式。广东优百依制衣有限公司在校内建有实习基地，投资6条生产线，合作加工的品牌有10余种；桃源大华机械厂和长沙威胜集团将生产车间搬到实训基地，按企业6S要求进行管理，企业师傅担任实训指导教师，学生以准员工的身份参加生产性实训，既可以进行技能训练，又可以进一步明确自己的专业定位。二是校企邀请在企业中有突出贡献的往届毕业生回校与学生举办座谈、做就业报告、优秀学生到企业参观，共同举办校园招聘会等活动，进一步加强师生与企业的沟通，增进学生对企业的了解，让学生的就业方向更加明确，就业信心更加充足。

二、校企联手强教学，全面提高学生就业技能

上好基于工作实践的就业指导课程。学校一直坚持：平时上好一堂课——就业指导课进课表；就业前开好一个会——家长会、学生会的专题讲座；应聘时填好一张表——个人简历表，让学生在校全程接受就业教育。同时，冠名企业从新生入学开始，每学期都要来校进行为期半个月的就业指导，鼓励学生从专业知识、能力、心理素质等方面为将来就业作好准备。其他专业同样邀请相关企业走进课堂，与学生进行零距离交流，激发学生对专业的热爱和对就业理想的追求，增强对正确就业创业的认识和专业实践能力。

强化以实践操作为核心的技能训练。一是加强校内实训基地建设，改善实训条件。目前，校企共建的各类实验实训室已达72间，实习实训设备1 300余万元。2013年9月底，创维电子价值14万元的三星手机维修实训车间也投入使用。二是加强实训课程教学指导，优化教学过程。每学期，冠名企业都要派高级工程师来校进行技能教学和指导。在企业专家的建议与参与下，各专业至少分别完成了4门核心专业实训教材的开发。这些教材以学生未来就业岗位的典型工作任务为中心组织课程内容，让学生在完成具体项目的过程中构

建相关理论知识，重新构建的实训课程，突出学生实践动手能力的培养，使专业教学更加贴近企业生产实际。三是加大技能竞赛组织力度，激发训练热情。近年来，结合学校的技能考核，每年冠名企业都要组织两次"企业杯"专业技能竞赛，评选出的"技能之星"由企业发放800元/人的奖励。为迎接每年的职业院校技能竞赛，相关企业积极帮助学校培训师资、提供训练设备与场地。从2008年起，学校学生频频获得各级技能竞赛大奖。2013年，学校四个项目7人获得全省一等奖、三个项目同获国赛三等奖。

三、校企联手同协作，切实加强学生实习管理

共同做好实习前期教育，实现管理工作的高起点。一是学校进行实习动员时，聘请企业管理者和技术员来校介绍企业的基本情况、工作性质和用人机制，让学生了解企业。二是邀请优秀毕业生和实习生返校谈自己实习、就业的体会与经验，把在企业碰到的问题和经受的磨炼原原本本地告诉学生，让他们早做思想准备，树立较为直观、现实、理性的就业理念，明确到企业实习的目的、任务和自己的身份，尽快实现角色转换。三是学生进入实习单位后，各实习单位选派有较强理论知识和较好操作技能的主管、技师、经理等工作人员，结合岗位的具体情况对实习生进行岗前培训，实现学校和企业的"无缝链接"。

共同构建实习管理网络，实现管理空间的全覆盖。在实习管理过程中，构建了学校、家庭、实习基地三位一体的立体式管理网络。一是学校和实习基地共同组成实习指导小组，商定实习的具体事宜，制订实习计划，共同对学生实习期间的各方面进行管理与指导。二是学校成立以校长为组长的实习领导小组，由实习就业科具体负责。三是在京津地区、珠三角、长三角等实习单位比较密集的地区，长期设有实习就业服务站。四是实习学生10人以上的实习点，长期派驻实习指导教师。没有派驻教师的实习点，则安排教师定期巡查走访。特别是实习初期，通过走访可以较快地安定学生情绪，使其适应实习工种，同时学校也可以倾听实习单位的意见，及时改进实习管理工作。原先在校的班主任则负责对全班学生完成实习任务的全过程进行跟踪式管理。

共同健全实习管理机制，实现管理质量的大提升。一是每个实习基地都成立毕业生实习管理小组，由校企双方选派人员参加。每次实习开始前，负责制订实习管理计划，明确双方的工作任务与责任。为了对学生实习工作进行全面考核，校企双方为每位学生建立实习生"足迹日记"，记载他们的实习成长过程。实习结束前，根据学生的实习态度、实际操作技能、实习纪律等进行客观评定，并以此作为学生实习工作是否合格的关键依据。二是校企每月举办一次实习生交流会，让学生进行工作、思想的交流，对出现的问题研究对策和方法。同时，对相关实习就业服务人员的工作成效，由学校、学生、家长、实习单位共同考核评价，落实绩效奖惩。

校企合作 强强联合 提升学校就业工作内涵发展

广东省民政职业技术学校

学校秉承"授技育人，培养现代技术、现代服务、现代经贸类职业人才"的办学理念，全面实施规模立校、质量强校、民主治校的发展战略，为广东省培养了上万名技能型人才。2010年至今，就业率达到99.4%，得到社会普遍认可。

一、建立就业工作机构和就业网络

为做好毕业生的职业指导、顶岗实习和推荐就业工作，2009年，学校从兄弟学校物色引进了就业工作经验和就业资源丰富的招生就业办主任，组建了以招生服务、就业指导和校企合作办为一体的服务中心，开展了一系列的策划、拓展和实施工作。

建立校内就业工作体系；为贯彻职业教育"以就业为导向，以服务为宗旨"的办学方针，学校将毕业生的就业工作视为年度工作的重中之重，成立了学校就业领导小组；同时要求学校每一位班主任、任课教师树立职业育人意识，在专业教学中渗透职业教育理念和职业生涯规划教学工作，在生活中关注学生实习就业动向，形成了"领导主抓，全员参与"的就业工作体系；做到全校各级领导、教职员工人人关心、支持、参与毕业生就业工作，积极营造毕业生就业工作的良好氛围。

规范毕业生就业制度。校领导严格要求就业指导中心规范毕业生的就业制度。毕业生顶岗实习期间，必须由实习老师全程跟踪管理和指导，对学生实习的申请、推荐、考核形成规范化管理。为毕业生提供就业咨询服务、提供就业信息、联系用人单位、推荐毕业生见工面试、公布录用结果、通知上岗、进行实习指导等，且均建立有严格的相关制度。

多渠道建立就业网络和就业基地。自"就业指导中心"成立以来，为完善就业网络的建设和建立长期稳固的就业基地，学校就业指导中心用半年时间通过各地招聘会、就业网站、企业家协会、就业机构、各种人才中心、各校企合作协会、酒店管理交流群等，建立起以珠三角为主的庞大就业网络以及87家固定就业基地和500所定向就业（实习）幼儿园。

二、依托社会需求开设专业，以校企合作保障就业

为保障就业，实现"订单培养"，使校企合作向纵深发展，近年来学校与多家企业签订校企合作协议，实现专业与企业岗位无缝对接。

积极拓展渠道，探索多赢合作模式。学校充分利用各方资源，为毕业生提供相对稳定的就业市场。一是注重加强与省教育厅就业服务指导中心的联系，共同探讨合作模式，拓宽与用人单位的接触渠道。4年来，每年都成功举办专场招聘和大型供需见面会。特别是去年，为加大宣传力度，扩大影响，学校主动联系和承办了省教育厅就业服务中心的2012年中等职业学校大型供需见面会。当天进场招聘的用人单位共有108家，提供的工作岗位

合计 4 270 多个。现场共有 5 000 多名中职学生参加了本次供需见面会。2013 年 5~6 月，学校为 2013 届毕业生按专业分类陆续举办了 36 场专场招聘，解决了 1 356 位毕业生的就业问题。在毕业生即将离校前，6 月 26 日，学校还特别为最后未落实就业单位的毕业生举办了一场有 76 个单位、2 600 多岗位的大型供需见面会，应届毕业生就业率高达 99.5%。

加强校企合作，巩固就业基地。近几年来，签订校企合作企业达 43 个，给毕业生提供了良好的就业平台。今年，在招生就业办的积极联系和不懈努力下，在专业部的协助下，壳牌汽车快保中心项目、广州大厦、东莞星宇教育投资公司等企业均与学校签订了校企合作协议。

订单培养显特色，校企合作谋发展。在 2008 年前，学校只有 6 个专业。要扩大办学规模，就必须增加专业和招生数量。为了保障新开专业的就业工作，学校在教育厅就业服务指导中心帮助下，2009 年以来先后与广州南华动漫基地、上海玛杉服饰有限公司、深圳福田免税区物流中心、亚马逊物流集团、深圳航空公司票务公司等 43 家用人单位签订了订单培养合作协议，学校根据订单培养需求先后增加开设了"动漫设计""服装设计""物流管理""社会工作""假肢康复""汽车电子技术""航空服务"等专业。

订单培养模式的建立，除给就业方面以保障外，更主要的在于校企合作模式能实现"校企合一"，能进行人才的"无缝对接"培养，例如与学校合作的壳牌（中国）汽车快保中心和"壳牌班"在学校的建立，是学校深度校企合作项目的典范。壳牌（中国）公司为"中心"投入了近 30 万元的设备，为"壳牌班"每年投入 5 万元作为助学扶贫和学习奖励金。本项目的合作，为学校汽修技术与社会接轨实现了"无缝对接"，为学校汽车维修技术带来新的教学和管理理念，为进一步优化学风、校风起到很好的促进作用，为汽修专业毕业生创造优质的就业保障，为扩大学校知名度起到了很好的作用。

校企联动 立体推进
搭建毕业生成功就业创业的"立交桥"

深圳市宝安职业技术学校

学校始终把学生的成才观、就业观、价值观的教育放在就业指导工作的首位，着力增强学生的就业综合竞争力，为其将来参与社会竞争打下坚实基础。近三年来，毕业生就业率持续稳定在98%以上。

一、确立为区域经济服务总目标，构建就业创业指导的合力机制

建立健全以政府为主导、学校为主体、企业参与的校企合作的办学机制，为学生实训、实习、就业基地建设开辟一条崭新的路径，实现学校、企业、学生多赢的工作新局面。全面提升学生的综合素质和就业能力，为学生提供优质的就业岗位，学校把创业教育纳入人才培养过程的系统设计，建立和完善由创业知识教育、创业实践培训和创业实践活动构成的相互融合的创业教育体系。

二、构建校企深度合作平台，推动就业指导工作内涵发展

在企业和行业的大力支持下，学校依托"企业校区"，通过实施"工学结合"人才培养模式，着力提升学生的岗位适应能力和综合素质。"企业校区"将学校、企业和学生三方紧密地联系在一起，学生在学校和企业之间依次进行体验、实习、实践，解决了"学以致用"的问题，专业与岗位对接了，就业竞争力也明显增强。毕业生在就业之前就已经熟悉了实习企业的基本情况、岗位操作、规章制度等，因此会优先选择合作企业，这也为企业节约了人力资源成本。

三、以各类就业活动为抓手，强化学生就业意识，提高学生就业能力

就业指导形式多样。一是积极组织学生参加政府、行业组织的各种招聘会的服务性工作。通过积极参与服务性工作，引导学生体验招聘过程，并将其内化为自我提高、自我完善的动力，反馈到专业学习中。二是每年定期开展"就业创业节"活动。三是德育教研组深化就业指导课程内容和教学方法改革，帮助学生做好职业生涯规划。

开展创业教育活动。在学校的支持下，各专业学生相继自主创办"主动力信息技术服务公司""七彩虹礼仪公司""自创虚拟数控公司""龙动漫公司""财经部小财迷"等五家公司，并尝试股份制公司的运作实践。学生创业意识和创业能力得到了有效锻炼，专业学习的热情得到有效激发。

搭建信息网络平台。建立毕业生就业信息网络平台，加强就业工作信息化建设，实现网上信息发布、就业咨询，使就业指导、咨询、服务工作能及时、准确、高效、快捷地传递给广大学生。

积极开展校园招聘。通过组织一年一度全校毕业生的供需见面会、经常性的小型招聘

会、网上就业市场等方式，建立毕业生就业市场。

四、以信息化建设为手段，全面掌握毕业生就业动态

准确、全面掌握毕业生就业情况，是做好毕业生就业指导工作的基础。为解决这一难题，在反复论证、多方调研的基础上，结合培训就业系统的信息化建设工作，学校组织开发出"毕业生就业服务管理系统"。该系统主要解决了三个方面的问题：一是所有报到毕业生的就业情况都进入数据库，可查询所有毕业生的就业情况。二是可以方便地为离校未就业毕业生提供就业服务。三是为在校生提供就业、创业方面的信息和资料。

五、以技能竞赛为抓手，全面提升学生实践技能水平和综合素质

提升学生就业创业能力的核心，是学生专业技术能力和自身综合素质。因此，学校积极构建技能水平展示平台，强化学生专业技能和综合素质的培养。

技能大赛上屡创佳绩。技能竞赛是提高学生实践操作能力的重要途径，经过不懈努力，技能竞赛已在学校形成了全员参与的良好局面，通过实施"以赛代考、以赛促教、教赛一体"的专业教育与技能训练模式，学生的动手能力、创新意识、参与积极性和就业竞争力都得到了明显提升。近三年，凡是在全国技能大赛中获得奖项的学生或被大学录取，或以远高于其他毕业生的薪酬被各企业竞相聘用。

全面推行"双证书"制度。根据学生专业及岗位的需求，学校要求学生获取相关专业职业资格证或执业资格证书，毕业生"双证书"取证率达95%以上。宽广的校企合作平台、完善的就业创业指导服务体系，以及灵活多样的就业创业活动，为学生的成功就业、创业提供了良好的助推作用。毕业生深受用人单位欢迎，为区域社会经济发展提供了有力的人才支持。未来，学校将进一步探索符合市场发展需要、满足学生成才愿望的新方法、新机制，尤其是加强学生岗位适应能力和适应岗位变化能力方面的培养力度，为学生终身成长奠定坚实基础。

深化校企合作　提高就业质量

深圳市第一职业技术学校

近年来，学校确立了国际化、集团化、现代化发展目标，2007 年与新西兰怀卡托理工学院开展专业链接式合作办学，2010 年牵头成立深圳第一职业教育集团，加强就业工作指导专业化、推荐系统化、管理服务化、职教扶贫常规化，努力提高学生就业质量，就业率连续六年达到 100% 。

一、落实就业政策，拓宽就业思路

根据《中等职业学校学生实习管理办法》，学校全面贯彻落实国家的教育方针，坚持教育与生产劳动相结合，遵循职业教育规律，培养学生职业道德和职业技能，促进学生全面发展和就业。

不断加大和企业的合作力度，着力扩展校企合作"订单培养，合同就业"的范围和规模，培植专业基本对应、需求相对稳定的学生就业岗位群，就业得到充分保障，保证了毕业生就业渠道畅通。

不断加强学生创业教育，着力培养学生的创业意识和创业能力。有些学生在校学习期间，就通过开设网站、建立网站维护服务点等形式开始了自己的创业历程；部分在读学生利用掌握的知识和技能，课余时间为企业维护网站、制作网页、制作动漫作品等，工学同步，真正体现了"就业有优势，创业有基础"。

二、搭建就业平台，扩展实习基地

从各种渠道不断探索市场，深入了解市场，构建新体制，运行新机制、新措施，搭建出一条学校、学生、企业新平台。在体制上，摒弃以往学科老师又带班上课、又负责就业工作的做法，安排专人专管就业指导、校园推介、就业跟踪的一系列工作。在机制上，运行择优推荐、分层次推荐的做法，保持学生竞争力。

开拓实习就业基地。为满足市场需求、保障学生就业、深入校企合作，学校建立了包括康佳集团股份公司、长城计算机股份有限公司、银雁金融配套服务公司、宗正（奥迪）股份有限公司、比亚迪股份有限公司等 40 多家就业基地，由学校跟企业共同制订就业计划，实行订单培养。

进行就业问卷调查。在构建校企平台上，为了更多了解企业对中职学校学生的需求信息，学校每年都向多家企事业单位及往届毕业生发放"毕业生就业单位问卷"及"毕业生跟踪调查表"。通过这些问卷调查，学校有效掌握到社会需求、企业需求，为就业推荐工作打下了坚实的基础。

三、提高服务质量，开展职教扶贫

为了提高毕业生就业服务质量，把职教对口扶贫工作做好做实，学校采取了一系列措施：

就业指导专业化。一是采取"走出去、请进来"方法，开展就业指导课程，邀请企业高级管理人员来校为学生讲授企业文化、职业道德、职业规划等，邀请往届毕业生来校为学生讲授自身经历的成长历程，帮助学生树立正确的就业观。二是与深圳深大成教学院、深圳广播电视大学合作，多次开展毕业生学历提升专题讲座，学生踊跃报名参加学历提升再教育。

校园推荐系统化。通过各种渠道收集招聘信息，开设"毕业生就业信息专栏"，及时发布各类招聘信息，让毕业生能及时地了解市场需求动态。为了让更多的学生选择适合自己的岗位，结合自身情况有针对性地选择就业单位，在校园推荐会召开前，我们将招聘信息汇编成册，发到班级，让学生可以预先了解企业情况，并多次带领学生深入企业，多方位、更深层次地了解企业。

就业管理服务化。服务学生、服务企业是我们的办学宗旨，学校不断加强就业跟踪服务，搭建师生、企业交流平台。首先，为了多方位掌握学生就业动态，了解企业招聘需求等信息，学校定期或不定期地以走访、电话、短信、飞信、QQ群等多种方式对学生进行联系、检查并指导学生工作情况。其次，为了保障学生的安全，消除学校、企业、家长的后顾之忧，由学校出资为学生购买了人身意外伤害保险。

开展职教对口帮扶。根据教育部的要求和深圳市委市政府对口支援贵州毕节地区的总体部署，在市教育局的领导和支持下，学校充分发挥国家级重点职业学校的辐射作用，于2005年开始积极开展面向贵州毕节地区的"对口帮扶，职教扶贫"工作。2006年，在贵州省教育厅和毕节地区教育局的大力支持下，成立贵州毕节分校，并与毕节市职业技术高级中学、毕节地区财贸学校、毕节地区工业学校、毕节地区农业学校等4所中等职业学校签订联合办学协议。根据当地的实际情况，采用"2.5＋0.5"或"1.5＋0.5"的模式开展联合办学（即前一阶段在当地学习，后一阶段在深圳本部进行岗前培训并推荐顶岗实习及就业）。2008年5月底，在原有联办学校的基础上，又和贵州省毕节纳雍县职业技术学校达成联合办学协议，进一步扩大"职教扶贫联合办学"的规模和区域。

联合办学的成功实践，在联办地区的职业教育界产生了强烈反响，受到当地教育主管部门和联办学校的充分肯定，也得到学生和家长的热烈欢迎。毕节地区教育局和联办学校给予高度评价，认为这种模式才是真心真意、实实在在的对口帮扶。

以企业用人需求为目标 培养受欢迎的技能型员工

昆明铁路机械学校

近年来，学校始终把企业用人需求作为培养目标的主线，创新开展学生职业生涯规划和就业意识能力的教育，为毕业学生搭建了良好的顶岗实习和就业平台，学生就业率均保持在92%以上。

一、开展深度校企合作，加强人才培养的针对性

以学生职业能力为依据，优化课程内容。课程内容反映专业领域的新知识、新技术、新工艺和新方法。按照工作过程任务驱动组织教学，建立工作任务与知识、技能的联系，增强学生的直观体验，激发学生的学习兴趣。以职业技能鉴定为参照强化技能训练。课程标准涵盖职业标准，按照相应工种的国家职业资格证书标准技能考核的内容与要求，优化训练条件，创新训练手段，提高训练效果。

推动企业技术人员和学校师生工学结合。通过引入企业的技术人员到学校参与教学和指导、派出教师到企业跟班实践提升实作技能水平，实现校企之间的良性互动与无缝衔接。另一方面，积极推动学生分时段到企业进行工学结合，使学生的职业素养和技能在实践中得到培养与发展；同时又能让企业提前了解学生，为双方提供了选择的空间；还可以为企业解决部分劳动力短缺的难题，实现学生、学校、企业共赢。

推行订单式培养、定向培养、企业员工岗位培训。校企合作办学，继续紧紧抓住铁路建设、城市轨道交通、地方经济快速发展的用人良机，开展全方位人才培养输送和深度校企合作。近年来，学校与昆明铁路局、昆明地铁公司、中国南车集团、中铁昆明大型养路机械公司、中船重工昆明船舶设备集团有限公司等企业建立了密切的合作办学联系，在培养师资、实训基地建设、联合开发教材、工学交替、产教结合、专业对口岗位顶岗实习、企业员工培训等方面进行合作，取得了丰硕成果；对学校专业发展、学生培养就业以及企业发展都起到了良好的推动作用。通过开展这些卓有成效的校企合作，紧密了与企业用人单位的联系，把企业的岗位职业标准引入学校的课程体系中，提升了学生综合职业能力，缩短了学生的上岗适应期，形成了新的人才培养合作机制。

加大校内实训基地建设。采用"综合性实训中心＋专业实训基地"的构建模式，建有设施先进的轨道交通、机械加工与焊接技术、电工电子与自动化、计算机信息等四个综合性实训中心以及各专业的专业性实训基地。在全国各地铁路企业、城市轨道交通企业和地方企业设立了长久而稳定的实习基地。齐全的设施、精良的设备，以及稳固的校内外实训实习基地，保证了学生专业实践技能不断提升。

二、开展学生行为习惯养成教育，与企业用人相衔接

企业用人单位都希望招到有良好职业道德、具备一定专业技能、心理和生理健康的高

素质员工，能为企业创造价值。因此，学校务必把学生道德理想、行为习惯的养成，以及责任意识、遵纪守法意识的教育放在极其重要的位置，将德育工作与企业用人有效衔接。

自新生入学军训开始，在宿舍内务整理、个人文明礼仪、班级文化氛围、作息时间遵守、佩戴胸牌等方面开展全方位的训练。明确告诉学生需要做什么、为什么要这样做，以及如何去做；让他们从最简单的事情做起，如"用完的东西要放回原处、别人帮助了你要说声谢谢、见到老师要问好"等，注意过程控制和细节的落实。

培养良好的行为习惯是一个艰巨的、长期的、细致的过程，不能指望一朝一夕便可一蹴而就，必须持之以恒，不断强化，使学生逐渐地由被迫遵守而变为习惯遵守，再经过继续的深化实践，最终变成自觉遵守。为此，学校尝试把企业管理中的 7S 管理理念和方法引进、延伸到对学生的日常管理中。通过几年来持之以恒的教育管理活动，把它内化为学生的自觉行为，学生的精神面貌发生了很大变化，收效非常明显，且在用人企业的反馈中得到了充分肯定。

三、加强职业生涯规划指导和就业观念、创业意识的培养

开展多种形式的就业教育和宣传讲座。学生在学校学习期间，就如同一张白纸，对社会的了解极其有限。我们通过各类讲座，帮助学生更快、更好地适应当前就业制度改革后的新形势。从学校领导开始，到职能部门、专业教学部，分工负责，各有侧重，给学生介绍企业的岗位技能需求和综合职业素质要求，引导和帮助学生了解社会、了解职业、了解自己，树立正确的就业观，强化学生的就业意识，主动提高自己的品德素质、心理素质、文化素质、身体素质和专业素质，增强适应社会和职业变化的能力、继续学习的能力、创新精神和实践能力，为自己即将开始的职业生涯做好具体而实在的准备。让学生明白在双向选择过程中，个人综合素质实力的竞争，来源于在校期间的全部努力。

组织学生开展职业体验和社会调查。结合企业和社会实际，组织学生走向社会，根据自己的职业兴趣有针对性地开展职业体验和社会调查，增加对社会职业生活的感性认识与深入了解。为提高职业教育的有效性和针对性，学校经常把企业管理人员、优秀校友等请到学校来，与学生面对面沟通交流，引导学生了解就业形势和企业用人需求信息，学习面试择业技巧，培养其创业精神和意识。

推行学生综合素质排名筛选制度。在企业到校招聘面试时，学校坚持推行学生综合素质排名筛选制度，严格按照招聘企业的相关岗位要求，根据学生在校期间的学科成绩、专业技能、日常操行综合评定进行打分排名，确定合格的面试入选名单，为企业用人先把好第一关。这样就为密切合作的优质企业提供了质量保证，体现了对学生的公平公正，同时对校园良好学习风气也产生了积极的影响。近年来，先后有大批优秀学生被昆明轨道交通公司、昆明铁路局客运段、中国南车集团、柳州车辆厂、海南航空昆明基地等单位录用，受到了招聘企业的高度肯定和学生的欢迎。学校自 2008 年 5 月由云南省商务厅挂牌备案为云南省外派劳务培训基地以来，通过卓有成效的宣传和服务工作，凭借学生良好的综合职业素质，已经有数十名学生通过外派劳务公司成功到新加坡的企业就业，实现了"走出去"的突破。

深化校企合作 提高就业质量

长春职业技术学校

近年来，学校依托吉林省汽车、轨道交通及服务行业的发展，毕业生供不应求，就业率稳定保持在98％以上，就业质量受到学生及家长的高度认可。

一、加强就业指导，转变学生就业观念

将就业指导与创业教育列入必选课程。针对生源特点及未来发展的实际需要，学校在第一学年开设"职业道德与职业指导"课程，第二学年开设"就业指导与创业教育"课程，通过课程学习，帮助学生树立职业生涯规划理念，掌握就业、创业的基本知识，帮助学生了解社会及自身优势，促进学生职业素质发展。第三学年结合学生顶岗实习的实际情况，以典型人物为案例，开展励志教育，并邀请人力资源专家到校开展讲座，帮助学生顺利从学生过渡到员工，提高就业的稳定性。

多途径引导学生转变就业观念。通过就业讲座、社会调研、社团活动、技能竞赛等载体，组织学生学习就业政策、法律法规、劳动人事制度和就业制度的改革情况等内容，让学生充分了解就业形势和政策，明确自己在择业过程中的权利和义务、程序和途径、渠道和范围，引导学生转变就业观念，帮助学生树立"先就业后择业，打好基础再图发展"的就业观念，使其主动寻找工作机会，珍惜机会，踏实工作。

模拟招聘训练。利用班会时间，在学生顶岗实习前召开模拟招聘训练，活动分为招聘企业宣讲、笔试、体能测试、决赛等四个部分，学校聘请企业人力资源专家及就业指导教师组成评委，使同学们体会到了竞争的激烈，丰富了同学们的应聘经验，提升了自身的综合能力。

倡导学生自主创业。创业是就业的高级形式。为了帮助学生找到适合自己的成长路径，学校开设了创业教育和创业实训相关课程，通过案例剖析、知识讲座和宣传中职生创业事迹等多种方式，增强创业教育的针对性和实用性。通过对学生创业意识、创业精神和创业能力的培养，使更多的谋业者变成职业岗位的创造者。

二、加强统筹，完善制度

构建就业信息交流平台，为学生就业提供服务。学校推荐仍为目前中职学生就业的主要渠道，受到学校、学生和用人单位的普遍关注。职业学校承载着学生就业与用人单位招工的双向需要，而构建技能人才供需信息平台，是引导学生选择专业、满足社会用工需求的有效手段。学校通过与用人单位搭建良好的合作关系，加强就业信息的收集，做好核实过滤后，及时在校园网络上向学生发布，从而使学生的就业渠道畅通，提高学生的就业率和就业质量。

制定毕业生就业推荐管理制度，实现优生优荐。学校制定了毕业生就业推荐管理制度，对学生学业成绩、实践技能和日常操行考核进行量化管理，根据综合评价，给予其优先挑选就业单位的政策。该制度的推广激发了学生日常学习的积极性，学生学好职业技能

的同时注重修身养性，提高自身的综合素质。

加强职业指导教师队伍建设，提升教育水平。学校高度重视职业指导教师队伍的建设。学校创造条件，选派骨干教师参加省市职业指导教师业务培训，逐步推行职业指导教师持证上岗制度，不断提高职业指导教师的业务素质。目前学校所有从事职业指导工作的人员，都已进行一次业务轮训，并在就业指导与创业教育中发挥出较大的作用。

三、加强岗前培训，提高学生就业竞争能力

加强校内岗前实训基地建设，提高学生实践技能和职业能力。学校重视岗前实训基地建设，以教学要素为主体，融入职业要素和企业要素，建构了能完成工作过程、工作任务所需要的职业工作环境。合理设计功能分区，使学生在基地中能完成技能训练、工作任务、资料查询、小组研讨、教师教学等任务，为实施"理实一体化"创设了条件。校企共同投资重点建设了汽车专业、会计电算化专业等岗前职业能力训练基地，确保学生通过真实参与岗位培训工作，提高专业技能水平。

深化实践教学改革，完善实践教学体系。学校实训教学分为技能实训和顶岗实习两个阶段，基本技能和综合技能实训主要在校内进行，顶岗实习主要在企业进行。学生第一、二学期上基础理论课，第三学期上专业课，第四学期进行强化训练考取职业资格等级证书，第三学年到企业顶岗实习。

强化技能考证，鼓励学生一人多证，以增添竞争砝码。现今，学生技能操作能力已成为就业的绿色通行证，持"双证"者，就业率远远高于其他求职者。因而，学校特别注重学生技能的培训和考证，要求学生"双证毕业"。

四、深化校企合作，拓宽学生就业市场

集团化办学模式改革使职业教育回归社会办学。2010 年 10 月，以长春职业技术学校为牵头单位的"长春长吉图职业教育集团"正式成立。集团以长春职业教育为依托，以自愿加入职教集团的初/高中学校、中职学校、高校、社会培训机构、劳动就业管理部门、劳动力输出机构、行业协会和大中型企事业单位等八类成员为主体，以人才培养、专业建设、技术服务为纽带，以自愿平等、互惠互利、共同发展为原则的职业教育协作团体，属学校与企事业单位合作育人的群众性社会组织。目前集团成员共计 337 家，其中企事业单位 100 余家，均作为学校毕业生实习就业基地，确保了"校企合作，工学结合，实习就业一体化"模式顺利开展。

积极推进订单培养的合作模式。2011 年开始，学校与一汽轿车股份有限公司等多家企业建立了订单培养协议，实行校企联合制订人才培养方案，企业以"冠名班"形式在学校开展"订单培养"。企业积极参与到教育教学之中，参与制订教学计划、编写实训教材等，还派出专业技术人员对学生实习予以指导，使学校教学更贴近企业岗位需求。学生通过到企业实习，使企业文化及早渗透到教学过程中，实现了毕业生就业的"零适应期"，有效解决了学校教学与企业需求脱节的问题。订单班学生就业率达 100%，专业对口率达99%，就业满意率明显高于非订单班。

学校通过优化就业指导、强化岗前培训、深化校企合作等方面的改革和创新，大大提高了中职学校学生就业工作的水平和效率。

五、综合篇

构建体系　推动就业

　　加快发展现代职业教育，是一个系统工程，需要多方面智慧的探索、大胆的实践，以及诸多部门密切合作、相互整合，才能获得成效。许多学校积累了适合本地区本学校职业教育发展的好经验，值得推荐并应予借鉴。

　　哈尔滨市航空服务中等专业学校加强就业指导师资队伍建设，大力选派就业指导教师深入社会和企业进行考察调研，切实加强了教师就业指导理论与实践能力。学校建立就业指导"两库一平台"，建立企业跟踪反馈服务站，通过企业和就业市场反馈的信息来促进学校的各项工作。

　　温州市职业中等专业学校秉承"合适教育，差异发展"办学理念，积极培养有工科背景、商业能力、人文精神的现代职业人，多管齐下，各方联动，有效提高了学生的就业质量。开设"技师讲坛"和"心灵家园"；实施"三段式"校外实训和"四个一"实习管理办法，全面提高了学生的综合素质与就业能力。学校还努力构建创业教育的四个课堂，全方位、立体化地开展创业教育，使温商精神和温商文化氛围在新一代青年创业中传承开来。

　　武汉市第一商业学校构建职业指导体系，积极引导学生就业赢在起点。学校构建"一规、二塑、三导"的就业指导模式，加强学生顶岗实习过程中的教育引导工作，有效引导学生顺利实现从学生到职业人的角色转变，搭建五大平台，处处体现了对学生就业指导的服务宗旨。

　　陕西省建筑材料工业学校紧紧围绕"人性化、技能化、市场化、国际化"的办学理念，突出了行业特色，开创了毕业生就业的新局面。学校领导带队与国内建筑建材百强企业、中国500强企业上门联系，了解用工情况，介绍毕业生，拓展市场需求，保证学生就业的稳定率。近几年学校毕业生供不应求，每年就业率均在98.86%以上。

　　职业教育是一个大舞台，是一片广阔天地，每个学校通过探索和创新做出的优秀业绩，奉献出的宝贵经验，都值得钦佩和学习。

构建职业指导体系　促进就业质量提升

天津市第一商业学校

经过半个世纪的发展，学校已建成涵盖工商应用技术类 23 个专业、拥有 5 000 余名在校生的国家级重点中等职业学校。学校高度重视学生就业指导工作，近五年毕业生就业率始终保持在 98% 以上，专业对口率 70% 以上，就业稳定率达到 85%。

一、职业指导贯穿教学全过程

建立以职业道德、就业指导课为基础，以职业生涯规划设计为突破口，辅以专家讲座、个别心理辅导、工学结合、顶岗实习，以培养本行业一线优秀员工为目标的全员、全程就业指导体系，分阶段、有针对性地开展职业指导实践，为学生就业打下坚实的基础。

职业指导从学生入学抓起，全员参与，扩展职业指导工作。校领导、就业办教师深入系部，利用班会等时间对新生开展职业指导教育，介绍专业情况、岗位要求及培养目标。组织新生到专业对口企业参观座谈，使学生对专业要求有基本的了解和具体化的认知，明确学习目的。

加强职业指导，注重基本素质培养，促进岗位技能与企业要求对接。学校定期聘请企业领导、人事专家到校举办报告会，邀请优秀实习生、毕业生回校举办座谈会，举办模拟招聘会，向学生传递市场信息和企业用工信息，帮助学生了解企业文化、企业规章制度、国家相关劳动法规等，使学生明确到企业实习的目的、任务。配合各实习单位做好实习生的岗前培训工作，使学生在开始实习前对所学的基础理论和基本技能有更进一步的认识，同时也使学生在进入实习前对新的环境有初步的适应，重点强化岗位技能培训，实现学校和企业的无缝链接。

二、实习就业一体化模式，强化实习管理，建立和完善就业服务

采取实习就业一体化模式，原则上要求学生参加统一推荐，实现高品质实习。

建立严格的企业进校招聘审查、筛选制度。企业提前将招聘材料报学校就业办公室，经就业办实地考察、综合评价，选择专业队口、诚信度强、待遇高、学生有发展空间的部分企业，报专业系部审核；经主管校长批准后，方可进校招聘。招聘信息刊登在校园网、就业办 QQ 空间、就业博客，供家长、学生查看选择。近几年来，每年都有超过 200 家企业进校招聘，学校提供了毕业人数 5 倍以上的工作岗位供学生选择。许多学生同时被多家企业录用，实习生供不应求。

坚持订单培养与灵活就业相结合的模式。学校常年坚持订单培养，根据企业情况签订中、长、短期订单培养协议，共同制定培养目标。利用第二课堂组织培训，使企业培训前移到学校，企业对培训学生进行考核，选拔招聘；学生到企业进行顶岗实习，实习合格后即与企业签订劳动合同，学生进入角色快，受企业重视程度高，实现了零距离就业。目

前，学校 50% 以上的学生在订单班中实现了就业安置。

对非订单班学生，根据学生在校专业学习和德育考核成绩综合排名，将其推荐到专业对口单位，还通过专业对口招聘会及校园双选会的形式对学生进行推荐，保证了学生就业渠道的畅通。

强化顶岗实习期间的管理和指导工作，为实现实习就业一体化提供保障。首先，健全管理机构和完善实习管理体系是实习管理的重要保证。形成就业办公室、教学工作处、学生工作处、系部主任、实习德育辅导员、指导教师共同管理的网状结构。使整个实习指导的工作遵循"有计划、有目标、分层次、有主管、有督察、有考核"的工作原则。学校构建了学校、社会、家庭、实习基地于一体的立体式管理模式。在整个实习管理工作中，形成以学校为主体、家庭为基础、实习基地为关键的教育格局，学校起主导作用，工作单位则是学生实习的阵地。其次，紧抓实习过程管理和考核管理。学校制定了实习管理手册，涵盖了《实习管理制度》《实习汇报制度》《实习安全责任书》"实习成绩鉴定表""顶岗实习经历证书"等相关内容；做到了管理人员定期巡查指导、实习生定期返校、学校与企业定期联系，保障了实习工作的顺畅进行。每年都根据学生实习成绩、工作业绩，评选优秀实习生，并在总结会上表彰。最后，将现代信息技术手段应用于实习和就业指导工作。2009 年，就业办公室已开通 QQ 空间和就业博客，发布各类最新就业信息、市场需求、校内就业新闻、录取信息、创业论坛、就业心理、就业技巧等内容，同时将企业图片、学生实习照片更加直观地进行展示，学生可针对主题帖子的内容在留言中提出问题、发表看法。就业博客开办至今，点击率超过十万次；在每年的实习安置阶段，日点击率更是有几百次之多，已经成为学校与学生进行沟通的有效手段，搭建了向社会展现校园文化和学生风采的良好平台。

在就业办建立 QQ 空间的同时，每个实习班班主任也在班内建立 QQ 群，随时与学生沟通，确保每半月将实习生实习情况、变动情况反馈给就业办公室，同时减轻了班主任工作的负担，突发情况也相对便于解决。

三、构建就业信息管理平台，完善测评体系

通过多年努力，结合骨干示范校建设项目，建立了就业管理平台和较完善的就业质量评价体系。

建立学生就业管理信息平台。包括用人单位信息数据库、单位需求信息数据库、毕业生基本数据库、毕业生简历数据库、毕业生就业管理测评及毕业生就业质量测评等，与智联招聘、天津易才网、58 同城等国内知名网站链接，达到资源共享。系统实现了单位招聘信息发布、企业宣讲会信息发布、毕业生双选会信息发布、毕业生个人简历管理、功能强大的企业职位搜索功能、用人单位分类管理及联合统计功能等。

建立就业质量测评体系。在整个测评体系中采取量化测评的办法，由企业、家长、学校、学生共同参与，将有关信息进行科学加工、整理、量化和分析，为学校提供相关的数据对比统计，进一步明确了学校学生的培养方向，为学校培养更加适合岗位需求的学生提供第一手资料，从而进一步提高学校毕业学生的就业水平。

立足地方 内引外联 实现学生就业"双高"

包头机械工业职业学校

学校把做好学生顶岗实习和提高稳定就业率作为最基本和最大的民生来看待，作为学校生存与发展的基石来看待。近年来，学校学生顶岗实习和推荐就业工作顺畅，就业率98%以上，稳定率和专业对口率保持在80%和60%以上，为地方经济社会发展作出了贡献。

一、用好政策支持，保证就业信息畅通

要有效地解决学生的就业，离不开政府和政策这两只手的支持。学校主动与政府的发改委、招商局、劳动就业部门以及人才市场建立起良好的沟通与协作，保证了建设项目的上马与学校专业设置和人才培养的同步，保证了就业信息的畅通、及时和准确。每年学校召开校企就业双选会，一方面政府部门提供就业信息，另一方面还派人参加会议，支持和指导学校的就业工作。

二、依托教育集团资源，发挥多方优势

走集团化办学和校企合作之路是学校办学的一大特色。由学校牵头成立的"包头机械工业职业学校教育集团"是自治区范围内最早成立的职教集团。教育集团有8个政府部门支持，有43家企业参与，有3所高校加盟。教育集团各成员单位在《教育集团章程》的框架内，除对学校的专业建设、师资队伍建设与教学改革提出意见、建议外，更务实的就是解决学生的就业和实习实训。现在教育集团的成员单位已发展到近百家，每年学校75%的毕业生就业，皆由这些单位接收。

三、立足本地，放眼区外，积极开发就业市场

学校地处自治区经济发展最活跃的呼（呼和浩特）—包（包头）—鄂（鄂尔多斯）经济圈，人才市场需求比较大，在充分满足地区经济和社会发展对人才的需求外，学校与京津冀、长三角等经济发达地区的人才市场建立了牢固的合作关系，安排部分学生到上述地区效益好的企业实习就业，提升了学生的就业层次和学校的影响力。

四、做好就业指导教育，提升学生综合素养

强化职业指导课程。对学生进行职业生涯规划设计，让学生选有目标、学有动力。

重视人文素养课程的开发。教学中，在对学生进行专业知识、职业技能训练的同时，更加重视学生职业理想、职业道德等素养的培养和教育，为学生顶岗实习、适应企业工作奠定职业理想、人文素养和知识技能基础。

引企入校，实现校企文化融合。学校把教学实习搬到企业，让学生感受企业的生产和

经营环境，了解企业对技能型人才的素质要求。学校每年举办两次春秋季学生就业招聘会，让学生和企业"面对面"，为学生搭建就业平台。现在，国有特大型企业包钢集团公司、奇瑞汽车集团和兵器工业公司下属的一机集团已成为学校的战略合作伙伴，他们通过建立校企合作实训基地和生产基地，通过委托培养、订单培养，解决学生的就业问题。

五、技能大赛和双证书制，促进学生技能提升

学生唯有"知识适用、素质过关、技能过硬"，才能成为受用人单位欢迎的员工，"技能大赛"和"双证书"制是促进学生技能提升的有力抓手。文化课和专业理论课着力培养学生的人文素养，而实习实训课则要服务于学生技能的提升。各专业教研组都有专业技能标准和训练流程，学校每年举办"技能节"，集中展示学生的专业技能。凡是参加学校、自治区和全国技能大赛的选手，学校都作为重点对象，向本地国有大型企业的重点岗位推荐就业，而他们的就业又起到了引领作用。

"双证书"制的推行，增加了学生优质优酬就业的砝码，使其受到用人单位的欢迎。学校85%的学生都能考取一个以上的专业资格证书，凭借着专业资格证书，再加上后天的努力，他们定能在社会上很好地生存发展。

出口畅 入口旺 推动学生成功就业

呼和浩特市机械工程职业技术学校

学校始终秉持"思想品德好、基础知识牢、专业技能精、动手能力强"的办学方针，以提高就业"出口畅"为突破口，加强教育教学改革，形成了鲜明的办学特色和创新亮点。

一、加强就业制度建设，构建就业工作体系

学校不断加大毕业生就业工作力度，建章立制，规范管理，把毕业生就业工作各项任务落到实处，保障了毕业生就业工作的顺利开展。建立全员参与的毕业生就业工作考核和激励机制，充分调动教职工参与毕业生就业工作的积极性，全面推进毕业生就业工作；建立经费保障制度，改善了就业办工作条件，完善了就业办相应的办公设施，同时提供足够的经费，保障就业工作有效运转；建立毕业生就业信息管理制度，保障信息畅通，使用人单位与毕业生之间相互了解；建立培训和服务制度，尤其是加强了班主任辅导和培训工作，提高学生的思想认识，保证服务到位，使毕业生就业工作时时有指导、处处有服务、就业有跟踪；建立特困生帮扶制度，保证每一个贫困家庭的孩子都能够上得起学，都能及时就业。学校每年还拿出近20万元扶持贫困及品学兼优的学生，此项政策受到学生、家长和社会的一致好评。

二、加强专业建设，提高学生培养质量

一是专职教师担任就业指导课程教学。学校聘请既有理论水平又有实践经验的专职教师担任此项工作，指导学生规划自己的职业生涯，同时提高学校教学质量。二是根据各职业工种对人才的需求，制定出相应的职业规范和技能标准。此外，逐渐打破中职学校间的专业壁垒，尽量使中职学校之间、中职学校与高职学校之间建立联系，加大校际间的交流与合作，使学生对其他职业院校有所了解，为学生以后的工作及深造奠定基础。三是加强校企联合，结合市场办学，突出重点专业，就业实时指导，深化专业建设，积极开展"订单"培养，进一步提高毕业生的就业质量和就业率。

三、加强职业指导，完善学生就业技巧

一是帮助学生分析当前市场发展用人形势，使其摆正自己的就业位置、合理看待就业机会。教育学生学会适应"动态就业"，树立"先就业后择业"的就业理念，珍惜机会，脚踏实地地去工作。二是引导学生处理好"我想做什么"和"我能做什么"的关系，在就业追求上由理想型向现实型转变。教育学生的口号是"不求'一步到位'，但求'步步到位'"，把眼前的工作视为理想岗位的"阶梯"，在工作中不断积累经验，提高自己的专业水平，为以后的发展打好基础。

三是指导学生克服就业心理障碍。学校注重择业心理指导，帮助学生在就业心理上由自卑型向自信型转变，由消极型向积极型转变，教育学生增强竞争意识、提高竞争能力。

四、完善就业服务体系，提供就业信息

一是指导帮助学生收集就业信息，提高就业政策、职业咨询、就业服务。二是提供就业指导服务。三是畅通就业渠道，为毕业生谋职就业铺路搭桥。学校主动向社会有关企业介绍毕业生信息，让企业了解学校培养目标、专业设置和人才信息，并通过走访用人单位，追踪毕业生质量，建立长期合作关系。

目前，学校结合当前市场需求，发动全校教职员工，经过几年的努力，相继和全国十多个省市70多家企事业单位和20多家大型人才交流机构建立了稳定的长期合作关系，为学生毕业后的顺利就业提供了充分的就业信息保证。

推进学生满意 家长满意 社会满意的就业工作

哈尔滨市航空服务中等专业学校

学校始终坚持以"让学生满意、家长满意、社会满意"为办学宗旨，以就业市场要求为导向，以学生和企业需求为出发点，做好学校、学生与企业之间的桥梁，着力推动学生就业，就业率连年保持在98%以上，给学生家庭致富带去了希望。

一、改革创新就业指导培训模式

针对就业市场对人才的要求以及用人单位对岗位的要求，由就业办牵头，建立"分阶段、递进式"就业能力指导培训模式，采取校区责任制来进行就业指导。第一阶段以职业养成指导培训为主；第二阶段以职业技能及就业能力培养为主；第三阶段以顶岗实习管理服务为主；第四阶段以信息化就业远程服务为主。逐步深入，以使学生就业前有指导、就业时有引导、就业后有跟踪，环环相扣。

二、加强就业指导师资队伍建设

学校落实教育部提出的"中等职业学校教师素质提高计划"，落实资金保障，选派就业指导教师深入社会和企业进行考察调研，一方面了解企业对人才的要求，确定就业指导目标；另一方面，加强教师理论与实践能力相结合的就业指导能力。

近年来，已有71名教师参加了赴中国香港、澳门地区，以及新加坡、菲律宾、德国、奥地利、日本、韩国等国的培训。学校选派22名教师赴美国考察高级酒店管理与服务，20余名教师赴韩国韩亚航空公司进行国际航空乘务培训，30余名教师赴南昌铁路局福州客运段、广铁集团粤海铁路有限公司、哈大高铁、哈尔滨地铁集团等企业进行城市轨道交通运营管理岗位考察，10名教师赴成都汽车城、哈飞集团等企业进行汽车维修、飞机维修、数控技术等岗位的考察。教师们通过考察学习，不仅开阔了国际视野，而且在对学生进行就业指导时也能够更加有的放矢，实现了"就业指导既是为企业服务也是为学生服务"的真正意义。

三、建立就业指导信息化跟踪服务系统

建立就业指导"两库一平台"，即建立学生信息资源库和企业信息资源库以及交互式就业信息平台。建立企业跟踪反馈服务站，通过企业和就业市场反馈的信息来指导和促进学校的教育、教学、管理和服务。从学生角度，将一个学生在校的学习与就业相连通，按学生成长趋势和特长对学生进行就业指导，使就业指导因材施教。在学生顶岗实习就业后，仍对学生进行跟踪式就业指导与服务，及时帮助学生解决就业过程中在心理及知识技能方面出现的问题。从企业角度，针对与学校建立校企合作的企业，学校将按企业特征及人才需求建立校企合作长效机制，按企业要求推荐与之相适应的学生。在学生到岗后，与

企业保持联动，实行校企共管共育，对学生在企业的劳动态度、服务技能、职业生涯规划等方面进行跟踪管理和服务。

以"解决一个孩子就业，幸福一家人"为目标，通过信息化跟踪—反馈服务式的就业指导，学校毕业生的综合素质和能力受到了用人单位的好评。

全员参与 六层推进 力促毕业生高质量就业

江苏省扬州商务高等职业学校

学校自创办以来，累计为社会输送技术技能型人才 5 万多人，学校毕业生综合素质高、职业能力强、发展后劲足，深受社会欢迎，得到行业企业的一致好评。

一、全员参与，全力促就业

建立教师间的有效沟通机制。在全校教职工中倡导"就业工作、人人有责"的思想，明确实习就业办公室和各系在毕业生就业工作方面的职责，做到责任到部门、分工到个人。

制定各部门就业工作评估考核制度。制定了严格的考核办法，包括学校、系和就业管理部门各自的职责分工、任务要求、实施办法、奖惩规定。

建立校园就业工作网络。落实毕业生就业教育、指导、推介的工作目标及工作日程进度表。目前，学校就业工作制度不断完善，"就业工作人人有责"的意识深入人心，全员参与就业的局面已经形成。

二、六层推进，奋力保就业

学校从科学设置专业、实行订单培养、强化就业指导、开展创业教育、加强基地建设、拓宽就业渠道六个层面力促毕业生高质量就业。

科学设置专业，找准学生就业方向。在广泛调研的前提下，组成由行业、企业、学校参加的专业指导委员会，对人才需求预测、产业发展前景分析、人才培养目标、教学计划安排、主干课程设置、能力结构要素、专业开办条件以及专业建设的社会可利用资源等方面进行评议、论证、审核，在此基础上决定该专业设置与否。一大批适应市场需求的新专业应运而生，如烹饪工艺与营养、旅游管理（储备干部）、人物形象设计、商务管理（会展策划方向）、计算机应用（动漫设计方向）等专业，这是能让学生保持较高就业率的必备前提条件。正是因为这些新专业瞄准社会需求，采用产销链接的形式，突出了办学特色，明确了专业设置方向，培养了用人单位急需的技术、工艺、管理、服务岗位的应用性专门人才，所以这些专业的毕业生才能找准就业方向，较快地走上工作岗位。

实行订单培养，解决学生就业之忧。学校根据培养目标的要求，从人才培养模式的创新做起，进行教学体系的改革，努力打造订单式的培养方式，在满足用人单位对应用性人才的需求方面卓有成效。通过让企业参加定向班学生选拔、请用人企业领导和技术人员为定向班学生举办企业文化讲座、安排定向班学生假期到用人企业顶岗实习、毕业实习期间定向班学生到用人企业预就业、用人企业参与定向班教学等方式，提高订单培养质量。近五年，学校深化与科力淮扬村、南京花津浦、华美达等单位的办学合作，扩大了"订单培养"的规模，开办"晋家门班""扬港物流班""苏宁班""川奇班"等冠名班，订单培养学生数量占在校生数量的 39%。

强化就业指导，引导学生顺利就业。坚持"全程化、课程化、个性化、网络化"的原则。"全程化"就是把就业指导贯穿在从招生宣传到学生入学直至毕业的整个过程之中。"课程化"就是把就业指导的内容以课程的形式向学生进行系统讲授，并纳入学校的整个教学计划当中，保证就业指导的严肃性、系统性、有序性，确保就业指导的质量和效果。"个性化"就是依据学生的个人能力、兴趣、发展潜力，指导学生选择适合自己的专业或职业。个性化的就业指导，主要通过开展就业咨询的方式来进行。"网络化"就是充分利用现代信息网络这一重要载体，为学生提供全方位的就业指导和就业服务。

针对毕业生在就业心理、技巧、技能、经验、政策等方面的实际问题，进行就业形势、就业政策、就业要求教育，注重就业心理疏导，加强就业定位指导，通过讲座、辅导、经历、锻炼等环节，强化就业技巧训练。学校邀请企业经理到校讲座或组织毕业生到企业去应聘，让毕业生直接了解市场需求，从而端正毕业生的就业心态，引导毕业生到一线、到基层。

开展创业教育，促进学生自主创业。学校组建了创业指导团队，开设创业课程、创业讲座，设立创业基金，鼓励、支持、指导学生开展创业实践。通过拉长专业链和技能链，营造创业链和服务链，从"激发学生创业意识、引导学生创业行为、培植学生创业能力"三个维度出发，强化学生创意、创新、创优教育。2008 年学校专门开辟了创业园，总面积达 1 000 多平方米，为学生创业提供实战舞台。目前有 30 家学生创业公司入驻，从事商务销售、餐饮制作销售、综合服务等与各自专业相关的创业实践活动，参与创业学生达 500 余人。每年有 10% 的毕业生自主创业。

加强基地建设，提高学生就业质量。学校立足扬州和江苏地域经济，以及长三角区域经济的发展，不断拓展服务范围和区域，已成为 370 多家企事业单位的人才培养基地。合作单位平均每年接受学生实训达 2 000 人以上，接收就业学生平均每年 800 人以上。

拓宽就业渠道，增加学生就业机会。一是加大信息收集和发布的力度。每年就业工作开始前夕，提前做好生源分布及专业介绍，利用学校的用人单位信息库，通过信函、网络、电话、传真等途径向用人单位发布，对于收到的招聘信息，仔细甄别并及时通过毕业生就业信息网、学校和系科的宣传栏予以发布，发布时一般把用人单位的原文提供给学生，使学生充分了解单位的具体情况，提高其就业的积极性及就业信息的利用率。二是精心组织校园招聘会。每年都会举办"青春起航"校园双选会，邀请企事业单位进校招聘，至少有七成以上的学生会与用人单位达成就业意向。三是学生继续深造有方向。中专生可以通过成人高考、对口单招远程教育等升入大专学习，高职学生可通过远程教育等升入本科段的学习，学校还与意大利、韩国等国的相关学校联合办学。

打就业"组合拳" 圆学子"就业梦"

江苏省如皋第一中等专业学校

近年来,学校抢抓发展机遇,整合多方资源,围绕"立一等品格,学一流技术,创一生事业"的育人理念,学校毕业生一次性就业率达98%,对口就业率达85%以上,产生了良好的社会效益。

一、规划职业生涯,端正就业观念,让每位学生都"可用"

加强职业期望教育,调适择业取向。学校的职业生涯规划教育不仅是为学生设计职业方向,更为重要的是帮助学生树立正确的世界观、人生观和价值观,加强职业期望值教育,使其在职业选择中既满足自我的需求,又满足社会的需求,把个人的意愿和社会的需要结合起来,培养学生脚踏实地、艰苦创业精神,使其调整过高的期望值,理性地审视自己面临的机遇和挑战,找到适合自己的职业岗位,形成正确的职业价值观。

开展校园文化活动,锤炼专业技能。学校通过分层次、分阶段、有重点的教育,有计划、有目标、有系统地进行教育引导,如通过开展大范围的、符合新生特点的"才艺展示"活动,使一年级学生很快融入健康、向上的校园文化,展示自我,认识自我,增强自信。对二年级学生则加强专业知识学习的思想教育,强化专业素质的培养和能力素质的教育,组织学生参加各级各类的专业技能比赛,如"校园技术节""职业生涯设计大赛"等。对于三年级学生,则通过校外企业顶岗实习和大量的社会实践,培养学生吃苦耐劳的精神和高度的职业责任感,通过"走出去、引进来"的人生阅历交流,引导毕业生树立正确的择业观、就业观。

开设就业指导课程,竞秀文明风采。一是开发校本教材——《初涉职场》《职海弄潮》,坚持就业与创业指导教育,向学生传授职业生涯规划知识,指导学生写好符合自身实际的职业生涯规划方案。二是利用校园网、黑板报、校园刊物等,宣传职业生涯规划设计的意义和作用。三是在全校开展"我爱我的专业""我的职业生涯设计"征文比赛和"职业生涯规划·提高专业技能"主题演讲比赛等丰富多彩的校园文化活动,强化职业意识、职业理想、职业道德和就业观、创业观的教育,引导学生树立"成功者"的心态,激发学生提高自身素质的干劲,让学生用笔描绘自己未来的职业蓝图,展望人生。

二、融合校企文化,提升职业素养,让每位学生都"好用"

引进企业文化。学校围绕职业教育的特点,将职业素养的要素、要求和标准内化到各项教育教学改革的任务、内容和方法中,把行业、企业的职业规范融入日常的管理行为中,在创新人才培养模式、提升学生综合素质工作中,聚焦学生职业素养的培养。学校布置了"名企文化长廊",让学生零距离感受了解中国知名企业的管理理念和发展历程,从企业文化中领悟企业精神的内涵,提高自身的职业道德修养,促使他们对专业技能知识产生渴望。

渗透职业文化。不同的职业有不同的职业文化，职业文化影响着学生的能力养成与人格形成，潜移默化地帮助学生发展职业能力。为此，学校精心设计实训区文化，从通往实训区的长廊，到楼梯平台拐角，再到实训区的墙壁，处处彰显着专业文化，潜移默化地对学生进行着职业文化熏陶。

浸润校园文化。校园文化是职业学校自身独特价值的一部分，它在学生良好素养的培养中具有独特作用。近年来，学校认真厘清校园文化建设思路，精心打造文化建设"一三五七"工程。所谓"一"，是指以精神文化作为校园文化建设的核心，精心构建"一个价值体系"，引领师生成长；"三"是指以环境文化作为校园文化建设的基础，努力做到"三个对接"，美化生活环境；"五"是指以管理文化作为校园文化建设的保证，全面实施"5S 管理"，提升师生素养；"七"是指以活动文化作为校园文化建设的载体，倾力开展"七彩德育"，丰富师生生活。

三、依托行业企业，实现资源共享，让每位学生都"有用"

组建职教集团，找准办学定位。学校是江苏省五大职教集团理事单位，同时学校牵头组建了如皋建筑、船舶、旅游、服装职业教育集团。我们牢固树立大职教、大开放、大发展的思路，按照组团发展、集团办学、跨界合作、多元共建的发展模式，进一步加强了政校、校企、校校合作，实现了全方位、宽领域、深层面的无缝合作。

立足地方经济，增进优势互补。学校围绕我市两大主导产业、四大新兴产业、三大传统产业以及现代高效农业、现代服务业等，及时调整优化专业结构，促进了职业教育与经济发展的有效对接，建成了一批省级以上示范专业、实训基地和品牌特色专业，实现了职业教育资源的优化配置，最大限度地提高了职业教育的运行质量和办学效益，增强了职业教育的社会吸引力。

深化校企合作，整合教育资源。学校与企业实现了五个"共同"：一是共同制订人才培养方案；二是共同打造专业教学团队；三是共同开发专业教学资源；四是共同举办职业技能比赛；五是共同安置毕业生就业。校企联合办学，实现了专业与企业岗位无缝对接。目前，学校毕业生去向稳定、就业稳定、发展稳定。良好的就业环境，让学生感受到：不出校门，技能入门；企业进门，就业有门。

学生的就业　学校的事业

南京市莫愁中等专业学校

学校始终把学生就业工作放在重中之重的位置，加强学生的就业指导工作。近年来，学生就业率均达到 95% 以上。

一、完善就业服务体系，加大就业指导力度

在就业管理工作上，实行"一把手主抓，分管领导具体抓"工程，加大就业工作力度。学校领导班子将就业指导工作列为学校各项工作的议事日程，列入学校发展规划的指导思想当中。学校设立专职实习就业工作机构——就业办公室，推行二级管理，成立四个系部，2013 年调整为三系一中心，就业办和各系部通力合作，共同加强对就业工作的管理。学校的德育、教学、后勤、科研等部门工作的重点就是为学生的就业服务。学校实习就业管理队伍机构由分管校长、就业办与各系部主任、各班班主任构成，调动学校各项资源，保证实习管理与就业指导工作的优质开展。有了领导的重视，开展学生就业指导工作的研究就有了良好的组织保障。

2006 年，学校加入了南京市教育局组织的校务委员会课题组，成为当时南京市唯一参加该课题组的职业学校，并独具特色地设计增加了企业委员代表，其目的是帮助学校更好地了解企业的需求，更好地利用企业资源，从而更好地为企业服务、为师生服务。七年来，企业委员为学校的人才培养模式改革提供了有力的支持，为学校建构校企双向参与、双向互动、资源共享、深度融合的长效办学机制提供了有力的保障。

二、更新理念，理清思路，注重就业过程管理

学校秉承"以人为本、热情高效"的服务理念，努力实现"时时有指导、处处有服务"。一是加强就业市场开拓，广泛建立稳固的毕业生就业实习基地。每年召开校企座谈，了解企业需求，了解人才规格，指导校内教育教学改革。二是加强市场调研，组织实习班主任进行社会调查，在充分掌握市场变化与企业需求信息的基础上，与部分经济效益好、具有发展潜力的企业实行联合办学，提供更多更好的实习岗位。

为期一年的顶岗实习期是学生树立职业理念、培养职业素养的关键期。学校高度重视实习工作，实习有计划，过程重管理。学期初制订目标明确的工作计划，学期中及时跟进注重实效，学期末工作总结客观全面，提出改进措施及目标。对于实习学生，做到实习前有强化教育，有岗前培训；实习过程有巡视、有检查、有指导，有讲课、有考核、有汇报、有总结。抓好抓实过程管理，让学生在实习中成长，毕业时顺利定岗。

实习管理教师全心全力做好实习管理和就业指导工作，每月巡视学生实习单位，与实习学生、带教师傅、人事管理者深入沟通，细致耐心地指导学生；每月批改学生实习手册，及时交流、鼓励，帮助学生顺利成长。从实习安排到最后的毕业定岗，实习管理工作

手册全程发挥着指导作用。学校为每名学生购买了意外伤害保险和实习责任险，实习管理依法进行。

学生顺利就业且职业生涯保持可持续性发展，是学校就业工作的追求目标。相关工作人员不断提高业务水平，同时更新工作理念，不但把就业工作当成兑现给学生及家长的"承诺"，更是将之看成是对学生的一种"服务"。学校多方联系用人单位，举办各种双选交流会、校园招聘会，积极为实习生推荐工作，积极组织实习生参加由校方和企业共同举办的校企双选交流会、实习生供需见面会，为学生提供高质量的就业渠道。

三、依托行业创新模式，力求就业工作特色发展

深入挖掘教学资源和教学条件的潜力，进一步探索校企合作办学的新路子。开展广泛联合办学，与近百家知名的企事业单位开展深度校企合作、订单培养人才，开辟学校发展的新空间。学校与南京高精传动设备制造有限公司、百信药业有限公司、苏宁电器公司、国家图书馆、金陵饭店等一系列知名企事业单位联合办学，形成多个具有品牌效应的校企合作模式，毕业生就业率98％以上。校企双方通过课程设置、实践教学等方面的改革，探索出了一些新的培养模式。如"百信药业"模式和连锁经营的"双零"模式，即"零学费入学，零距离就业"。

企业冠名班也是学校的特色。不同的企业不同程度地参与学校的教育教学和管理过程，如企业委派班主任参与管理、企业课程进入教学计划设置、企业设置奖学金等。目前学校有"圣迪奥班""苏宁客服专家坐席班""海王星辰班""百信药业班"等10多个企业冠名班。

巩固和优化与传统行业用人单位的联系，使这些单位越来越鲜明地成为学校稳定的就业基地。随着协作组内大型、特大型企业自身业务范围的扩展，他们对毕业生的需求专业面也不断扩大，带动了学校主干专业以外其他专业毕业生的顺利就业。每年协作组单位吸纳学校约15％以上学生就业。这些就业基地的巩固和发展，提高了学校毕业生的就业质量，而以大企业为主的就业去向，为毕业生未来的发展创造了良好的平台。

搭建就业与升学"双向通道"，使"进口涌、出口畅"成为办学常态。通过专转本、成考、自考等多种升学途径帮助学生获得更大的发展空间，学校与中国台湾地区的台南应用科技大学、兰阳技术学院、中国药科大学、金陵科技学院、泰州职业技术学院等高校签订协议，为学生搭建学历提升的"立交桥"。中专参考学生93％以上能升入成人大专班学习，大专参考学生92.3％以上升入全日制本科院校就读。近两年，学校所有高职专业已有百余名同学通过专转本进入全日制本科学校继续学业，几百名中专学生通过成考、自考等途径进入专科学习。

四、队伍建设细化考核，注重就业工作实效

鼓励教师积极参加专题学习与培训，获得就业指导资格、创业教育指导资格。近三年，学校重视对实习管理队伍教师的打造，不仅在校内进行相互间的经验交流，而且已有1名教师获得国家就业指导资格，3名教师参加创业教育、获得创业教育指导资格。

引导实习指导教师积极开展就业指导课题研究，积极探索实习就业工作新方法，反思

总结。学校教师有多篇论文在省市评比中获奖，刊发在多个省市刊物上。在市第一届实习管理与就业指导案例评选中，学校六名教师获得 4 个二等奖、2 个三等奖。教师们将实习管理的实际经验转化为校内的就业指导讲座，转化为校本课程。

强化质量监控和岗位职责，吸取实际管理经验，在教代会上全票通过实习班主任考核方案。对于实习管理队伍，有完善的月度考核、年度考核制度，既重平时，又考效果。实习班主任定期巡视，做到每月与每位学生联系一次，实地巡查单位一次。执行实习班主任例会制度，会上充分交流实习管理工作经验，互相促进和提高。实行重大情况及时汇报制度，做到情况通报不过夜，以争取时间尽快处理和解决。系部主任定时巡查，了解实习管理情况，及时督察。学校建立了网络考核平台，进行数字化管理。

以实习管理和就业指导工作中出现的症结来调整学校的管理和教学。学校不断改革传统的教育和人才培养模式，培养学生的事业心、进取心，培养学生的创业技能与主动精神，努力使更多的毕业生以更好的姿态迈向社会。主动对已就业的学生进行长期的就业跟踪，定时对在岗学生进行电话和实地回访，掌握学生就业动态。

组织学生参加市、校招聘会，并结合平时推荐、毕业推荐，为学生搭建就业平台。本着"以生为本"的理念，为广大学生提供优质的服务，做好实习推荐与就业定岗工作。由于措施得力，各专业实习推荐率达 100%，一次就业率达 95% 以上。

多管齐下　有效提高学生就业质量

温州市职业中等专业学校

学校秉承"合适教育，差异发展"的办学理念，积极培养有工科背景、商科能力、人文精神的现代职业人，多管齐下，各方联动，有效提高了学生的就业质量。近三年，学校初次就业率分别达到99.55%、100%和99.72%；专业对口率分别达到83.73%、83.89%和86.07%。

一、加强实训基地建设，拓宽学生就业渠道

学校通过"百企联姻"工程，建立了一套严格的校外实训基地准入、管理、淘汰机制。由校企合作委员会对每一家企业规模、实习环境、规范管理、专业对口、实习报酬等指标进行详细评估，确保校外实习基地的规范性。现建有以亚龙集团为首的校外实训基地109家，有亿元以上规模企业20余家；其中特福隆集团被评为省优秀校外实训基地，长江汽车电子有限公司、华联机械集团等被评为市优秀校外实训基地。

学校依托行业、企业，积极实施订单式人才培养模式。招生前与企业签订联合办学协议，录取时与学生、家长签订委培用工协议，录用时与学生综合测评成绩挂钩，实现了招生与招工同步、实习与就业联体。校企双方共同制订教学计划、课程设置、实训标准，学生的基础理论课和专业理论课由学校负责完成，学生的生产实习、顶岗实习在企业完成，毕业后学生即参加工作实现就业，达到企业人才需求目标。近三年来，根据"订单"合作模式共同设立的"亚龙班""名流汽修班""越剧班""瓯剧班"等，均取得了良好的经济效益和社会效益，校外实训基地实习人数达到校外实习总人数的75%。

二、发挥"技师讲坛"作用，加强学生就业指导

开设"技师讲坛"。学校在开设就业指导课程的基础上，还通过"技师讲坛"，让中职生了解当前的就业政策和形势，转变他们的就业观念，让中职毕业生掌握就业的技能和方法。

举办毕业生报告会。通过创业成功校友为在校中职生作就业报告，可以树立学生的就业信心，转变中职生就业观念，提高就业概率。

三、通过"心灵家园"辅导，克服就业前心理障碍

学校重视学生心理辅导，开设"心灵家园"帮助学生缓解心理压力，解决心理问题。一是引导中职生树立就业自信，消除自卑感和怯场心理，力争使其面试顺利过关。二是引导学生合理地进行就业定位，从自己的实际出发，充分考虑自己的现实条件，不要好高骛远。三是引导学生正确认识就业挫折，具有正确认识挫折、分析挫折、克服挫折的能力培养，提高其抗挫折能力，指导学生学会面对现实、克服困难，在抗挫折中求生存、谋

发展。

四、通过"三段式"校外实训，提高学生就业能力

专业认知，适合新生专业认知特点。高一时，组织学生进入相关校企合作企业，通过岗位"跟班"，参观企业生产环节了解产品形成过程，聆听专家讲座了解专业发展前沿，采访管理人员、一线工人了解岗位要求、薪资待遇，欣赏技师娴熟的专业技能，感受岗位工作环境、劳动的艰辛与快乐。从实践结果来看，经过为期一周的专业认知，大多数学生对自己所学专业有一个比较客观、全面的认知，明确了自己将来就业岗位所应具备的专业素养。

专业体验，适合学生技能学习要求。专业体验一般是指学生在具备一定专业理论基础、了解或掌握相应专业技能的条件下，为进一步学习或提高专业技能而在企业相关岗位上进行的实践教学活动。比如学前教育的幼儿护理专业课，以前学生在上完理论课以后，接下来的专业技能课主要是通过录像教学、模拟护理教学来进行，但均因为缺乏互动而难以达到预期的教学效果。改为在合作幼儿园现场进行实践之后，在幼儿园专业人员的指导下，学生充满学习热情，专业技能得到极大的提升。从实践效果来看，学生在企业的专业体验活动远比在学校车间、实验室要积极、认真得多，专业教学效果明显提高。同时，还为学校节约了大量的耗材和水电成本，并且学生还可以获得一定的劳动报酬。

专业实习，适合学生就业岗位需求。在顶岗实习过程中，以《顶岗实习手册》为抓手，企业和学校分派实习指导师，通过"多元多层实习评价体系"，引导学生在实践中运用专业，适应岗位工作。

一是"四个一"实习管理办法，即一日一反馈、一周一走访、一月一总结、一季一返校。"一日一反馈"，要求用人单位或学生本人将顶岗实习学生的考勤考纪情况于当日四点之前反馈给实习小组长，再由小组长反馈给实习班主任，最后再由实习班主任反馈给实训就业处汇总归档，实训就业处确保每一位实习学生每天的实习信息准确无误、有据可查。同时还要求所有学生每日在《中职学生实习指导手册》上记录反馈顶岗实习工作情况，以备学校实习班主任、企业实习指导师检查并据以给定相应学分。通过这项基础工作，既实现了对学生实习过程中考勤考纪的有效管理，又有效避免了各类安全隐患。"一周一走访"，是要求所有实习班主任每周至少走访一家企业，根据"一看二问三反馈"的实习管理办法指导学生实习。"一看"学生实习环境、实习状态和"五分钟整理"执行情况；"二问"是指通过询问学生及企业实习指导师或同事，了解并记录学生实习情况。"三反馈"是指向学校实训就业处反馈企业、实习学生、实习班主任本人对该企业实习学生的实习意见。最终由实习班主任将相关实习走访信息填入《实习指导教师工作手册》，每月月底前交实训就业处检查、核实、记录，并据以发放实习走访津贴。根据近年来的统计数据，学校实习班主任平均每月走访 8.1 次，基本上每月都可以走访到每一位顶岗实习学生。"一月一总结"，是要求实习学生每月对自己的实习内容、实习计划完成情况、实习班主任、企业实习指导老师实习管理情况进行如实总结，并分别由实习班主任和企业实习指导师进行评定，据以获得相应学分。"一季一返校"，是要求实习班主任组织本班学生一个季度集中返校一次，通过相互交流、谈实习感想、实习班主任总结实习工作，根据学生上

交的《中职学生实习指导手册》评定学生阶段实习学分，表彰实习标兵。二是多元多层实习评价体系。所谓多元多层评价，是指评价主体的多元性，比如对于学生实习的管理和评价，既有学生自评互评，又有企业实习指导师的《企业实习管理工作手册》和学校实习指导师的《实习管理工作手册》评价。

五、继承"温州人精神"，培养学生创业意识

学校努力构建创业教育的四个课堂，全方位、立体化地开展创业教育：第一课堂——创业课程教学；第二课堂——校内创业教育活动；第三课堂——校外创业实践活动；第四课堂——温商文化氛围。目前，学校的创业教育、商科通识教育开展得如火如荼，并通过校园创业文化、创业街等创业基地的实践体验及创新创业社团的有效活动，切实提升了学生的创新精神、经商能力和创业意识。两年来，"基于温商精神的创业教育"项目组开发特色校本教材5本，分学部成立创业工作室10个，依托校外实训基地建成校外创业教育基地4个，支持学生创业门店4家，学生在国家、省、市职业生涯规划大赛和创新创业大赛获奖30余次，创新创业社团被评为温州市星级社团，学校也先后被评为温州市创新创业教育基地、浙江省中职学生创业教育基地。

固本开源　重基求新

安徽省马鞍山市职业教育中心

学校自 2008 年以来为区域经济发展共输送高素质技能型人才 12 562 人，受到用人单位的普遍欢迎。

一、完善校企合作机制，做好就业安置工作

以职业教育集团为依托，完善校企合作机制。2009 年，成立由马鞍山市职业教育中心牵头的安徽皖江汽车职业教育集团。学校充分利用安徽皖江汽车职教集团合作办学平台，发挥集团化办学优势，建立校企合作"订单式"培养机制，使学生在完成一年的专业学习后，自由选择企业"冠名班"，形成"订单式"人才培养机制，建立"福特""大众""通用""华菱"等知名汽车品牌维修企业冠名班，开拓学生实习、就业渠道。

加强实训基地建设，积极组建信息技术职业教育集团。按照园区、厂区、校区、社区、景区"五区联动"的模式，汇集教学、社会培训、职业技能鉴定和咨询服务等各项功能，实现校园与企业的"无缝对接"、课堂与实训地点的一体化，全面推进工学交替、任务驱动、项目导向等教学新模式改革，努力把中职园建成校企合作、产学研结合的示范区。加强校企合作，成立计算机网络技术专业指导委员会，把握专业发展方向，协调校企关系，指导专业教学改革，探索专业发展之路。在计算机网络技术专业指导委员会的基础上，整合区域内信息技术产业资源，积极与马鞍山市动漫产业园、安徽璎珞文化传媒有限公司、马鞍山数字硅谷等建立合作办学机制，积极组建信息技术职业教育集团。完善"订单式"培养，构建工学结合机制，实现校企无缝对接。

二、丰富教育教学体系，推进就业指导工作

大力丰富教学体系，全程推进就业指导。在完善课程教学大纲基础上，加强职业生涯规划课程建设，充分考虑就业指导课程特点，出台了《就业创业指导课程考试实施细则》，创新了考试办法，构建起较为丰富的就业创业教学体系，极大地加强了学生创业能力培养。

成立学生自我就业指导与服务组织。以学生会为平台，组织学生社团开展就业指导工作，成立了"就业服务部"。以"提升职业素养服务全体同学"为宗旨，开展各项活动，了解企业文化、了解人才市场行情、锻炼实践能力。

开展形式多样的就业指导工作。广泛开展就业信息调查工作，开展各种就业指导、宣传活动，就业服务部按照学校工作安排，有计划地组织学生开展各种活动，形式多样、贴近学生实际。一是主题班会。组织召开了以"我的工作，我了解多少""我爱我的专业"等为主题的班会。二是就业广播讲座。从 2008 年 11 月起，利用学校广播室，每周定期播出就业指导节目，广播的内容大多由同学进行搜集整理，很好地锻炼了同学们的动手能

力。三是各种比赛、训练活动。为了锻炼提高学生的综合素质和各种能力，组织开展了演讲比赛、诗歌朗诵会、征文、职业生涯设计大赛等活动，在锻炼学生语言表达能力、人际沟通能力、组织能力等方面起到了很大的推动作用。四是报告会、座谈会、家长会等活动。在学校统一组织下，每学期都召开各种类型的报告会、座谈会，邀请用人单位领导和部分毕业生到学校与学生交流就业经验。组织召开家长会，强调顶岗实习的重要性和家长在其中应尽的职责，迅速、及时地将就业工作安排到位。召开"毕业生就业洽谈会"，让学生与企业"零距离"接触。

三、科学构建立体机制，有效保障就业工作

学校高度重视就业工作。实施就业工作"一把手"工程，确保"三到位"，每年都将就业工作纳入年度工作要点予以部署，制定各层次的年就业率目标和就业困难学生的帮扶率目标，分解至职能部门并将就业率目标纳入年度考核指标体系进行考核。

建立了就业指导与服务工作体系。架构起"组织、队伍、课程、网络、活动、保障"的"六位一体"运行模式，对就业工作进行精细化和科学化管理。

成立就业指导专家委员会。一是成立了学校就业指导专家委员会，有专职就业工作人员20人。二是建立了一支以就业指导专职人员为主，处室领导、专业教师、学生辅导员为辅，企业专家广泛参与、专兼结合的达100余人的就业指导师资团队。

构建市、县、校三级毕业生就业信息服务平台。建立中职学生就业信息库，企业信息库，学校招生、管理、办学成绩、优秀毕业生事迹介绍，用人单位招聘信息，学生求职信息，技能培训、继续教育服务，市中职学生就业情况信息化管理和动态分析等。

推进就业工作全程化 全员化 专业化 信息化

厦门工商旅游学校

学校推进就业工作全程化、全员化、专业化、信息化，积极引导毕业生面向基层就业。5年来，毕业生一次就业率达98%以上，实现优质就业。

一、领导高度重视，强化工作力量

成立工作小组。落实"一把手"工程，校长担任组长，下设办公室，各教学部部长、德育部长和各职能处室主任为工作小组成员。同时各教学部成立实习就业领导小组，明确各部门的职责，形成推动就业的合力。成立招生就业处，从组织上保证就业工作的顺利开展。

经费保障到位。每年均投入大量的就业推荐资金，进行就业的宣传和推荐，年均投入30多万元，制作就业推荐的宣传册和光盘（中、英、日、韩四种语言），在福厦高速路边投入重金树立学校的宣传广告牌，在百度搜索引擎上投放广告，在福建省、厦门市的主要媒体（电视、报纸）上投放宣传广告。

二、加强就业指导，更新就业观念

开设求职和面试技巧讲座，借助声像图文资料，为同学们提供咨询服务、这对学生调整好择业与就业心态、处理好就业与择业面临的种种挑战有明显效果。

组织学生考察劳动力市场、参与创业设计、访问往届毕业生，邀请校友返校开展联谊、座谈等活动。学生在参与活动中掌握了有关知识，形成了正确的观念，提高了求职应变能力。

开展对学生的就业指导和创业教育，培养学生的就业、创业能力，年年开展"创业设计"大赛，从班级初赛、专业部复赛到全校决赛，活动历时久、涉及面广，在全校学生中营造了浓厚的创业氛围，激发了学生的创业思维，提升了学生独立分析、团体协作和社会活动的能力。

创新职业指导课程，使职业指导与市场需求、良好职业素养的培养与德育工作、扎实职业能力的培养与教学工作、专业实训与毕业生就业紧密结合起来。

三、创新就业模式，拓宽就业渠道

夯实实习、实训基地。一是本着"紧密结合，互惠互利，优势互补，共同发展"的合作机制，学校与30家企事业单位签订了校企合作协议，达到"双赢"的目的，实现双方的共同发展。二是加大力度，切实加强专业实习的管理，把学生专业实习视为教学过程的重要组成部分，是全面检验和提高教学质量、培养合格人才的必要措施。三是秉承对学生负责的工作精神，为每位同学购买了意外伤害保险，制定了《实习指导教师职责》《学生实习安全管理规定》《校外综合实习纪律》等管理制度，选派政治素质好、业务能力强、政策水平高、具有丰富实践经验的老师参与专业实习管理，建立了班主任到实习单位巡访制度，架起了企业、学校和学生沟通的桥梁，有利于及时发现问题和解决问题，保障了学生的权益。

"订单"式培养培训模式初具规模。学校信息工程部、商业部、财会部、汽车部分别与厦门银据地理信息有限公司、夏商集团、畅捷通信息技术股份有限公司、盈众集团和泰成集团合作，以"订单式"培养培训模式提供毕业生。

"弹性学制"的实施，打破了长期以来的学年制和学年"学分制"，使学校实施的"综合学分制"更加完善、更加合理、更适应社会发展的需要，为综合学分的实施提供了的重要配套措施，取得了明显的效果，突破了困扰学生就业的瓶颈。五年来，学校已有3 000多名学生成了弹性学制的受益者，提前获得就业的岗位。学生及其家长感触颇深，认为在目前就业市场竞争十分激烈的情况下，学校采取灵活的学制，在确保学生学习质量的同时抓住一切机会，为同学们争取就业岗位，解决了学生和家长的后顾之忧。用人单位也认为，学校采取灵活的学制，确保用人单位及时获得了满意的人才，这是一个多赢的做法。

组建职业教育集团。紧紧围绕《福建省建设海峡西岸经济区纲要》和厦门市人民政府关于《教育服务产业行动计划的通知》等文件精神，学校联合福建省18家大中专院校，邀请厦门市商业联合会和物流协会等28家行业、企业参与，组建了"厦门商贸职教集团"和"厦门交通职教集团"，实现资源共享、优势互补，使学生就业有了更加可靠的依托。

四、改进就业工作，提高工作实效

为了强化"以就业为导向"的职业教育观念，建立起全员参与毕业生就业工作的机制，形成教职工既关心教学、又关注毕业生去向的良好氛围，使学校真正实现"进得来，教得好，出得去"的良性发展轨道。学校出台了激励全体教职工投入毕业生就业推荐工作的具体措施，将推荐毕业生就业工作落实情况纳入日常考核和年度评先工作范围，并与校内分配挂钩，重奖对推荐毕业生就业有突出贡献的教职工。新举措的实施，使学校毕业生就业工作跃上新台阶，呈现出全员化的特点。

学校招生就业处的工作人员，均持有劳动与社会保障部颁发的职业指导师证书，解决了学生在就业工作中遇到的大量问题，如签订合同、劳动保障、薪酬待遇等问题，更好地为学生服务，体现了专业化的特点。

搭建了网络交流平台。建立了就业宣传网页，设置"就业动态""就业指导""服务指南""政策法规"等几个栏目，将企业用人信息及时分布在网站上，学生可以及时了解企业需求情况；建立就业处及各毕业班级的QQ群，便于及时沟通信息，解答学生就业过程中遇到的问题，信息化水平不断提高。

拓宽就业渠道 给学生就业更多选择

山东省宁阳县职业中等专业学校

学校始终高度重视学生就业工作，不断拓宽就业渠道，先后与县内外近百家大型企业建立了联合办学关系，努力开创毕业生就业工作新局面。2000 年以来，共安置毕业生 2.8 万人，就业率达 99%，不少专业的学生还没有毕业，就已经被企业预订一空。

一、建立就业网络，加强就业指导

全员参与学生就业工作。学校出台专门措施，号召全校 400 多名教职工参与毕业生的就业安置，对提供有效信息者，给予一定奖励。

成立就业办公室，加强日常指导和跟踪服务。在江苏、浙江、上海等地设立就业办事处，及时了解企业的最新动态，形成了比较完善的就业指导和就业服务网络体系。

开设就业指导课程。学校在一年级开设了"职业道德与职业指导"课程，让学生了解职业、准备职业、选择职业、适应职业，增强选择市场意识、法制意识、竞争意识，加强以诚信敬业为重点的职业道德教育，帮助学生树立"三百六十行，行行出状元""天生我才必有用"的意识，增强学生自信心。并根据不同年级学生特点，举办专题讲座。

二、构建"推荐就业+鼓励创业"机制

学校不断拓宽就业渠道，先后与长城汽车天津分公司、浙江吉利汽车有限公司、三星电子数码打印机有限公司、海尔集团等上百家企业建立了联合办学关系。自 2010 年起，学校创新工作机制，变分散安置为集中招聘，在校内举行毕业生就业招聘会，通过对报名的上百家企事业单位进行遴选，最终确定规模大、效益好、待遇高的优质企业到校招聘，学生通过与企业代表面对面，扩大了自主就业选择空间。

通过课堂教学、入学和毕业教育、班主任和学生日常管理工作、社会实践和课外活动等形式，引导学生树立创业意识、培养创业精神、学习创业知识，鼓励学生自主创业。学校一方面推荐就业，一方面引导学生进行自主创业，形成了"内外结合，一举双赢"的良性发展局面。

三、推进工学结合、顶岗实习

加强实习过程管理。做到一个"必须"，三个"到位"。一个"必须"，即必须与企业、学生、学生家长签订协议。三个"到位"，即人员到位、设施到位、管理到位。在管理过程中，我们选派综合素质高、责任心强的教师全程实习指导和跟踪服务，做好厂方与实习生的协调工作，做好与家长的联系工作，及时妥善地处理好学生工作、生活中出现的各种问题，定期向学校领导汇报工作情况。每次工学结合活动结束，学校及时召开工学结合师生座谈会，总结工作中的经验与不足。

加强制度建设。学校先后制定了《学校关于实行工学结合、半工半读的试行方案》《学校工学结合带队教师职责》《学生工学结合实习纪律》等管理制度，确保实习工作正常有效开展。

四、强化措施，确保就业质量

"不考察企业，决不安置一名学生"，这是学校在安置学生时，遵循的一个不变的法则。学校获得有效的就业信息后，即派两位专职教师去企业实地考察，全方位了解企业情况，经就业办全体人员分析、研讨、认可后，再向领导汇报；经领导同意后，即进入操作阶段。

首先由企业领导或考察教师就企业情况向学生作如实、详细的介绍，由学生本人根据自身情况及工作目标报名。在报名的学生中，坚持"双向选择，优生优分"的原则，让好的学生先到企业实习就业。然后，为加强对学生的跟踪管理和服务，学校以文件的形式，在各个毕业班级下发《关于加强学生校外实习管理的规定》。如该生被实习单位评定为不合格，即不发毕业证书。

学校教师定期到企业回访学生，了解学生的工作、学习、生活等情况，协调学生与用人单位的关系，保障学生的合法权益，及时帮助学生解决问题。

多措并举 抓好学生就业工作

德州交通职业中等专业学校

学校以"以学生为中心、以能力为本位、教好一个学生、致富一个家庭、带动一方百姓"为办学追求，根据当前市场用工需求规律，从教育教学安排、实训实习安排、就业岗位安排等方面进行总体布局调整。自2008年以来安置毕业生15 000余人，专业对口就业率100%，三年内的毕业生稳定率在85%以上，学生成功创业率达到5%以上。

一、实施六阶段就业指导教育

第一阶段，学生入学后一个月内进行统一思想的"军事化教育"，让学生形成服从意识，并在其中加入"挫折教育"，让学生形成耐挫能力。

第二阶段，一个月后，随着对环境的逐步熟悉，学生的服从意识和耐挫能力日渐稳定，但同时，来学校时的雄心壮志和对父母亲人的叮嘱开始松懈。学校统一进行系列"感恩教育"，让学生在感恩中信守来校时对家人的承诺；同时对学生进行一系列的"励志教育"，让学生坚定追求自己梦想的信念，培养学生逐渐形成自己的人生目标。

第三阶段，学生在入学三个月后，行为意识、感恩意识和目标意识逐渐形成，学校开始组织学生进行"职业生涯规划""职业道德教育"。在确定学生奋斗目标的同时，进行阶段性目标的分解，每名学生都有自己的总目标、阶段性目标，并有自己分阶段实现的计划、措施及检查跟踪。

第四阶段，在学生入学半年后进行"定位教育"，班主任对每个学生的定位进行微调，并明确路径图和时间表。学生在第一年的基础课程学习过程中，打下坚实的基础，一年后开始进入工厂实习阶段；让学生了解社会、了解工厂、了解企业文化，为自己的职业生涯规划设计做好铺垫。

第五阶段，学生在进厂实习结束后，回到学校进行第二学年的专业课程学习。根据实习过程中对企业的认知情况，调整安排自己的课程着重点，同时加入"如何适应企业的管理制度""如何适应企业的人际关系"等课程，学生第三学年根据个人定位，选择二次企业实习。

第六阶段，学生于第三年进行第二次实习，期间基本能够确定自己的工作岗位。学校安置办同时加入"面试技巧培训""岗位成才培训"等教育，促使学生稳定实习，试用期后转为正式工人，并确定自己在企业的发展目标，做出发展计划，进而实现稳定就业和顺利成才。

二、强化二阶段的进厂实习

校外工厂实习第一阶段：学生入学一年后，安排进厂实习。此次实习主要是生产类实习，即心态和基本功的练习。让同学们明确自己的定位，不能好高骛远，更不能认为一线技术工人没有脸面，要使学生形成"从基层做起、从自己做起"的良好心态。

校外工厂实习第二阶段：第三年安排二次进厂实习。此次实习主要是根据同学们自己给自己的定位来安排，非常接近学生各自的就业岗位性质。学生在此次实习中还有调整个人定位的机会，并能够实际感受到自己所定位的岗位要求，为就业打下坚实的基础。

三、根据岗位要求安排课程

学生在第一次进厂实习结束后，回校进行专业课程的结业学习，根据学生定位岗位要求进行分类学习。以汽车为例，可分为机修、电控、钣金、喷漆等科目，学生进行有针对性的学习，使其实习岗位"零距离"。

学生在第二学年下半年，以汽车专业为例，根据学生选择的汽车品牌，在汽车专业课基本结业的情况下，学校组织品牌特色班，如"奥迪技师班""丰田机修班""一汽大众钣喷班""上海通用AYEC班""北京现代机修班"等。学生选择自己钟爱的品牌和专业，报名参加考试和面试，合格后统一发放企业工装，学生着工装实习。既有品牌自豪感，又有班级凝聚力，对于个人形象、纪律、学习要求严格。这样便使学生从穿上工装那一刻开始，就把自己当成"一汽大众人、丰田人、北京现代人"。学生就业稳定率在95%以上。

四、加强就业前教育及回访

学生在就业前三个月，由校系将学生名单报教务处和学教处，由教务处查看学生各科成绩，成绩不合格的退回校系参加补考；学教处查阅"道德银行卡"，有重大违纪行为以致影响就业稳定的学生，退回校系统一进行组班教育。进入前置三个月的学生，由安置办统一办理"前置三个月胸卡"，学生佩戴胸卡后会在学校中起到模范带头作用。安置办集中安排就业前教育。

加强离校前教育。学生在被企业面试成功后，由安置办做系列"安全教育"和"岗位成才教育"，使学生进入社会后具备了解社会的"免疫力"。学生就业后稳定性提高。

实行就业后跟踪回访教育。学生到企业就业，一次性就业人数30人以上的企业，学校派一名带队老师随学生到企业。学生一个月"迷茫"期后，撤回带队老师。学校对学生进行为期两年的跟踪回访，即入职一周回访、一个月回访、三个月回访、六个月回访、一年回访、一年半回访、两年回访。安置办在两年期间完成不少于六次的实地回访。

注重就业教育　开创就业工作新局面

河南省轻工业学校

长期以来，学校高度重视毕业生就业工作，认真贯彻毕业生就业工作的相关政策，紧跟就业市场的变化，积极探索、大胆尝试就业工作的新形式。

一、强化制度建设

学校实施毕业生就业指导工作"一把手"工程。学校成立了以校长为主任的职业指导与就业服务工作委员会，设立专门的招生就业中心，各系设有就业工作专职联络员，选派的就业人员均具有四年以上从事学生就业工作的丰富经验。

学校不断完善就业工作的管理制度，先后制定《目标责任制实施办法》《优秀毕业生评选办法》《职业生涯规划大赛活动方案》《毕业生就业工作情况通报制度》《毕业生办理离校手续的通知》《毕业生就业报到证办理及发放说明》等，保障学校就业工作有"法"可依，有章可循。

二、注重就业教育

一是学校重视职业发展与就业指导课的教学，强调教学多结合学生实际，有针对性地组织"职业生涯规划""职业道德与法律""经济政治与社会""哲学与人生""就业指导"五门必修课的教学，教学内容符合教学大纲、教学计划，学校各专业均开设有五门就业课程。

二是每学期均开设有为期一周的素质实训课，任课教师带领学生赴人才市场实地考察，然后针对学生的就业技巧、求职礼仪等进行强化训练。三是定期对任课教师进行师德师风、心理健康教育、教师企业实践等培训，举办"青年教师经验交流活动""2011年学校教师集体备课、说课活动""优质课评比"等活动，提高教师的教书育人能力。四是积极开展丰富多彩的就业周活动。开展就业宣传月、职业生涯规划大赛、模拟招聘、创业实践大赛等活动，帮助学生在活动中提高认识、锻炼能力、开阔眼界。举办就业指导专题讲座，帮助学生认清就业形势、了解就业创业政策、明确自身定位。邀请知名企业代表和优秀毕业生到校和同学们交流，现身说法。

三、积极拓宽就业渠道

学校积极搭建就业双选平台。一是在校园网上建立招聘专栏，并配有专人对专栏进行及时更新及维护，并对发布招聘信息企业进行严格的审查。目前，学校储备的企业有近120家，同时每届毕业生信息会通过平台进行发布，真正做到企业与毕业生之间无障碍信息交流。二是学校每年为中职毕业生举办2场大型双选会，分专业专场招聘活动近30场，接待用人单位60余家，为毕业生提供顶岗实习岗位1 600余个。

四、广泛开展"订单教育"

学校通过各种渠道积极联系优秀用人单位，采取招生与招工相结合的方式积极开展"订单教育"。一是近几年来学校分别为郑州思念食品有限公司、河南省宋河酒业股份有限公司、洛阳杜康控股有限公司等多家单位培养订单人才近 2 000 人，受到用人单位和学生的好评。二是学校牵头成立了"河南省轻工职业教育集团"，与 40 多家轻工科研单位及省内外重点轻工单位建立了紧密的合作关系，为毕业生就业打下长期稳定的基础。

五、加强就业服务

一是强化就业服务规范。认真把好考察关，做到"不适合的单位不和毕业生见面"；认真把好资格审查关，做到"不符合毕业标准的毕业生不和用人单位见面"；认真把好安全关，做到"学生全部由学校派专人护送进入工作单位"；认真把好跟踪服务关，做到"及时了解毕业生工作情况，有问题及时解决"。二是开展就业后服务。学校为毕业生提供就业后服务，提供二次或多次就业机会，通过省校就业网、校园网、QQ 群、手机短信等形式，使未就业毕业生尽快找到较为理想的岗位。

提升职业素养 促学生满意就业

河南省商务中等职业学校

学校大力加强自身建设，努力提高学生的职业素养，连续多年毕业生就业率均在99%以上。

一、全员参与，多管齐下，抓好就业指导

学校领导高度重视。以"企业喜欢，学生愿意，家长满意"为目标，明确就业工作是从学生入学到离校的系统工程，并形成了一系列具有特色的管理方法和制度。

提高学生素质，增强就业竞争力。学校针对中职学生学习积极性不高、依赖性强、缺乏社会责任感等问题，新生入校即进行40天的严格军事训练，并在每学期开始进行为期一周的常规军训，从而培养学生严明的组织纪律性、顽强的意志品志、吃苦耐劳的品格和爱岗敬业的职业道德。

加强学生对就业政策法规的学习及就业心理指导。学校利用职业生涯规划、人生与哲学、经济与政治课和就业讲座等方式，组织学生学习了解有关政策法律知识和目前就业形势，加强学生对就业的认识，明确学生就业、择业的范围和目标，引导学生树立"先就业后择业"的观念。

创新就业指导课形式。在完成就业指导课程任务、日常政策咨询、服务等基础性工作的前提下，加强对就业指导课程形式的变革。在就业指导课中，将老师的讲授与老毕业生回校谈就业经验相结合，将就业技巧的培训与邀请业界成功人士讲解现代企业需要什么素质的员工讲座相结合，多层次、多方面、多角度地对学生进行就业指导。

建立专业实训室。一是完善校内实训室设备，加强实践教学，开展技能比赛，以促进学生的学习，提高学生的技能水平，增强学生就业竞争能力。二是在学生实习和就业之前，对学生进行全员岗前培训，让学生了解实习的目的、意义、法律法规和基本要求，学习领会企业的文化精髓和各种规章制度等。通过培训，显著增强了学生对实习的认识和了解，为日后的管理打下良好的基础。

倡导学生自主创业。为了学生日后能找到适合自己的工作、创立自己的事业，学校开设了创业教育和创业实训相关课程，通过案例剖析、知识讲座、企业家现身说法和宣传中职生创业事迹等多种方式，增强创业教育的针对性和实用性。学校邀请知名企业家、北京白家大院餐饮有限公司总经理王德伟先生和学校优秀毕业生代表张伟、栗晓辉等为师生作创业报告，他们的学习、工作经历和经验是最好最生动的例子。学生爱听，也听得进去，能学到很多东西；他们艰苦创业、不畏困难、努力拼搏的精神及待人处事之道，都使学生深受教育。

二、深化校企合作，创新合作模式，拓宽学生就业市场

学校利用丰富的企业资源构建校企合作平台，创新办学理念和技能型人才培养模式，为学生就业开拓了广阔的市场。

校园车间的合作模式。学校数控技术应用、电子技术应用、电子商务等专业与兵器工业部河南星光实业有限公司、兵器工业部河南平原光学有限公司、河南许继电器、友达（苏州）光电有限公司等共同创建校园车间合作模式。实施校企车间合作模式：一是学校成了学生学习的场所，更成了学生实习实训的场所，使学生的技能训练与社会生产实际相结合，真正做到与社会生产实现无缝接轨，学生能实实在在学到技能与技术。二是可以请企业的师傅作为学校师资特别是实习实训师资。企业的师傅有丰富的生产实操经验，对于培养学生的实际动手能力、生产能力，乃至提高学校整体教学质量都大有帮助。

订单培养的合作模式。学校与中电电气（南京）光伏有限公司、北京森林假日有限公司、中国移动、中国联通（北京分公司）等多家企业建立了订单培养合作关系。在合作过程中，校企联合制订培养计划，共同制订教学计划和教学大纲。学生在企业实习期间，严格按照学校和企业制订的教学计划来安排学习，把因需施教落实到实处，使人才的培养更贴近市场需求。企业根据自身情况为实习生提供实习场地、设备和实习作业岗位，提供技术人员进行指导，派专业技术人员定期或不定期对学生进行专业理论与实际操作的系统培训和考核。每学期企业派相关人员到学校对学生进行授课，内容包括管理规章制度、生产经营发展、产品知识、质量标准、机械设备知识以及其他的技术指导，等等。学校安排相关的专业教师定期到企业进行理论知识和现场技能培训。校企双方共享师资资源，强化了实训环节，突出了对学生动手能力的培养。

校企共同举办校招聘会的合作模式。近几年，随着学校知名度的提高，学生就业工作也步入良性循环的轨道，学校把提高学生对口就业率作为就业工作重点，针对相应的专业引企入校，在学校开设专场招聘会。现场面试成功率、达成求职意向率、对接成功率都非常高，在学生中产生了良好反响，企业也选拔到了自己满意的人才。

三、全程跟踪，优质服务，提高毕业生就业质量

学校全程跟踪学生在企业的吃、住、安全、劳动保险、医疗保险、工资发放等一系列问题。一是建立跟踪服务机构，进一步完善就业服务体系。学生到企业工作，学校派出教师进驻企业，协助解决学生生活和工作中出现的问题，并负责学校和企业之间的沟通与协调，切实保证学生实习就业期间的各项合法权益。学校领导定期带领部分班主任和就业指导办公室工作人员，赴北京、上海、苏州、杭州、无锡等实习就业比较集中的城市看望、回访实习就业的学生，带去学校对学生的关怀，了解并解决学生在企业工作中出现的问题。二是加强信息化建设，推进就业服务的即时化。建立毕业生网络档案，及时掌握毕业生分布、流动、岗位等信息；建立"就业指导办公室QQ群"，第一时间了解毕业生工作中遇到的问题和困难，方便学校和毕业生、毕业生和毕业生之间的互相沟通和交流。

三环联动　全员抓就业

武汉市第一商业学校

学校一贯重视学生技能培养和学生就业工作，坚持"以服务为宗旨，以就业为导向"，依托深厚的行业背景，调动各种社会资源，与众多优质企业建立良好的合作关系。每年推荐就业的毕业生有 1 000 人左右，实习率达 100%，实际就业率达 98% 以上。

一、制度建设规范化，就业工作有保障

毕业生就业工作是一项政策性强、责任重大，学校、家长、毕业生、社会等高度关注的"人心工程"，是促进学校教学改革、学生管理以及招生工作的重要工作之一。为认真全面做好毕业生就业工作，学校始终以党中央、国务院就业方针为指导，坚持"品质就业、双向选择、全面安置、动态服务"的就业方针，对学生实习就业工作进行全程指导和管理，规范学生实习就业安置工作，并依据教育部《中等职业学校学生实习管理办法》，结合实际，制定了《武汉市第一商业学校学生实习就业管理办法》，实现就业安置工作规范化、法制化。

二、办学与市场双向结合，不断满足市场需求

学校以市场为导向，根据市场需求设立专业，依照岗位标准设置课程，重视就业率和就业品质的"双高"，实现了学校培养与企业需求的对接，先后开设"调酒与咖啡制作""美容与形象设计""西餐烹饪""服装展示与礼仪""眼视光与配镜""城市轨道交通运营管理"等市场呼声较高、就业前景较好的新专业。目前，学校所开设的 17 个专业，均与市场需求紧密结合，为毕业生顺利就业打下基础。

三、创新人才培养模式，夯实学生就业基础

学校建立并不断完善"公民素质 + 职业素养 + 职业能力"的人才培养体系，树立社会主义核心价值观，坚持实施"双证书"制度，大力强化学生的职业技能和职业素养训练，着力打造"诚信、尚礼、精明、实干"的现代商人。一是积极开展基于工作过程项目化、系统化的课程改革，提高毕业生的岗位适应性。新生入学即开展职业意识的养成教育，引导学生做好职业生涯规划，激发学生就业创业的热情和动力；进入顶岗实习阶段即开展"青春校园·魅力职场"等"青春大讲堂"系列活动，为学生提供实习就业前的心理指导和具体帮助。二是重视职业岗位的实践动手能力，以"技能节"和技能大赛为抓手，打造校企合作平台，为学生提供展示就业和创新能力的舞台和机会，为他们赢得更好的就业岗位。

四、构建职业指导体系，引导毕业生就业赢在起点

构建"一规、二塑、三导"的就业指导模式。"一规"就是在第一学期全面引导学生

开展职业测评和职业生涯规划；"二塑"就是在第二、三学期引导学生围绕自己的职业生涯规划，逐步提升自己所需的专业技能、职业素质和适应社会的能力；"三导"就是在第四学期全力培养学生积极的就业心态、求职技能、面试技巧、择业理念和创业精神。

重视学生顶岗实习前的就业指导工作。在就业指导实践中，针对顶岗实习年级开展实习意向调查，开设就业指导课、就业指导专题讲座、优秀毕业生报告等，加强毕业生就业技能的培训，教学生如何写简历、如何应聘工作岗位等，引导毕业生树立正确的择业观和成才观，确定合理的就业期望值，做好就业前的思想准备和技术准备。

加强学生顶岗实习过程中的教育引导工作。一年的实习期内，实行职能部门、教研室和班主任"三层视导"，及时了解、反馈、解决学生在实习中遇到的各种障碍和困惑，有效引导学生顺利实现从学生到职业人的角色转变。

五、搭建就业指导五大平台，处处体现服务宗旨

立体构建校企合作平台。学校充分发挥"武汉商界黄埔军校"的独特优势，聘请武汉市商业上市公司等大型企业的校友老总组建"办学指导委员会"，大型商业集团人力资源总监组建"专业建设指导委员会"，行业技术能手、大师组建"课程建设指导委员会"，立体构建深度融合、无缝对接的校企合作平台。

多方开发校友资源平台。编写"优秀毕业生风采录"，为学生开展项目教学、就业指导、创业实践提供优质的校友资源平台。

创设"五库查询系统"网络平台。搭建学校信息查询库、毕业生信息查询库、用人单位信息查询库、校友信息查询库、毕业生档案资料库，构建就业指导网络平台。

搭建毕业生推荐平台。以校园供需见面会为契机，"走出去、请进来"，积极挖掘和拓宽就业渠道，推动毕业生就业工作向好的方向发展。

构筑校内实训、校外实习工学结合平台。以合作企业为依托，签订订单培养协议，让学生进入学校后以企业准员工身份接受职业教育，形成招生与招工结合、实习与就业同步的校企"零距离"合作新模式。

六、加强就业市场考察力度，深度拓展就业空间

积极"走出去"。在稳定好原有就业基地的同时，站在市场的角度，利用网络、媒体等媒介与用人单位接洽，加大对北京、深圳、上海等用人单位的考察，向用人单位推荐毕业生，组织毕业生到用人单位面试。

想尽办法"请进来"。邀请用人单位来学校交流洽谈需求信息，认真组织好推荐工作，组织多场就业推荐会进行现场面试，为毕业生开辟新的就业渠道，达到用人单位、毕业生、家长、学校四方都满意的效果。

开展人才需求社会调查。通过互联网、电话和信函等方式联系单位，掌握最新的就业动态，拓展就业渠道，建立稳定的新的就业基地，使学生就业面更广、选择范围更大。鼓励毕业生自找出路，主动与用人单位联系，大胆推荐自己。

以生为本 不断提高学校就业工作水平

湖南省吉首市职业中等专业学校

学校以就业为导向、以质量为核心，积极创新就业工作思路，着力改善就业环境，提高就业素质。近三年来，学校毕业生就业率均达 100%，就业稳定率达 96.16%，专业对口率达 93.21%。

一、积极创设学生就业环境

动态调整学校专业设置，做到专业设置对接市场需求。学校瞄准湘西州和沿海经济社会发展需要设置专业——经济社会发展需要什么专业，学校就开设什么专业，经济社会发展需要什么人才，学校就培养什么人才。如学校在确定了"服务社会设专业、校企合作强专业"的建设思路后，优先发展市场需求大、具有民族地区特色、生源充足、就业率高、举办能力强的服装设计与工艺专业、学前教育专业、旅游服务与管理专业。

建立适应经济社会发展的人才培养模式，提高人才培养针对性。学校以就业为导向，以"资源共享、互利共赢"为原则，创新人才培养模式，坚持校企合作、校校联合，主动谋求发展。先后与湘西州幼儿园、吉首成聪软件公司、东莞联泰制衣有限公司、昆山仁宝电子有限公司、吉首大学师范学院等企事业单位建立长久的合作办学关系，签订校企合作协议，实行工学结合、顶岗实习，实施订单式培养。各专业成立了专家指导委员会，聘请企业专家开设讲座，引进企业文化，率先在全州开办"企业冠名班"。

做好市场调研，多渠道、多途径收集毕业生需求信息。一是学校建立了沟通学生、用人单位、学校的就业推荐工作系统，利用互联网等现代通信信息技术，有效快捷地传递就业推荐信息。二是学校做好市场调研，建立就业基地及信息站，形成了就业信息员网络体系，有计划、有目的地安置学生就业。

组织毕业生供需见面会，为毕业生和用人单位搭建双向选择的平台。2012 年 6 月，学校开湖南省同类院校先河，成功举办了首次供需见面会，搭建了用人单位和毕业生交流的平台，拓宽了毕业生求职渠道，提升了毕业生就业质量，实现了学校人才培养目标和用人单位需求的有机衔接，既方便了学生的就业，又提升了学校的社会影响力。

二、全面提高学生就业能力

以学生职业生涯规划为切入点，全面加强就业指导。在毕业生实习就业前，招就处组织全真模拟面试工作，对学生进行技能考查和考核，使学生切实体会到求职面试的程序和流程，为学生就业再上一道"保险"。

引导学生树立正确的择业观，合理定位。一是开展就业指导工作，让学生从旁观者到参与者、从评论者到建议者和执行者，引导毕业生顺利完成角色转换，使他们更加适应新角色要求。二是学校广泛建立就业信息网，并与社会人士、往届毕业生建立长期联系，开展系统就业教育，适时邀请各行各业的普通人士来校与学生座谈、对话，避免空传成功人士和优秀毕业生就业典型，导致中职生毕业就业期望值过高。

改革教学模式和评价模式，提高学生就业核心素质。一是针对学校学生学习基础薄弱、学习兴趣不高、主观能动性不足等问题，学校变期末考试终结性评价为以单元考试法为主的过程评价，以改变学生为考试而学习、理论学习不深入、知识掌握不扎实的现状。同时，建立学籍预警制度，对考试不合格科目达到一定数量的学生，进行黄牌、红牌警告，遏制了课堂学习气氛不浓、教学效果差的实际问题。单元考试法侧重考查学生的学习能力、理解能力和诚信品质，提高了学生对专业知识的掌握程度。二是根据专业的不同特点及专业教学与企业生产过程对接的要求，推行项目式教学、理实一体化教学、案例教学、情境教学、主题教学等模式，并率先在全省制定并实施专业技能等级考核标准，对学生的专业技能实行过程评价与结果评价相结合、学校评价与企业评价相结合，促进知识传授与生产实践的紧密衔接，实现"教、学、做"的统一，实现专业与企业"无缝"对接。

三、扎实做好学生就业跟踪

及时关注学生初次就业后的生存状况。因离开熟悉的环境、离开多年的同学，学生在短时间内往往难以适应工作、生活的环境与压力；再加上对家乡的思念，学生初次就业后情绪往往容易波动，对未来的社会竞争颇感迷茫。为帮助学生渡过初入职场的迷茫期，学校招生就业处在送每一批学生就业时，都会给学生留下指导老师的电话及 QQ 号码。学生在遇到困难时，都可以找指导老师帮忙解决；指导老师也会及时安慰鼓励学生，主动了解他们的工作状态，帮助他们分析遇到的问题，提出解决问题的思路与办法。指导老师的关爱，有效地缓解了学生初进职场时的各种困惑，帮助他们顺利渡过迷茫期。

定期回访，把就业落到实处。为及时跟踪了解学生在用人企业的工作状况，学校招生就业处会在学生就业后的 3 个月和 1 年的两个时间节点，派出专人到用人单位回访。一方面为了解学生工作状况，做好现场就业指导工作；另一方面可以充分了解学校在人才培养过程中存在的问题，总结经验教训，以便及时调整人才培养方案，提高人才培养质量。

加强就业指导　提升就业能力

湖南省衡阳农工贸职业学校

学校坚持以"指导学生就业、关注学生立业、引导学生创业"为工作重心，把职业指导贯彻到教学和管理工作中，指导和帮助学生树立正确的就业观念，提高就业能力和技巧。近三年来，学校为全省培养输送毕业生5 300多人，毕业生就业率在98.4%以上，专业对口率在86.3%以上，就业稳定率在91.5%以上。特变电工、南岳电控、中国南车、中联重科、富士康鸿准模具、山河智能、中海集团等300多家名优企业已成为毕业生就业的主要阵地，为地方经济发展做出了贡献。

一、就业指导工作贯穿全过程，有序推进

就业指导工作是一项系统工程，而不是毕业生特有的，应该贯彻到学生从入校到毕业的全过程中。为此，学校从学生入学开始就做出规划，分三个阶段对学生进行系统教育，有序推进。一年级学生以行为规范和职业意识的养成为主线，主要实施入轨教育。即以新生入学教育为契机进行"入轨"教育，了解校规校纪，形成良好的班风和学风，养成良好的行为习惯。同时，进行职业认识教育，使学生了解什么叫职业、树立职业意识、进行个人职业生涯规划。二年级以职业道德的教育和职业人格的塑造为主线，主要实施转轨教育。即以学习文化知识及专业技能为主，广泛开展学生自我教育的教育活动，加强自律，塑造学生良好的职业人格。同时加强职业理想、职业纪律及职业道德教育，注重先进性与广泛性相结合、整体性与层次性相结合，通过个体优化达到整体优化，以实现学生身份向职业身份的顺利转轨。三年级、四年级以就业创业为主线，了解就业市场情况，树立正确的就业观念，主要实施接轨教育。即加强就业前教育与创业教育，通过提供实习机会，了解就业信息，端正就业态度，精心设计求职应聘场景，提高学生的求职技巧；引导学生做好个人资料、仪表及心理上的准备；组织优秀毕业生报告会、企业专家讲座等活动，使学生平稳地进入社会，更好地服务、贡献于社会，以实现学生从学校学生向工作岗位角色的顺利过程。

二、就业指导活动生动活泼，富有成效

以校本教材为依托，突出就业指导实用性。为进一步加强就业指导课程建设，学校从事就业工作的同志结合工作实际，精心编印了《衡阳技师学院毕业生就业指导读本》。该读本强调案例教学，突出情景实战，注重可读性、实用性，深受学生喜爱，效果十分明显。

邀请名家、名人来校开展就业指导，提高就业指导实效。近3年来，学校采用"走出去、请进来"的广泛指导方式，邀请了中联重科、三一重工、山河智能、广汽菲亚特、特变电工等企业高层、优秀校友——全国知名单片机专家周立功、人力资源管理专家以及优

秀毕业生来校开展职业指导讲座 23 次，参加讲座学生达 7 320 人次。

以"毕业生就业指导集中教育月"活动为载体，丰富就业指导内容。通过开展就业知识学习竞赛活动、毕业生就业形势调研、演讲大赛、系列专题讲座或报告会、应聘模拟等活动，让学生更清楚地认清当前的就业形势，更新就业、择业观念，转变求职就业态度，掌握就业基本方法，更进一步明确学习目的，端正学习态度，增强学习动力，清晰努力方向，锤炼个人修养，并努力营造一种准备充分、积极应对、昂扬向上的就业氛围。

编印有关就业工作校园报刊。学校定期编印《招生就业指导报》《招生就业简报》《就业工作通报》，突出就业指导实质，让学生和教职工掌握就业动态，增强学习和指导的针对性，提高就业竞争能力。

加强毕业生就业网络建设，促进就业指导信息化服务。学校专门设有学校毕业生就业网，开展网上教育、信息发布、网上报名、网上公告等，受到学生欢迎。

加强从事就业指导人员的培训，提高就业指导水平。近 3 年来，学校先后派出 30 多名就业指导人员参加了专门的职业指导师和专业教育培训，其中 6 人取得高级职业指导师资格。学校还将每周三下午定为就业指导咨询服务日，指派专门教师一对一接受学生咨询服务，有的放矢地进行辅导、疏导和引导，更好地为学生释疑解惑，校正学生职业定位。

三、校企合作不断创新，优势突出

近年来，学校在校企合作方面不断向深度和广度拓展，取得了重大突破。一是合作对象"名优化"。学校是南岳电控、特变电工唯一一家深层次战略性的合作单位，是富士康在湖南设立产学研综合人才培训中心的唯一院校，是中国南车、中联重科、中铁轨道、三一重工、山河智能在衡阳的唯一一家合作院校。二是合作模式"新型化"。变单纯的"毕业生输送"模式为"校企联培"的新模式，开办以企业命名的定向班 60 多个，定向班比例已高达 70%，形成了以"校企共同选建定向班、共同制订培养计划、共同参与专业建设、共同开发课程体系、共同搭建师资队伍、共同实施教育教学、共同开展考核评价"为主要内容的新体系，实现了"百名企业专家进课堂""百名教师进企业"的良性互动。三是合作领域"纵深化"。与部分企业实现了"产学研"合作，已形成了生产 LED 灯、油泵泵体、卡瓦座、锭子组合件等产品的生产线，年产值达 600 万元以上，开创了"校中厂"的生产实训新模式。同时，与企业共建产学研基地，共建实训中心，如富士康在我院设立了富士康（衡阳）产学研综合人才培训中心。近三年，富士康鸿准模具公司、广汽菲亚特、南岳电控（衡阳）工业技术有限公司向我院捐赠 20 多套实训设备，价值 400 多万元。

学校的就业工作实现了专业设置与职业需求、教学内容与培养目标、实践教学与职业岗位的三个"零距离"对接，提高了办学质量，实现了学院、企业、学生、社会多赢的良好局面。

狠抓就业质量　增强中职吸引力

广东省石油化工职业技术学校

学校坚持以就业市场为导向，以提高就业质量、增强中职教育吸引力为目标，2008 年以来，毕业生就业率均超过 97%，为企业输送了大批技术技能型人才。

一、领导高度重视，打下坚实的工作基础

毕业生就业前三个月，学校专门召开毕业生推荐工作会议，研究毕业生的特点，用人单位的申请岗位、专业种类、数量、招聘的条件等情况。学校加强与行业协会的联系，成立校友企业联合会和广东省化工职教集团，为毕业生提供广阔的就业企业群。学校与企业建立相应 Q 群，及时了解学生和用人单位的意见和诉求，派出人员为企业解决实际问题、对毕业生进行回访等，为学生就业工作打下坚实的基础。

二、强化专业素质，提高就业竞争力

改变教学模式。根据用人企业的要求，教学模式由"2 + 1"模式向"2.5 + 0.5"模式转变。这样，增加了学生的在校培养时间，让学生巩固好所学的知识，学到更多的技能。

改变教学方法。学校有序推进课程教学改革，不断完善教学计划，更新教学内容和课程体系，改进教学方法，探索构建开放性的新型专业课程教学体系，采用灵活的模块式教学方法，把原来的纯课堂、纯理论教学改变为学生喜欢上的"一体化教学""项目教学""研究课"等。学生的学习状态也从"理论课像条虫"，向"实训课像条龙"转变，使开设的课程及教学内容更加符合职业岗位的要求。

加强校企合作。校企合作要求学校教学内容具有很强的针对性，而这正是学生就业后能够快速上手的一条非常有效的途径。学校根据企业的要求，积极探索"订单办学"新模式，与多家企业开展人才培养的合作方式，校企双方共同制订人才培养计划，并在师资、技术、办学条件等方面展开合作。学生毕业后直接到用人单位就业，企业参与人才质量评估。先后与腾龙芳烃、广州市博兴化工科技有限公司、广东南方碱业股份有限公司、中山市新叶树脂制品有限公司等多家企业达成"订单培养"协议，建立了良好的培养就业互动网络。学校依"单"培养，企业按"单"接收，学生因"单"而实现了零距离就业，大大提升了学生的就业竞争力，赢得了社会与家长的认可。

弘扬"以赛促教，以赛促学"的竞赛文化。利用竞技所带来的魔力，举办特色工种班——总控工班、检验工班、英语口语班、钳工维修班等。这些班实行动态管理，可进可出，走精品培养路线；学校对每位在校学生进行全程监控，得出综合评分（学习成绩平均 + 操行成绩平均 + 社会工作成绩 + 荣誉成绩）排名，在就业上实行"优先推荐"的方针，实现高质量稳定就业。

适时开拓新专业，调整新课程。根据珠三角地区经济的发展要求和毕业生所就职的行业岗位，及时调整专业设置，形成与广东省石油与化工行业发展相适应的专业体系，学校培养了大批专业特色明显、职业能力强的中高等技术人才。如根据油气与化学品储运越来越多的情况，审时度势地开设了石油与天然气储运专业，并在理科类专业中增加了市场营销课程，在市场营销专业中增加了化工生产基础课程。这些既符合市场需求，也更有利于学生就业。

三、培养职业道德修养，增强学生软实力

系统规划、分步实施。学校根据不同年级的不同教育重点，把就业指导和职业生涯规划教育贯穿整个三年学习期。一年级以了解专业、行业为主，重点是良好文明习惯的养成——训练学生遵守纪律、尊敬师长，使其具备团结意识和合作精神等。二年级以学习专业知识、训练专业技能为主，抓好"德育进课堂"活动，重点是准职业人的培训。三年级以熟悉岗位要求、巩固专业能力为主，重点是就业心理和就业技能训练。

抓早抓实、持续熏陶。首先，抓好学校新生的入学教育——向新生阐释学校的规定，并邀请派出所民警作法制教育。其次，学校利用寒暑假组织学生到大企业进行企业实践，使其了解企业文化、企业管理运作，培养其职业道德、职业意识，提前介入学生向社会人、准职业人身份转变的意识培养，反过来促进教学与管理。再次，引进校友、专家开展校友论坛、专家讲座。最后，开展"化校100"活动，让学生明确做什么、为什么要做、如何做，促进学生行为习惯的养成。

建立学生社团。学校已组建了近30个学生社团，涵盖了学校的各个专业。学生社团的建立，有目的地培养了学生的自我表现能力、社会工作能力、沟通能力、协调能力等，树立了学生的自信心，对学生的就业质量起到了推动作用。

四、规范工作流程，强化服务反馈

强化就业服务。学校要求负责就业的教师一定要有大局意识、服务意识，做好毕业生的推荐书、顶岗实习协议和与用人单位的协议文本，联系招聘单位并按学校的要求对招聘单位进行筛选，做好接待等服务。

做好就业指导。校领导、德育教师、专业教师、班主任全员参与到毕业生推荐中，先对毕业生情况作调查分析，了解毕业生的意愿、想法、心态以及存在的问题等。针对相关问题，采取学校全员分工负责方案，对毕业生进行面试心理分析，传授面试技巧，剖析常见问题，提升面试成功率。

就业推荐模式的转变。大型招聘会向小型专场招聘会转变。学校研究发现，小型的专场招聘会更加实用而有效，因此建议学生就业时多采用小型专场招聘会。

实行招聘企业准入制。设定企业招聘准入门槛，是为了提高就业率和稳定性，提升专业对口率，保证学生的就业质量。学校一般不让高密集型、工作环境非常差、与专业不对口的企业来校招聘。重点抓好学校拳头类专业毕业生的就业，以带动其他类专业毕业生的就业。

做好毕业生就业追踪调查分析。学校每年都会对毕业生进行有序的追踪调查、分析，并将结果向主管领导汇报，向教学管理部门、人事管理部门反馈用人单位意见，促进教学与管理。

强化就业指导　拓宽就业渠道

广西交通高级技工学校

学校高度重视毕业生就业工作，通过学校上下共同努力，就业工作取得了显著的成绩，有效促进了学校的良性发展，出现了毕业生被抢订、招生年年爆满的良好势头。近几年来，毕业生就业率达98%以上，就业稳定率达91.6%，专业对口率达90.9%。

一、岗前教育未雨绸缪，强化就业指导工作

学校领导充分认识到学生的就业质量是影响和制约学校科学发展的重要因素之一，因此自觉地提高对毕业生就业指导工作的认识，高度重视学生的就业指导工作。

加强学习各项政策制度。让学生充分了解各项就业政策、法律法规、劳动人事制度和就业制度的改革情况，引导学生树立"先就业后择业，打好基础再图发展"的就业观念，逐步实现"从就业走向创业"的职业发展之路。

加强择业心理指导和择业技巧指导，如需求信息的搜集与整理，自荐材料的准备，常见的面试种类等，同时开设学生顶岗实习心理咨询室。

加强学生文明礼仪教育。学校充分利用多年来所积累的传统文化教育经验，在每年即将毕业的学生班级中开展"《弟子规》教育践行'回头看'"教育活动，进一步提高毕业生的文明礼仪程度，加强毕业生在人际关系沟通等各方面的综合能力。

开展专题讲座教育。每年从4月份开始，学校组织毕业班级开展丰富多彩的活动，学校领导和相关企业领导对毕业生进行多场次的、关于就业等各方面的专题讲座教育，如就业形势分析、安全教育、法制教育等，并邀请历届优秀毕业生返校现身说法。

二、广泛收集就业信息，积极开拓就业渠道

走访用人单位，收集需求信息。学校高度重视毕业生就业的宣传、推荐工作。每年从3月份开始，将印有学校简介、专业介绍、毕业生生源的毕业生就业推荐表等材料，提前送到区内外用人单位。学校通过电话、传真、信函、电邮、上门拜访等方式，主动收集用人单位需求信息，为学校毕业生就业提供足够的就业岗位。

校企合作。学校与区内外300多家用人单位建立了合作关系，与广西交通投资集团有限公司、上汽通用五菱柳州益菱汽车投资发展有限公司、广西玉柴机器股份有限公司、武警南宁市消防支队、广西机电设备有限责任公司等多家知名企事业单位签订毕业生就业定向委培或合作协议，为学校毕业生就业工作提供了稳定的就业市场。经过多年的努力，学校建立了以广西为主体，以广东、福建、上海为辐射点的就业市场体系。

服务企业技术要求。学校近年来投入600多万元资金购置目前广西先进的汽车检测诊断设备，改善了部分企业自身无法解决设备不足问题的状况；同时选送和培养大师级的教师团队，为企业提供技术咨询和人才培养。通过设备和人才为企业服务，扩大了学校在企

业中的影响力，增强了学校毕业生在企业中的可信度。

举办校园专场招聘会。为保证毕业生能成功就业，确保经学校遴选的企业招录到毕业生，学校根据用人单位用工需求，在5~7月份举办多场校园招聘会，创造更多机遇让毕业生充分就业。收到了良好的效果。

加强网络宣传力度，实现就业工作信息化。网络作为重要的沟通工具，在就业工作中所起的作用越来越明显。为此，学校不断加快就业信息化建设步伐，完善网站的功能，丰富网站的内容，加快网页更新速度。利用网站、QQ群、微信等各种网络渠道常年向毕业生发布最新企业用人信息，让学生不管是在校内还是校外都能了解学校就业信息，同时向用人单位发布学校毕业生信息，让用人单位了解毕业生的专业知识结构和人才培养特色。

召开座谈会，积极引导学生选岗。针对部分学生对选岗工作不积极或是无从着手的情况，学校组织召开毕业班座谈会，校领导、部门领导深入各班现场座谈，与学生分析当前的就业形势，鼓励学生积极就业，并解决学生在就业前出现的心理方面的问题，引导并鼓励他们积极地去参加用人单位的面试，极大地推动了毕业生就业工作。

三、强化对顶岗实习的跟踪监督管理

建立毕业生就业登记制度。由招生就业处负责，各毕业班班主任协助，建立毕业生就业档案，对每位毕业生就业情况，如工作单位、地址、联系方式、联系电话等做好详细记录。

建立毕业生就业工作跟踪管理制度。学校专门安排了6名具有管理教育经验的教师专门对就业工作进行跟踪管理，及时了解毕业生在岗位的工作情况，收集企业对毕业生的用人信息反馈和用人需求，同时为最终未能落实就业的毕业生提供2~3次以上的就业机会。专职就业管理教师为学生充分就业提供了有力的保障。

建立家长、学校、用人单位经常联系制度。学校招生就业处与用人单位经常保持联系，及时收集学生顶岗实习和毕业生就业相关情况；督促班主任经常与实习学生和家长联系、了解实习情况，并将每次反馈情况做好详细记录，配合学校和用人单位做好实习就业期间的教育管理工作。

建立学生顶岗实习回访制度。根据实际情况，学校招生就业处定期或不定期到用人企业回访，与各用人企业建立了深厚的感情；同时利用回访契机，集中看望在企业就业的学生；填写"学生顶岗实习跟踪调查表"，反馈用人单位和实习学生的意见和建议。通过跟踪回访，学校毕业生不仅就业稳定率得到很大的提高，也得到了用人单位的一致好评。

四、加强对用人单位的回访

为进一步加强校企合作、深化校企关系，学校每年都对校企合作单位进行定期或不定期的回访。由学校主管领导带领招生就业处人员对用人企业进行回访。一方面，可以提高本校毕业生的就业质量、掌握毕业生的去向、挖掘毕业生就业信息、提高学校的声誉。另一方面，可以了解用人单位的最新用工信息，从而进一步拓宽毕业生的就业渠道。

多举措推动毕业学生高质量就业

四川省泸州市电子机械学校

近年来，学校非常重视毕业生就业工作，把培养合格的职业技术人才作为学校的职责，通过系统、科学的就业指导，帮助学生树立正确的择业观，引导学生开拓思路，提高认识，掌握可行的求职方法，摆正自己在社会中的位置，实现顺利就业。2008年以来，就业率每年都超过96%，为社会培养输送了4 000多名初、中级实用型人才，他们在不同的领域内展现着新世纪中等技术人才的风采。

一、在教学中做好就业引导，在学习中形成职业生涯规划

学校建有强大的就业指导服务团队和驻厂教师队伍，做了一系列的工作：

就业教育从入学时抓起。刚进校的学生卸去了升学的压力，对中职学校的学习感到轻松，但对自己的前途感到茫然，无所适从，没有方向感。为了使学生树立正确的人生观，激发他们的学习积极性，学校及时为他们介绍毕业时的就业程序和要求，明确指出他们现在所面对的就业压力——毕业时要找到一个自己相对满意的工作很不容易。越是好的单位，竞争越是激烈，用人单位总是要挑选素质相对较好的人，这就是进入职业学校所面临的压力。这使得学生自进校时便树立就业、敬业、创业的人生发展观，确立就业的竞争意识，努力学习，提高自己的综合素质，同时形成清晰、完善、可操作性强的职业生涯规划。

使学生充分认识自己所学的专业，明确就业目标。让学生充分了解所学专业，明白自己为什么要学、学来干什么、学的知识能够对应什么技术岗位等。比如：对电子技术应用专业的学生来说，他们对自己所学的专业还不了解，学习目的性还不明确，更谈不上就业方向。学校适时向学生介绍：该专业在一年级主要学习什么专业基础知识；二年级要根据自身的情况确定什么主攻方向（如电工、电子产品设计与生产、电子产品销售与服务等），即把本专业人才培养方案中的人才培养目标介绍给学生认识了解。这样对学生明确专业目标、增强学习主动性很有意义。

熟悉用人单位的情况，为就业做准备。学校定期组织实习、就业指导人员，赴广东、上海、苏州、厦门、成都、重庆等用人单位考察，开拓就业市场，了解各个用人单位的生产环境、企业理念、企业文化，了解相关的管理、人事制度及用工状况，同时征求他们对新入职学生的具体要求和意见等；利用课堂或者讲座的形式，将用人单位的情况分专业向一年级的新生介绍，为他们讲解今后就业单位的基本情况和管理制度；列举学长们在工作中的典型案例，让新生们树立就业信心，找出目前自己与一个合格员工之间的差距，提前为就业做好充分准备。

二、强化学生基本技能训练，提高就业能力

专业开设与职业岗位对接，让学生学以致用。学校成立了调研机构，定期做市场调研，走访行业、企业、职业院校，了解专业发展动向；及时修改人才培养方案及课程标准，为学生毕业后能顺利进入企业、融入工作岗位做好保障。

规范基本技能训练，奠定学生就业基础。学校每年定期派遣教师到企业实践，了解各个岗位的基本要求和操作规范。比如学校的汽车运用与维修专业，在一年级时就重点训练学生掌握各种拆装工具的规范使用、各种检测仪表的熟练使用及汽车各个部件的规范拆装流程等，为学生毕业后进入工作岗位奠定了良好的专业技能基础。

鼓励学生考取职业资格证书。在二年级下学期积极鼓励学生考取职业资格证书，以此为契机再次复习巩固学生的专业基本知识和技能。有了相应职业资格证书，为就业及今后个人的职业规划和职业发展注入了持续动力。

三、校企合作、顶岗实习，铺就就业绿色通道

学校广泛培植"社会实践实习基地"，先后与苏州和联集团、广东长虹、重庆新普、广达、旭硕、英业达、泸州长液厂、邦立重机公司、川油钻采公司等全国多家知名企业签订实习和用人协议。每学期我们都要组织学生到企业见习、实训一个月，第三年到企业顶岗实习，为每一个外出顶岗实习的学生都购买了中职生顶岗实习意外伤害保险。这无疑增强了学生适应企业的能力，部分同学到第三年顶岗实习结束后就被提拔成为生产线上的管理人员，或是进入企业部门成为文职人员，为以后的发展创造了很好的机遇。很多企业也找学校直接为他们培养定向班，这些企业会不定期派技术人员来学校对学生进行培训，如2013级电子华硕定向班。此外，学校还利用现有的设备开展"对外来料加工"，按照工厂的管理模式，让学生参与生产加工，大大提高了学生的动手能力和岗位适应能力。

学校派去顶岗实习的单位都为知名大企业，需求人员较多，成批派遣对口专业学生集中实习，并派驻厂老师协助企业管理。此时，不仅工作的同事仍为同校的学生，还有熟悉的老师住在厂里帮助解决日常遇到的困难，对顶岗实习的学生来说只是换了个环境学习，其他并没有太大的变化，这样一来，学生自然能安心实习。通过一段时间的实习，学生对企业及工作岗位有了全面的了解，慢慢也就适应了企业生活，进入工作状态。顶岗实习为学生在学校学习和企业工作间架起了一座桥梁。

四、多位一体的就业后续服务，为就业稳定提供持续动力

学校在学生就业相对集中的城市都建有就业服务站。不管是新就业的学生，还是已工作几年的学生，遇到困难都可以到跟踪就业服务站找老师获得相应帮助。

班主任是学生和家长之间的一座桥梁。在校有困难找班主任，工作后还是可以继续得到班主任的帮助。学校对班主任与毕业学生之间的联系情况也有相应的考核制度。

企业管理人员是和学生接触时间最多的人。学校要求企业对学校的就业学生定期作出评价，随时反馈学生的典型状况。学校的驻厂老师会在组织集体活动的时候对学生状况进行教育，引导学生理性、健康、快乐地生活、工作。

重视教育引导　完善就业网络
毕业生就业质量稳步提高

四川省内江铁路机械学校

近 6 年来，毕业生共 7 985 人，就业率 96%，其中到铁路运营及施工企业和城市轨道交通单位就业的有 5 745 人，占就业人数的 75%，毕业生就业质量高，在西南地区享有较好声誉。

一、领导重视是前提

学校成立学生就业工作领导小组，实施"行政一把手工程"，组长由校长担任，成员为其他校领导，主要负责制订学生就业工作计划并组织实施。领导小组下设办公室招就办，主任由招就办主任兼任，成员为学生科长、教务科长、专业科负责人，主要负责就业信息的收集、就业指导以及积极拓展就业渠道。学校确立了"全力以赴、千方百计、确保学生就业"的工作目标，将就业成效列入学校对各相关部门的考核内容中。

二、适应企业需求是关键

以市场为导向调整专业、层次、结构，主动服务企业。2006 年，铁道部规定不再接收中职毕业生。2011 年，铁道部印发的《国家铁路企业职工总量调控管理办法》，进一步明确了铁路企业在学校只能录用高职和本科及以上学历的毕业生；成都地铁运营公司、重庆轨道交通集团公司从 2012 年开始也明确表示只接收高中起点的中专毕业生。因此，学校在教育厅的支持下，不断扩大高职招生规模，注重高职学生的教育管理，满足铁道部对人才职业准入规格的要求。同时，调整中专的专业设置，在高中起点的中专中开办铁路专业，初中起点的中专中开办通用专业。

注重"订单培养"，不断提高毕业生的就业质量。为让学生学习目的、就业方向更明确，学习更有针对性，打通产学结合的途径，实现校企互利双赢，学校非常重视"订单培养"，积极同铁路运营和城轨交通单位沟通，探讨"订单培养"方式，并同用工单位一起制订培养方案。近年来，铁路运营和城轨交通单位都提前 1 年甚至 2～3 年到校选录学生进行"订单培养"，近几年学校毕业生中"订单培养"的学生约占学生总数的 60%。

建立毕业生就业信息库，准确掌握毕业生的就业情况。学生毕业前一年将学生的姓名、性别、身高、视力、专业、生源地、家庭地址等基本情况输入毕业生就业信息库，并对毕业生就业信息进行动态管理，随时掌握各专业毕业生的人数、男女比例及就业情况，既便于负责就业工作的人员制订工作计划，又方便用人单位查询，为用人单位制订招聘计划提供参考。

三、完善就业网络是保障

注重既有就业市场，同原有就业单位保持良好的合作关系。学校建校以来一直坚持为铁路建设和发展培养高素质技能型人才，办学60余年来，已为国家铁路建设和城轨交通发展培养输送了大批专业人才，同成都铁路局、朔黄铁路发展有限公司等铁路运营单位，中铁一局电务公司、中铁电气化局二公司、中铁建电气化局北方公司等20余家铁路施工单位，成都地铁运营有限公司、重庆轨道交通集团有限公司、广州市地下铁道总公司等城轨交通单位均有良好的合作关系。

注重开发新的用工单位。近年来，随着学校办学规模的扩大，开办了地方通用专业，毕业生需要到铁路和城轨交通行业以外的单位就业。由于学校毕业生大部分在铁路和城轨交通行业就业，为了让学生在就业单位上没有太大的落差，学校在开发新单位时优先考虑国有大中型企业。凡未合作过的单位，负责就业的老师都要到该单位进行实地考察，详细了解该单位的基本情况、上班时间、工资待遇、住宿及福利待遇等情况，通过比较，将待遇及前景比较好的单位招聘信息向学生公布，由学生自愿报名。

四、教育引导是基础

从转变观念着手，引导学生树立正确的就业择业观。针对中职学生年龄较小、思想较单纯，且大部分来自农村和城镇、对就业形势和所学专业知之甚少的特点，新生入校时由就业指导办和专业科老师介绍当前中职学生的就业形势、专业就业方向和就业前景，让学生对所学专业的就业情况有一个基本的概念。在日常教学中，通过德育课、就业指导课、主题班会、专题座谈会等方式向学生宣传"先就业，后择业"的就业观，帮助学生了解就业形势，明晰专业就业前景，准确定位就业期望。对个别就业困难的同学，通过个别谈话方式，摸清学生意愿，有针对性地开展就业指导，做到"一人一策"。

加强就业指导，提高学生面试技巧和方法。开设就业指导课，让学生了解就业形势，规划职业生涯，学会如何写求职简历、如何作自我介绍等；组织进行模拟面试，让学生熟悉面试礼仪，适应面试氛围，从而提高面试成功率。在用人单位来校面试前，让学生了解用人单位的基本情况，并根据用人单位的要求，专门安排老师对参加面试的学生进行培训，突出礼仪培训。之所以这样做，是因为现在的学生大多是独生子女，从小就受到过多的呵护甚至溺爱，不少孩子在社会交往中，往往习惯于以自我为中心，不懂得尊重、体谅别人，缺乏必要的礼仪修养。在培训过程中，学校着重强调诚实守信的基本道德品质，同时对面试时的言谈举止、着装等加以指导。

注重学生顶岗实习期间的教育管理。学校负责就业的老师每月要同单位联系1次，了解学生工作生活情况；班主任每周要同学生联系1次，了解学生的思想工作情况。实行管理教师制度，每个实习单位指定一名管理教师，管理教师代表学校负责顶岗实习学生的日常教育和管理，主要负责学生德育学分考核，组建实习学生班、团组织，指导开展班、团工作和活动；与实习单位的相关部门和人员每周至少联系1次，及时了解、掌握实习学生的动态和现实表现，每周与班团负责人、各小组长至少联系1次，及时了解学生实习和工余时间的学习生活情况；处理学生实习中存在的问题，督促学生完成《顶岗实习手册》相关内容的填写；协助实习单位做好学生实习成绩的鉴定工作，建立实习学生台帐，认真做好学生实习情况记录。

以示范校建设为契机 努力提高就业质量

陕西省机电工程学校

陕西省机电工程学校创建于 1956 年，是首批国家中等职业教育改革发展示范学校。学校大力推进"校企合作，工学结合，顶岗实习，订单培养"人才培养模式，加强就业指导，毕业生以素质高、能力强、肯吃苦的品质深受用人单位好评，就业率稳定在 95% 以上，就业质量得到全面提升。

一、加强领导，健全机制，为就业工作提供组织保障

学校根据示范校建设人才培养方案要求，确定了以就业为导向的指导原则，明确了以就业为导向的指导思想，就业工作受到高度重视。成立了就业安置工作领导小组，校长担任组长，副校长担任副组长，各专业科长为组员，并邀请企业专家参与。就业安置办公室人员专门从事就业安置工作，并配套了必要的保障措施。

分析形势、研究对策、部署方案。一方面，确定尽早与用人单位接触，通过各种途径将用人单位吸引过来；另一方面，根据市场对人才的需求，协调学生就业应聘与教学上课之间的冲突矛盾，修订教学计划，培养适销对路"产品"。

目标明确、广泛动员、收集信息。对各专业科室和就业安置相关科室提出明确的要求，以高度的责任心，协助就业安置办对毕业生进行具体专业指导和就业指导，督促学生尽快适应顶岗实习和就业。广泛动员全校教职员工，关心毕业生顶岗实习和就业安置工作，通过各种渠道为毕业生提供就业信息。

制定制度、规范管理、落实到位。为使就业工作顺利进行，学校先后出台了《校企合作工作方案》《校企合作管理办法》《校企合作协议》《学生顶岗实习管理办法》《学生顶岗实习管理协议》《定向培养协议》《学生顶岗实习过程评价指标》《学生顶岗实习报告评价标准》"学生顶岗实习过程鉴定表""学生顶岗实习报告评价表"等一系列规章制度相关文件，并将其贯穿于学生顶岗实习就业安置的全过程。

二、完善就业信息发布，搜集整理毕业生信息

建立信息发布机制。由就业办及时在校内公告栏公布顶岗实习和就业安置企业和岗位需求信息，同时学校建立了"陕西省机电工程学校就业促进网"、QQ 群等网络资源平台，进一步完善了就业信息和新闻的发布渠道，为学生及时了解信息、用人单位及时了解学校搭建了平台。

建立毕业生信息库，健全毕业生电子档案。从 2005 年开始，学校就建立了毕业生信息库，用以备案、查询、跟踪服务。毕业生信息逐一录入、核对、修改，确保每个毕业生的信息准确无误，为学校相关部门和用人单位提供了第一手的资料，确保了顶岗实习、校园招聘、就业安置、毕业证办理、报到证办理顺利进行。

三、加强学生思想教育，以德育促就业

开展就业意向调查。为做好就业安置工作，近年来，学校在每届面临就业的学生中都进行全面的就业意向调查，了解就业意向，在此基础上结合就业形势和学生的基本状况，通过深入学生班级、召集会议等多种形式和机会，有针对性地开展思想教育工作和就业指导工作，切实为学生做好就业服务工作。同时，根据就业意向调查结果，及时地、有选择性地与一些用人单位取得联系，推荐学生。

加强就业政策学习。一方面，我们对班主任、辅导员和相关任课教师加强理论政策学习和宣讲，提高了他们协助从事就业工作的业务水平。另一方面，及时向毕业生宣讲就业政策，分析就业形势，为学生提供就业咨询，帮助学生就业。首先，教育学生转变就业观念，做好各方面的思想准备，树立"先就业，后择业，再创业"的目光长远的思想，使其面对现实，降低期望值，树立正确的择业观，找到合适的岗位。其次，及时了解和解决学生就业过程中所遇到的实际问题，帮助学生分析就业问题的症结所在。通过不同规模的讲座，为学生开展不同形式的、关于就业技巧、就业途径、就业定位、就业方法等的就业指导，使学生清楚地知道在应聘活动中应如何与用人单位实现良好沟通，以及一些具体问题的处理方式，让学生合理有效地利用就业信息，掌握推销技巧，使学生在就业过程中做到心中有数；让学生抓住一切可能的机会，尽快实现顶岗实习和就业。同时还教育学生树立基层意识、事业意识和奋斗意识，从一线做起，做好学徒，实现价值，完善自我，立志创业。

规范顶岗实习管理。由于实习单位和实习学生都比较分散，如何实施有效的管理与指导，是我们面临的新问题。通过实践，我们摸索了以下几种较为有效的办法：一是实行定期联系制度。我们要求学生到厂后，提供详细的联系方式和家庭联系方式。在整个实习过程中，学校与学生之间通过电话、QQ、电子邮件等，不定期地和学生联系，进行全程跟踪与指导，并将了解的情况予以书面记录。二是学校在就业信息网上公布同学们的顶岗实习信息。我们要求学生在上班之余上网留言与互动，这样做既便于学校对实习情况进行了解，又便于同学间进行经验交流，同时还起到了良好的宣传作用。三是不定期到企业走访。学校不定期抽时间到学生顶岗实习的企业走访，每到一处都深入生产一线，详细询问学生的情况，对学生提出的问题给予认真的解答；向企业了解学生的表现，并将企业的反馈意见带回学校。走访企业看望同学，不仅是对同学的关心与鼓励，而且密切了校企关系，还获得了大量生产一线的信息以及实习的第一手材料。四是认真做好工学结合、顶岗实习的总结。每次安排学生顶岗实习，结束后学校都要进行总结，把学生反映的问题和企业对学校的要求加以整理，为学校的教学改革提供可行性报告。

四、开拓市场，巩固基地，稳步提高就业质量

利用各种机会介绍学校，提供毕业生信息。为进一步提高学校知名度，一方面，派专人与社会各界广泛接触，立足陕西装备制造业，面向全国，辐射环渤海经济圈以及长三角、珠三角、青岛西海岸经济圈，有的放矢，积极联系用人单位，加大对学校及毕业生就业的宣传力度，为就业广开渠道。通过派送学生和各类会议，实际考察所在地区周边企

业，详细了解企业情况和用人情况。先后与陕西重型汽车集团、法斯特集团、西安比亚迪汽车、陕西泰丰、陕西化建、鸿准模具、龙工集团、玖龙纸业、德昌电机、敏实集团等170多家省内外企业签订了校企合作协议。在此基础上，经过多次合作、多次甄选，校企双方相互认定，在学校设立以企业冠名的"德昌班""龙工班""汉德班""亚旗班""人本班"等特色班和培训基地，积极推行"订单式"就业模式，力图开拓更多的就业市场。另一方面，通过参加省内外人才交流会、洽谈会、招聘会、职教博览会等，宣传学校，提供毕业生信息，收集用人单位信息，加强与用人单位的交流，为学生和用人单位搭建平台。

除此之外，我们还加大了区域合作，西安高新区、天津开发区、吴江开发区、无锡开发区在学校挂牌，在我校建立技能型人才培训基地和输送基地。

广泛调动各种资源，支持就业工作的开展。一是校、家互动形成合力。家长在学生的就业观念转变和协助就业工作中能起到极大的作用，因此，学校积极与学生家长保持紧密联系，充分发挥学生家长的作用，协助解决就业问题。二是充分调动广大教职工的力量，给学生提供尽可能多的就业机会。教师的参与，一方面可以提高学生就业的信任度和成功率，另一方面也发挥了教职工关心学校建设和就业工作的主动性和积极性，起到了为毕业生就业牵线搭桥的作用。三是学校根据往届毕业生的就业信息，列出了一些重点用人单位，主动带上宣传资料，上门与用人单位接洽，一方面推荐学生就业，另一方面反馈用人单位对人才的要求和需求，促进教改。只要有用人单位需要学生，学校就积极和用人单位联系，推荐毕业生。对于毕业生需求量大的单位，学校尽可能提供周到的服务，并建立长久校企关系。

从长远来讲，学校广开就业门路，"走出去，请进来"，逐步与用人单位建立起广泛、长久的联系，拓宽毕业生的就业渠道，完善就业网络体系和人才跟踪体系，立足陕西，面向全国，最终形成了广泛的就业基地，确保学生"好就业、就好业"，大大提高了就业质量。

2002年，经陕西省教育厅批准，学校成立了"陕西省职教毕业生就业指导服务中心"，业务主管隶属省教育厅职成处，目的在于为陕西省各职业院校毕业生提供就业指导和服务。2010年，因学校就业工作成绩优异，省厅批准由学校承接此项工作。学校先后与省内外各企事业单位和人才服务机构建立了人才信息交流合作平台，建立了"陕西职教毕业生就业服务网"，搜集、发布、提供人才供需信息近万条，提供社会实践、就业指导服务、实习就业人员近10万人次。多次组织召开全省职业院校毕业生洽谈会及校企合作交流，促进达成校企合作签约院校近80余所。2010年协助吴江开发区组织举办"西安人才交流洽谈会"、2011年成功组织"陕浙技能人才校企合作洽谈会"，2012年组织参加西高新与比亚迪用工洽谈会，2013年组织成立"陕西省汽车专业职业教育联盟"，组织参加"西安高新区技能人才签约仪式"，包括学校在内的陕西15所职业院校被确立为首批技能人才培养基地。就业中心充分利用毕业生资源优势，将省内职业院校信息与企事业单位岗位需求信息进行有效对接，增加毕业生的就业机会，从而达到毕业生"好就业，就好业"的目的。

围绕建筑建材行业特色　开创毕业生就业新局面

陕西省建筑材料工业学校

学校紧紧围绕"人性化、技能化、市场化、国际化"的办学理念，狠抓"教学、学生管理、后勤服务、学生就业"四个质量，依托建筑建材行业发展的独特优势，努力培养高素质的技能型人才。近几年，学校毕业生就业供不应求，每年就业率均在 98.86% 以上。

一、高度重视毕业生就业工作

每学期均召开多次毕业生就业专题会议，在明确就业工作的重要性、艰巨性的基础上，成立了以方学初校长为组长，张中华、魏萍、顾学福、魏东副校长为副组长，招生就业办、学工部、专业部部分老师为成员的毕业生就业工作领导小组。招生就业办公室具体负责落实毕业生就业工作，加大了就业工作的力度。

二、建立完善的就业网络机制

学校加强与国内知名建筑建材企业的联系。为了切实将毕业生的就业工作做好，学校招生就业办公室充分利用网络资源，在网上了解全国的建筑建材行业百强企业情况，根据企业的发展和人才需求情况，及时向用人单位人力资源部发送有关各专业毕业生情况的电子邮件信息，以供企业选择。近年来，通过积极联系，已有全国最大的水泥企业海螺集团、上海三菱电梯有限公司陕西分公司、冀东水泥集团、西安核建公司等省内、业内数十家大企业、大集团与学校签订了中长期用人协议，形成了一个相对稳定、专业对口的就业网络。

三、专人联系知名企业，提高就业稳定率

学校领导带队，积极与国内建筑建材百强企业、中国 500 强企业进行联系，介绍毕业生情况，了解企业用工状况，拓展这些企业的人才市场需求，尽量使学生专业对口。对来学校招聘的单位，都要安排中层以上干部对企业进行全方位的实地考察了解，落实企业招聘提供的待遇信息是否正确；在此基础上，再安排学生和企业见面，进行双向选择，保证学生就业的稳定率。

四、根据企业需要，有针对性地进行强化培训

在毕业生就业工作中，为了使每名应届毕业生都能尽快适应企业工作，学校招就办及时与各招聘企业磋商，提前面试录取，并索取企业培训的相关材料。学校根据企业的要求，将已被企业提前录用的学生单独编班，提前对学生进行即将就业的岗位专业知识及技能、企业文化、职业道德的专门培训。同时集中军训，使毕业生不但掌握了较牢固的专业技能，而且从生活的一点一滴严格要求自己，吃苦耐劳、遵守厂纪厂规，增强纪律性，受

到用人单位的广泛好评。近年来，学校先后成立了"海螺水泥班""华新水泥班""中国核建班""尧柏集团班""三星重工班""咸阳彩虹班""三菱电梯班"等专业班，数量上百个，所有的毕业生都经过了有针对性的强化培训，在工作岗位上适应性强，受到了企业的普遍欢迎。

五、采取多种形式，提高毕业生应聘能力

随着现代企业的发展，各单位对人才的要求越来越高，如何使毕业生在企业招聘时被成功录用，已经成为当前学生除掌握精通的专业技能、具备良好的道德品质外，必须掌握的一门方法。学校根据实际情况，及时调整思路，利用课余和晚自习时间，组织学生进行专题就业讲座和讨论，使每名毕业生都牢固树立"先就业，再择业，后创业"的观念。同时经常采取召开模拟招聘会等形式，由教师指导学生进行仪容、仪表、礼节、面试问答等环节的素质训练，使每名学生在实践中克服自卑胆怯心理，从关心企业发展的角度去与招聘人员沟通，收到了明显的效果。

学校毕业生就业工作成绩显著，连续六年被省人力资源和社会保障厅授予"全省中专毕业生就业工作先进单位"荣誉称号，就业经验得以在全省中专学校中推广。

把学生就业作为办学生命线

陕西省旬阳县职教中心

近年来，旬阳县职教中心坚持把学生就业作为办学的生命线，在加强就业教育、强化技能培训、加强实践教学、深化校企合作等多方面大胆实践，努力探索适合县级职教中心的学生就业工作模式，推动学校学生就业和各项工作走上良性发展的轨道。

一、加强就业指导，做好就业教育，促进学生就业观念转变

对学生进行就业知识的指导和教育，加强就业政策法规学习。从新生入校开始，学校就利用政治课、就业课和就业讲座等载体，组织学生学习就业政策、法律法规、劳动人事制度和就业制度的改革情况等内容，让学生充分了解国内的就业形势和政策，明确自己在择业过程中的权利和义务、程序和途径、择业渠道和就业范围；引导学生转变就业观念，树立"先就业后择业"的就业观念。

加强择业心理指导和择业技巧指导。通过心理健康讲座、心理咨询、主题班会和择业指导等形式，引导毕业生积极参与竞争、调整择业心态和择业目标，提高自我调适能力和心理承受能力，学会调节个人情绪、正确对待挫折、有效地排除各种不健康心理、保持乐观向上的情绪和积极择业就业的心态，在就业市场激烈的竞争中找到适合自己的工作。

传授求职择业的方法和技巧。如招聘信息的搜集与整理，自荐材料的准备，自荐的方法和技巧，常见的面试种类、方法及应试技巧，笔试的方法和技巧，个人简历的撰写，求职的外在能力（如语言表达、公关礼仪、形象气质、签约面试）等，让学生愉快地择业就业。

创造学生与企业沟通的平台。学校加强与就业市场的联系，及时了解市场的需求，收集整理就业信息，开拓毕业生就业市场，花大力气疏通就业渠道。此外，学校充分利用就业动员会、校企合作洽谈会、企业行家报告会和优秀毕业生座谈会等机会教育引导学生，为学生的顺利就业打好基础。

倡导学生自主创业。为了学生能找到适合自己的工作，学校开设了创业教育和创业实训相关课程，通过案例剖析、知识讲座、企业家现身说法和宣传中职生创业事迹等多种方式，增强创业教育的针对性和实用性。学校还邀请企业和历届优秀毕业生代表为学生作创业报告，他们的学习、工作经历和经验是最好最生动的例子，学生爱听，也听得进去，能学到很多东西；他们艰苦创业、不畏困难、努力拼搏的精神以及待人处世之道，都使在校学生深受教育。

构建就业信息网络，畅通学生就业渠道。学校可与用人单位建立良好的关系，加强就业信息的收集，建立自己的学生就业信息网络。一是多渠道广泛收集就业信息，通过电视、报纸、广告和网络等收集就业信息。二是直接与企业联系，或者通过历届毕业生收集就业信息。三是利用学校的教职工和学生家长的社会关系作为学校的资源，进行就业信息

搜集。

加强与家长的沟通，引导学生到经济发达的地区就业。针对部分家长不愿让子女远离家乡就业的现状，学校加强了与家长的沟通，取得家长的支持，让学生到经济发达地就业，提高学生的就业质量。

二、强化技能培训，加强实践教学，增强学生就业竞争能力

一方面，学校对准备到企业实习的学生进行培训，明确就业目的、意义、法律法规和基本要求；另一方面，对学生进行岗前培训，引导学生学习企业的管理、文化和各种规章制度等。

加强校内和校外的实习实训，提升学生实践技能和职业能力。一是不断加大投入，完善校内实训场室设备。做到"以服务为宗旨、以就业为导向、以品德为首位，以技能为根本、以实训为手段、以比赛为载体"，不断加强实践教学，开展技能比赛，促进学生的学习，提高学生的技能水平。二是不断加强与企业的联系，建立稳定的校外实习实训基地。为了实现技能人才与企业"零距离对接"的目标、强化学生的实际动手操作能力，学校建立了一批校外实习实训基地。目前，学校已与16家企业签订了学生就业协议。

深化实践教学改革。以就业教育为重点，突出实践教学。理论教学和实训教学的课时随专业、学习时间而调整，一年级理论教学和实训教学之比为1:1，二年级1:2，三年级1:3。基本技能和综合技能实训主要在校内进行，生产实习主要在企业进行。

三、深化校企合作，创新合作模式，拓宽学生就业市场

校园车间的合作模式。企业自带设备、资金、技术、人员等生产要素进校，做到学生的技能训练与社会生产实际相结合，与社会生产实际无缝接轨。

订单培养的合作模式。学校安排专人长期在经济发达的长三角、珠三角等经济区考察企业，主要考察企业的规模、企业待遇、企业环境、企业文化、企业发展潜力、企业周边社会治安等情况，遴选可以合作的企业，然后经学校主要领导再次有针对性的考察审定，最终确定合作企业，签订合作协议。根据合作企业用人要求开设教学课程，教师按照岗位技能要求进行授课，长期聘任企业管理人员、工程技术人员授课。学生毕业后直接到企业工作。

校、企共同举办校园招聘会的合作模式。近年来，学校一直举办招聘会，效果显著。通过校园招聘来提高企业和学校的形象，为学生就业开拓广阔的市场。

四、做好学生跟踪服务工作

学校对学生就业工作进行探索和实践，制定了学校学生就业安置条例，在条例中明确了：学校选择用人企业的原则；学校安置学生就业的原则；就业学生应具备的条件等。学校设立专门的部门，长期对就业学生进行跟踪服务工作管理，建立跟踪服务台账，及时处理、化解学生就业中的问题、矛盾以及再就业问题，确保学生就业稳定，让学生家长放心，赢得社会信赖。同时，通过学校所掌握的跟踪服务信息，及时对学校教学、学生思想教育等做出调整，不断提高学生就业质量。

服务地方 对接产业 全面推进就业工作

青海省工业职业技术学校

多年来，学校坚持贯彻"以就业为导向、以服务为宗旨、以培养技能型人才为目标"的办学方向，始终把毕业生就业工作放在学校工作的重要议事日程当中，主动服务地方经济发展，主动对接产业要求，采取有效措施着力提升办学质量，促进学生实践水平和就业创业能力的提升，学校就业率每年都在97%以上。

一、成立专门机构

学校于2000年设立招生就业指导办公室，专门负责学校的招生、毕业生安置和就业指导工作，配备了两名专门负责毕业生就业指导的老师，同时制定和公布了《招生就业指导办公室工作职责》《就业制度》《就业指导工作条例》等规章制度。

二、加强就业前教育

学校开设了"就业与创业"和"中职学生职业道德与就业指导"的课程。为了避免一般化教育内容乏味、千人一面，教师们专门制作了课件，教学形式上尽量多样化，以课堂模拟招聘会、学生自我介绍、案例分析等方式，引导学生掌握就业的技巧和方法，端正就业观念。学校也邀请了企业领导、专家、优秀毕业生到学校座谈，取得了很好的效果，许多学生端正了择业观，提升了就业能力。

三、强化就业信息化工作

利用网络招聘平台和学校自建的企业需求信息平台，收集企业招聘需求，通过手机短信、QQ群等方式，把招聘信息第一时间告知学生，随时随地为学生和企业服务。与省、市人才中心，人力资源基地等合作建立稳固的就业基地，形成多元化毕业生就业市场体系，构建有效的招聘就业网络。

四、推行顶岗实习制度

制定《校企合作方案》《中职学生顶岗实习管理办法》等制度，加大对学生实习就业的管理力度。每年学校都会联系学校附近的工厂、商场、快餐店等，为学生提供勤工俭学的机会；毕业前期，学校还联系省内大中型企业，供学生进行社会实践，使其提前融入企业、融入社会。学校先后与青海宜化、昆仑碱业、瑞合铝箔、珠峰药业等30多家企业建立了深度合作关系，组织学生到企业实习，为学生今后进入企业实现"无缝"对接打下了良好基础。

五、加大订单培养力度

近几年，学校先后与青海云天化国际化肥有限公司、青海瑞合铝箔有限公司、青海昆仑碱业有限公司、青海五彩矿业有限公司、青海珠峰药业公司等省内20多家知名企业合作进行"订单式"培养。学校根据用人单位的需求而开设专业，每个专业设置不同的就业方向，每个方向都有订单。这样，学生就业的质量与稳定性都明显提高了。

六、加强交流沟通工作

平时，学校老师利用课余时间与学生交流沟通，了解学生的真实想法。引导学生正确认识自己，指导学生对自己有一个客观的定位，客观分析自己的整体素质、综合能力，帮助学生学会选择符合社会需要及自己身心特点的职业或专业方向，如认清自己是"技能型"人才还是"服务型"人才、适合去做什么样的工作等。

七、优先推荐特长生、优秀生、贫困生

学校在就业制度上明确规定，优秀毕业生、贫困生优先推荐。学校每年都有一批参加大赛的学生，对这些学生学校会优先推荐。例如，数控专业的一名获奖学生，参加全国数控大赛取得名次后，青海省教育厅和学校同时将其推荐到四川一家军工企业从事数控加工工作；其他的优秀学生每年也被我省的多家大中型企业优先录用。就业的优势推动了学生的学习积极性持续高涨，每年报名参加大赛的学生越来越多，学校的学习氛围越来越浓。

八、举办校园招聘会

学校每年都举行两次大型招聘会和多场专场招聘会，为学生和企业搭建平台。学校始终奉行"学生就业只是依托学校而不是依靠学校"，坚持"学校推荐就业、学生自主择业"原则，提高学生的择业能力，修正学生的择业观。通过招聘会，许多学生找到了合适的岗位，许多企业也招到了满意的学生。

九、做好毕业生跟踪服务工作

深入企业跟踪调研，创新育人体制，定期到学生就业企业做好毕业生去向登记和跟踪服务工作；解决毕业生就业中所遇到的困难；了解企业对人才需求的变化，了解学校毕业生工作情况和用人单位满意度，使学校毕业生不仅"走得出"，更能"留得住"。目前，学校毕业生就业率每年都保持在97%以上。

紧跟市场需求　强化就业服务

青海省重工业职业技术学校

学校建校以来已为社会培养技能型人才 16 569 名，各类短期培训 13 175 人次，近几年毕业生就业率始终保持在 98% 以上。

一、健全学生就业指导工作机构

成立专司招生和毕业生就业工作的职能机构——招生就业指导办公室。其主要任务是：深入城乡，了解社会对人才的需求情况，及时准确地为学校提供信息；宣传学校，增加社会对学校的了解，扩大学校的知名度。

二、搭建学生与企业沟通的平台

学校经常举办优秀企业进校园活动。在此期间，邀请一些大型企业向学校的学生介绍企业概况及用工要求，不定期地送学生去企业参观，让学生实地感受企业文化及工作氛围；为学生和企业提供一个沟通的平台，让学生和企业有机会直接对话，加深彼此的了解，为之后的毕业生就业工作提供一个双向选择的机会，提升了学生与企业双方的满意度。

三、切实搞好毕业前的就业教育

为了使毕业生树立正确的择业观、摆正自身位置、增强求职能力，学校把"职业道德与职业指导"课作为主要课程，选派有丰富就业推荐经验的教师担任授课教师；同时，学校定期举办由主管校领导和职能部门负责人主讲的就业指导讲座。近年来，学校还一直坚持对毕业生进行毕业前的"四个教育"：一是政策教育，讲解当前的就业形势，分析社会发展对人才的需求情况及趋势。二是思想教育，由校领导和职能部门向毕业生作爱岗敬业、遵守用人单位劳动纪律等方面的报告。三是自谋职业和创业教育，主要包括引导有志于自谋职业的毕业生摒弃传统观念的影响，帮助他们转变"等学校、靠政府、要工作"的思想，拓宽他们的择业视野。四是择业技巧教育，包括如何筛选就业信息、如何准备自荐材料、如何参加面试等。

四、做好对毕业生的继续服务

为毕业生提供毕业后继续推荐就业的服务，建立比较完善的毕业生就业档案，详细记载了毕业生的学习、表现、健康状况、身高、特长、求职愿望、联系电话等内容，以便及时、有针对性地向毕业生提供就业信息。

五、树立"以开放求发展"的观念

首先，我们通过校企联合办学，一方面解决了实习基地问题，另一方面为毕业生就业创造了机会。其次，通过深入企业，与用人单位联合进行"订单"培养，让用人单位参与招生和培训，既有利于吸引生源，又使教学工作有了针对性，同时解决了学生毕业后就业的后顾之忧。近几年，学校与青海盐湖集团公司、青海盐业公司、西宁特钢集团、青海桥头铝电公司、中盐昆仑碱业公司、青海宜化化工公司、酒钢集团榆中分公司、青海电子材料厂有限公司、青海庆化集团公司等36家大中型企业签订了就业合作协议。

六、努力提高教学质量

质量是学校的生命，因此学校把培养一流的应用型技能人才作为学校的中心工作，努力提高教学质量，创"名牌学校"，保证送出去的学生用得上、过得硬，以此吸引家长放心地把孩子送到学校，吸引用人单位踊跃接收学校毕业生，实现学校招生—教学—就业良性循环。

七、全面推进素质教育

学校牢牢抓住"德育为首，教育为主，育人为本"不放，把德育、智育、体育、美育等有机地统一在教学活动和日常管理之中，以提高学生整体素质为目标，全面推进素质教育。对此，学校一直利用第二课堂，对学生开展一专多能的素质教育，为学生在毕业后专业（工种）的纵向发展和横向延伸方面创造条件，让学生在主攻一门的同时多掌握几门专业知识和技能。通过一专多能的训练，提高学生的综合素质和择业能力，增加学生就业竞争时的砝码。

八、抓好专业特色建设

学校充分发挥在重工业领域的职教传统优势，开设有机电技术应用、化学工艺、采矿技术等14个专业。其中，机电技术应用、化学工艺、采矿技术三个专业为国家级重点建设专业；机电设备安装与维修、矿山机电、机械加工技术、电气技术应用为省级重点专业。由此，形成了以三个国家级重点建设专业为龙头、四个省级重点专业为支撑、相关专业为延伸拓展的加工制造类、石油化工类、资源环境类三大专业群。上述专业（专业群）紧紧围绕青海省盐湖化工、煤炭采选、装备制造等支柱、优势产业而设置，与当地经济社会发展和产业结构相适应，特色显著，开设多年，发展前景广阔。

全力搭建就业平台　提供优质就业保障

宁夏水利电力工程学校

学校秉承"修德强技，进取自立"的校训精神，努力走"质量高、效益好、品牌响亮、特色鲜明"的内涵发展之路，努力加强与职教集团各成员单位的交流，形成龙头带动、打造品牌、整体推进的格局。五年来，学校推荐毕业生 5 989 人，就业率达 98.3%，就业工作成效显著，为宁夏社会经济建设做出了贡献。

一、健全组织机构，完善工作制度

学校高度重视毕业生就业工作，全力保证就业工作人员、经费、场地、机构"四到位"。成立就业指导中心，开设了职业生涯规划、就业指导、心理健康教育等课程，配备了就业工作专职人员，有效保证工作经费。同时，按照中等职业教育相关政策规定，健全完善了《毕业生就业指南》《推荐毕业生就业工作制度》《校企合作协议》"毕业生就业协议书""毕业生跟踪服务表"等，编制了"就业工作流程"，切实推动了学校就业工作，保证了毕业生就业稳定率。

二、搭建就业工作平台，创新校企互动模式

学校职教集团主动与企业结对，加强与企业的沟通研讨，把握市场脉搏，掌握企业发展趋势和用人需求信息，为毕业学生顶岗实习和安排就业提供服务。先后与宁夏水利水电工程局、宝丰能源公司、天津电力公司、力成电气有限公司、华能仪表公司、科进砼有限公司等 52 家企业签订了定向用工培养协议。

三、适时调整专业结构，合理安排课程设置

按照适度超前的原则，完善优势专业，发展新兴专业，重组交叉专业，学校从过去单一的水利工程技术专业，发展为涵盖第一、二、三产业的电力工程、城市供用水、建筑装饰工程、计算机应用等 5 大类 17 个专业方向。学校自 2008 年，以来开展了以课程改革为载体、以职业技能为主线、以职业资格标准为切入点的新课程改革，按照技能模块项目开展实践性教学，还组织骨干教师编写紧贴职业教育特点的德育素质、工程测量、电气自动化等专业校本教材。在原有"1 +1 +1""2 +1"教学模式的基础上，实行"4 +1 +1"教学模式，即在三年制 6 个学期中，穿插安排 4 个学期进行基本素质、专业理论、专业技能实训，1 个学期认知实习，1 个学期顶岗实习。同时，探索推行学分制，按学习总分和素质总分实行"双百分"考核，以过程学分和替代学分（即附加分，包括在企业表现、获奖评优等）的积累来评价学生学业总成绩。灵活的教学培养模式使学生既掌握了实操技能，又发挥了个性特长，为毕业生提供了良好的就业技能培养平台。

四、坚持"订单培养"，对口顶岗实习

为应对国内外客观环境带来的就业压力，继续保持稳定的毕业生就业率，学校职教集团做到让学生提前认知企业工作流程，一方面实现理论知识与实践操作的有机结合，另一方面解决了学校实训设备不足等问题。同时，学校改变了由学校就业部门推荐安置学生就业的传统模式，由各教学部门"一条龙"地负责教学与就业安置工作；积极与企业建立合作平台，及时了解企业人才需求信息，研究用人标准，建立合作关系，保证信息畅达、就业渠道畅通；坚持订单招生，定向培养，对口服务；指定专业对口的教师到企业带领学生实习，加强对学生实习就业过程中职业道德、技能和就业的职业指导，帮助学生树立专业思想，形成职业意识，提高职业素质。

五、开展就业指导，规划设计蓝图

做好毕业生就业服务工作，重点开展毕业生的就业指导。学校职教集团将就业指导课作为学生的必修课，重点对学生进行职业生涯规划指导、就业观念教育、就业心理辅导、择业技巧训练，使毕业生以健康的心理、积极的心态走向社会。五年来，学校组织就业专题讲座 27 场次，邀请就业指导专家来校举办就业和励志成才等方面的专题讲座 15 场次，邀请优秀毕业生回校作报告 22 场次，拓宽了毕业生的视野，以毕业生的成功就业经历，勉励即将走向社会的学弟学妹们转变就业观念、认清就业形势，帮助其尽早适应和融入企业和社会。同时，邀请联办企业在学校召开招聘会 37 场，现场招聘学生 2 897 人。

六、提高服务意识、加强就业跟踪服务

学校努力做好上岗学生的跟踪服务工作。五年来，教师们走访企业及学生百余次，完善就业方面的相关资料与表格近 2 310 份。学校利用假期不间断地跟踪回访学生与企业，及时掌握学生在企业的情况。除此之外，还经常电话咨询学校学生在用人单位的工作、学习和生活情况，协调用人单位解决实习中的不稳定因素，做好实习生的思想工作；让实习生自始至终感受到学校的关心支持，愉快地融入社会、直面人生。